Wir Marzahner

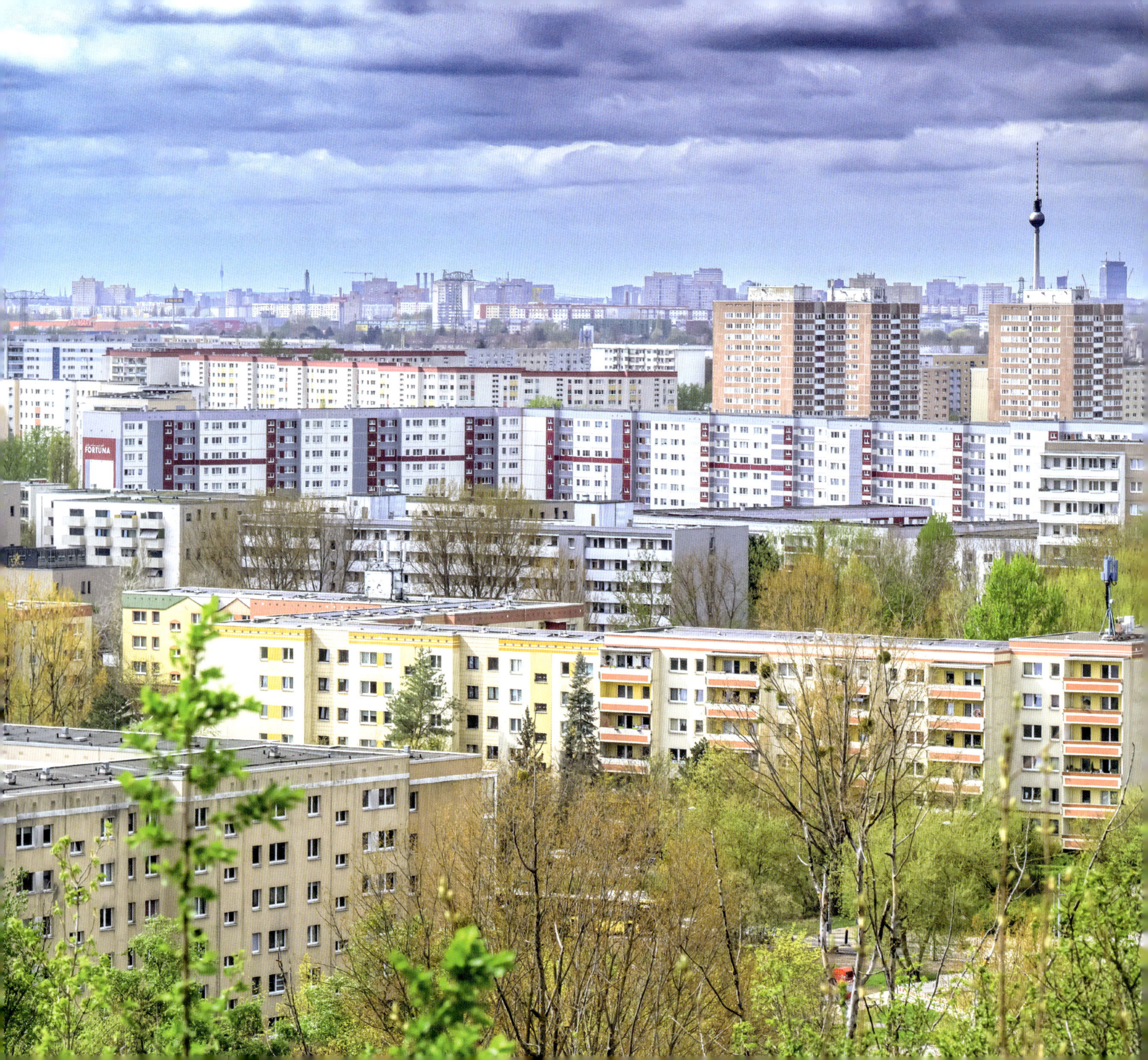
FORTUNA

Asger Hunov

WIR MARZAHNER

Eine fotografische Liebeserklärung

BeBra Verlag

Ein Däne in Marzahn

Vorwort

Wir Dänen lieben Berlin wegen der entspannten Atmosphäre der Stadt, des internationalen Großstadtgefühls, der Offenheit und der Menge an kulturellen Angeboten. Dazu kommt die historische und komplexe Geschichte von Berlin. Das Chaos und die Vielfalt der Stadt wirken wie ein Magnet auf uns Dänen, die immer etwas Neues und Anderes erleben wollen.

Für mich begann es mit dem Kauf eines gebrauchten Fahrrads. Es folgten einige lange Radtouren, bei denen mir klar wurde, dass Berlin eine ebenso fahrradfreundliche Stadt ist wie Kopenhagen. Getrieben von der Neugier bin ich mit meiner Kamera durch die Stadt gefahren und kam sehr schnell zu dem Schluss, dass die häufigsten Berliner Motive, wie das Brandenburger Tor oder der Fernsehturm, schon vollständig durchfotografiert sind. Deshalb traf ich eine schnelle Entscheidung, drehte das Fahrrad um und fuhr Richtung Osten, um zu sehen, was mir dort begegnen würde. Das Erste, was mir auffiel, waren die vielen Grünanlagen und insbesondere die wunderschönen Häuser mit farbenfrohen Mustern an den Fassaden. In Dänemark bestehen die Häuser aus roten oder gelben Backsteinen und unser Plattenbau ist meistens grau oder weiß, also war ich begeistert und hatte schnell neue, spannende Fotomotive. Für mich ist das Fotografieren immer auch eine gute Möglichkeit, Neues aufzunehmen und zu erleben. Kann man Schönheit in dem finden, was nicht sofort die Aufmerksamkeit auf sich zieht? Manchmal entdeckt man unterwegs Dinge, die man sich nie hätte vorstellen können!

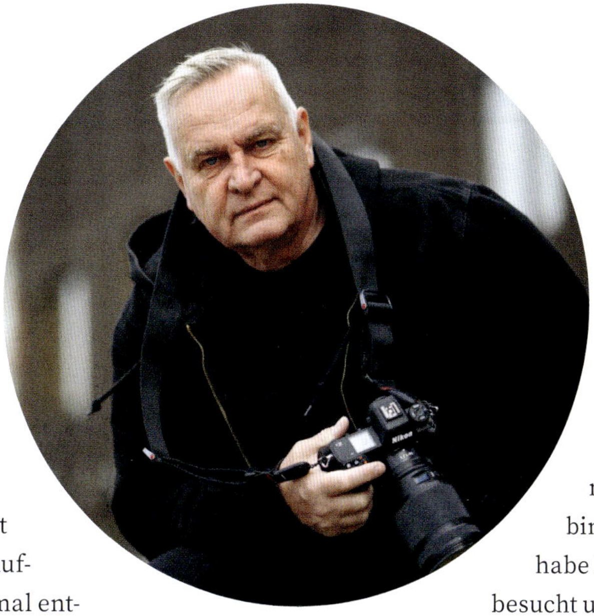

Während ich herumradelte und Fotos machte, kamen oft neugierige Bewohner zu mir und fragten, was ich fotografiere. Da kam mir der Gedanke, dass es gerade interessant wäre, zu erfahren, wer eigentlich in der »Platte« wohnt? Wer sind die Leute hier und was beschäftigt sie? Spätestens mein Besuch des degewo-Skywalks, eine Aussichtsplattform, die hoch über der Marzahner Promenade liegt, mit einem sehr kompetenten Stadtführer überzeugte mich davon, dass es tolle Geschichten über Marzahn und seine Bewohner gibt, die viele Berliner und Dänen noch nicht kennen. Daraus sind spannende Marzahner Reisen mit vielen schönen Erlebnissen geworden. Überall bin ich auf Offenheit gestoßen. Ich habe Menschen an ihrem Arbeitsplatz besucht und andere getroffen, die mir ihre Hobbys zeigen wollten oder sich ehrenamtlich im Bezirk engagieren. Ich wurde mehrere Male zum Kaffee in die Wohnung von Leuten eingeladen, die mich überhaupt nicht kannten. Was für ein unglaubliches und offenherziges Vertrauen!

Ich hoffe, dass jedes Porträt und jede Erzählung im Buch einen kleinen Einblick in das Leben in Marzahn geben kann, aber eigentlich auch in das Leben allgemein. Wir Menschen sind ja trotz allem gar nicht so verschieden.

Herzliche Grüße, Asger

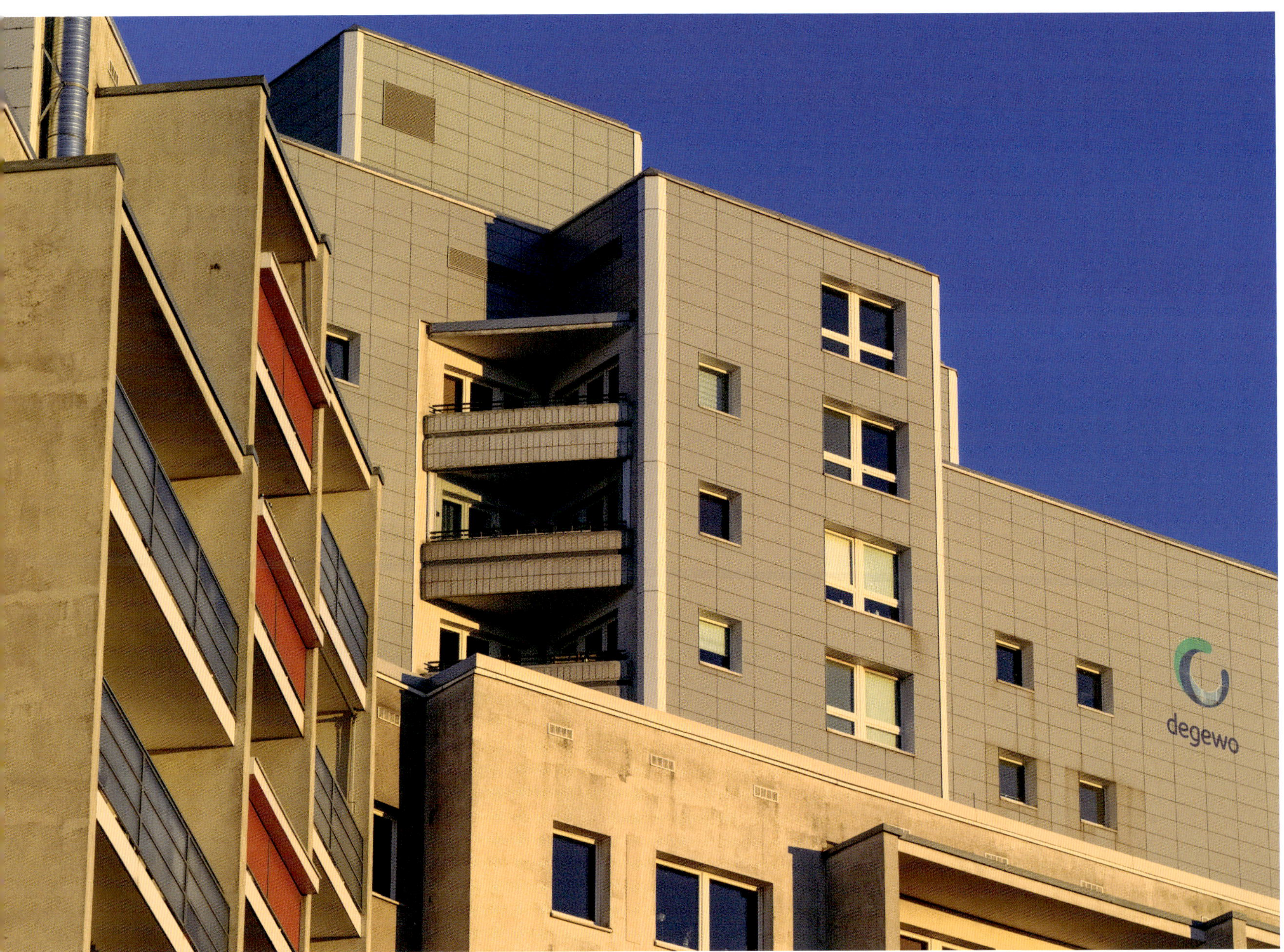
degewo

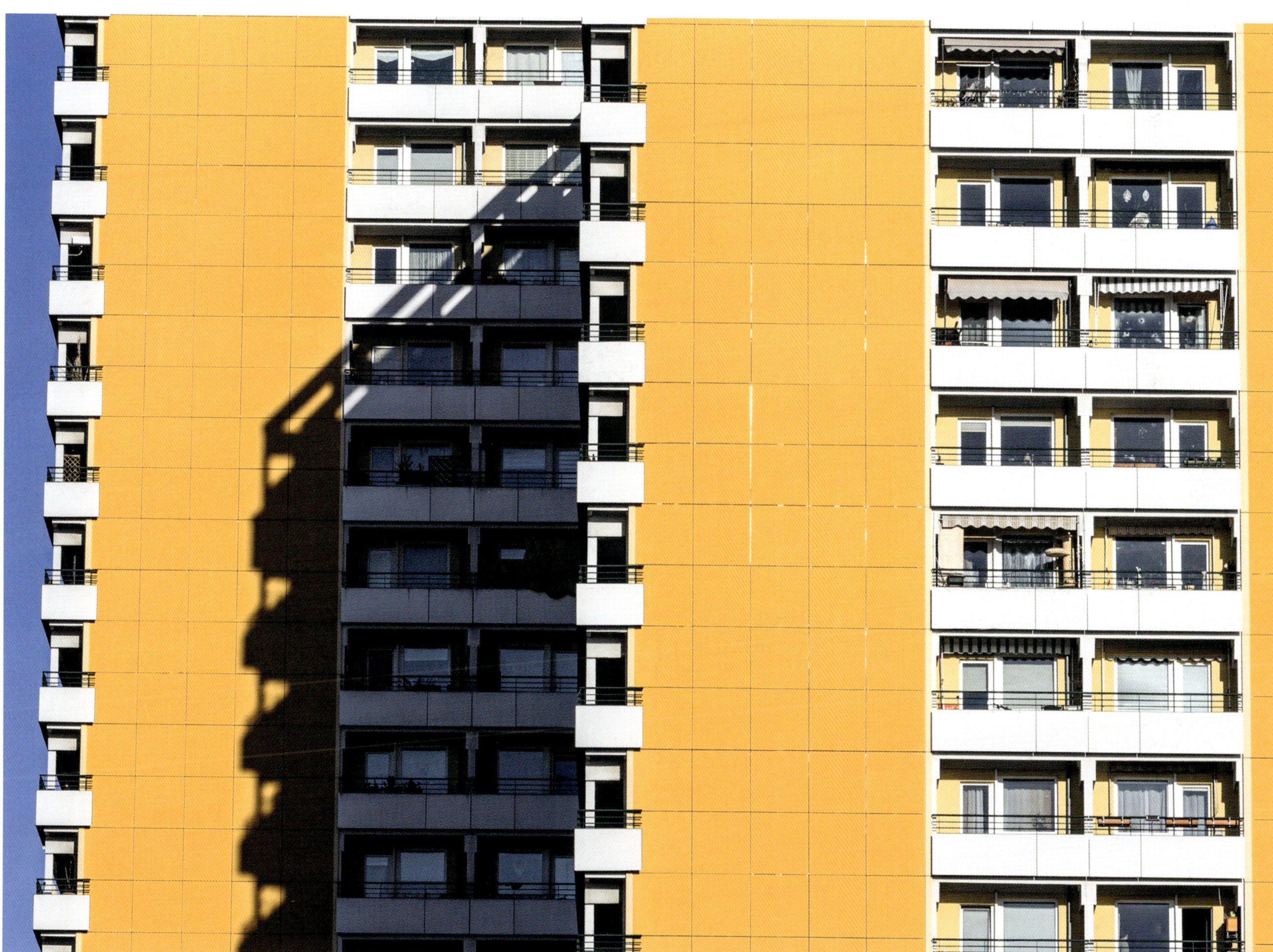

Neubauwohnungen als »Goldstaub«

Gabi

»Mein Herz schlug vor Aufregung bis in den Hals, meine Knie zitterten, als ich das Auto verließ und wir gemeinsam in die zweite Etage des nach Beton und Farbe riechenden Hauses stiegen. Mein Mann schloss unsere Wohnungstür auf … Ein riesiges Reich tat sich auf, genügend Raum für fünf Familienmitglieder. Zentralheizung, warmes Wasser aus der Wand und ein sechs Meter langer Balkon! So kann das Glück aussehen. Euphorisch fielen wir uns in die Arme.«

So erzählt Gabi in dem Buch »(Keine) Plattengeschichten – Marzahn erzählt« von dem Erlebnis, als sie nach einer erfolgreichen Zwillingsgeburt im Juni 1982 gemeinsam mit ihrem Mann die Tür zur neuen Wohnung der Familie in Marzahn öffnete.

Gabi verbringt einen Teil ihrer Zeit als Rentnerin damit, ihr Leben in Marzahn – von damals, als alles eine Baustelle war, bis heute – zu fotografieren und zu beschreiben. Gabi hat mir einige ihrer Texte geschickt. Es ist ein wichtiges und erhaltenswertes Zeitdokument, für alle, die sich fragen, wie es wirklich war, hier zu leben.

Gabi geht gerne in der Natur spazieren und hält schöne Momente dabei im Foto fest. Sie ist gerne kreativ tätig, bastelt und schreibt über die Dinge in ihrem Leben. Mehr als 21 Jahre lang war sie ehrenamtlich im Hospiz Lichtenberg tätig. Außerdem ist sie Mitglied der Senioren-Universität Berlins, bei der sie einige Kurse besucht, oder sie bildet sich weiter, indem sie zu interessanten Veranstaltungen in Marzahn geht. Sie erzählt: »Meine Freunde halten mich für eine ›tolle Berichterstatterin‹ gemeinsamer Besuche von Veranstaltungen.« Sie schätzt an Marzahn vor allem das angenehme Gemeinschaftsgefühl zwischen den (alteingesessenen) Bewohnern, das nach wie vor vorhanden ist.

Besonders an die Anfangsjahre in Marzahn erinnert sich Gabi gerne zurück: »Es war damals eine sehr schöne Zeit, in der wir jungen DDR-Bürger mit unserem auch noch sehr jungen Stadtbezirk innerhalb unserer Neubauwohnungen, die wie ›Goldstaub‹ empfunden wurden, zusammenwuchsen.« Sie hat miterlebt, wie sich Marzahn aus einer Großbaustelle zu einem zu DDR-Zeiten funktionierenden, in seiner Infrastruktur komplett durchdachten, mit viel schönem Grün angelegten Stadtbezirk entwickelt hat. Sie erzählt, dass ab 1990 viele Häuserfassaden überarbeitet wurden, womit Marzahn ein bunteres, schöneres Antlitz erhielt. Leider wurde aber auch plötzlich vieles Vertraute abgerissen, Gaststätten- und Freizeitkomplexe geschlossen, was die Bewohner des Bezirkes schmerzte. Unsinnige weitere Abrisse von Wohnungen, Kindereinrichtungen und Schulen schreien ihrer Meinung nach heute nach einem Wiederaufbau.

Für Marzahns Zukunft wünscht sich Gabi daher, dass man die einstigen Anfang der 1980er Jahre angelegten Strukturen Marzahns nicht immer weiter zerstört.

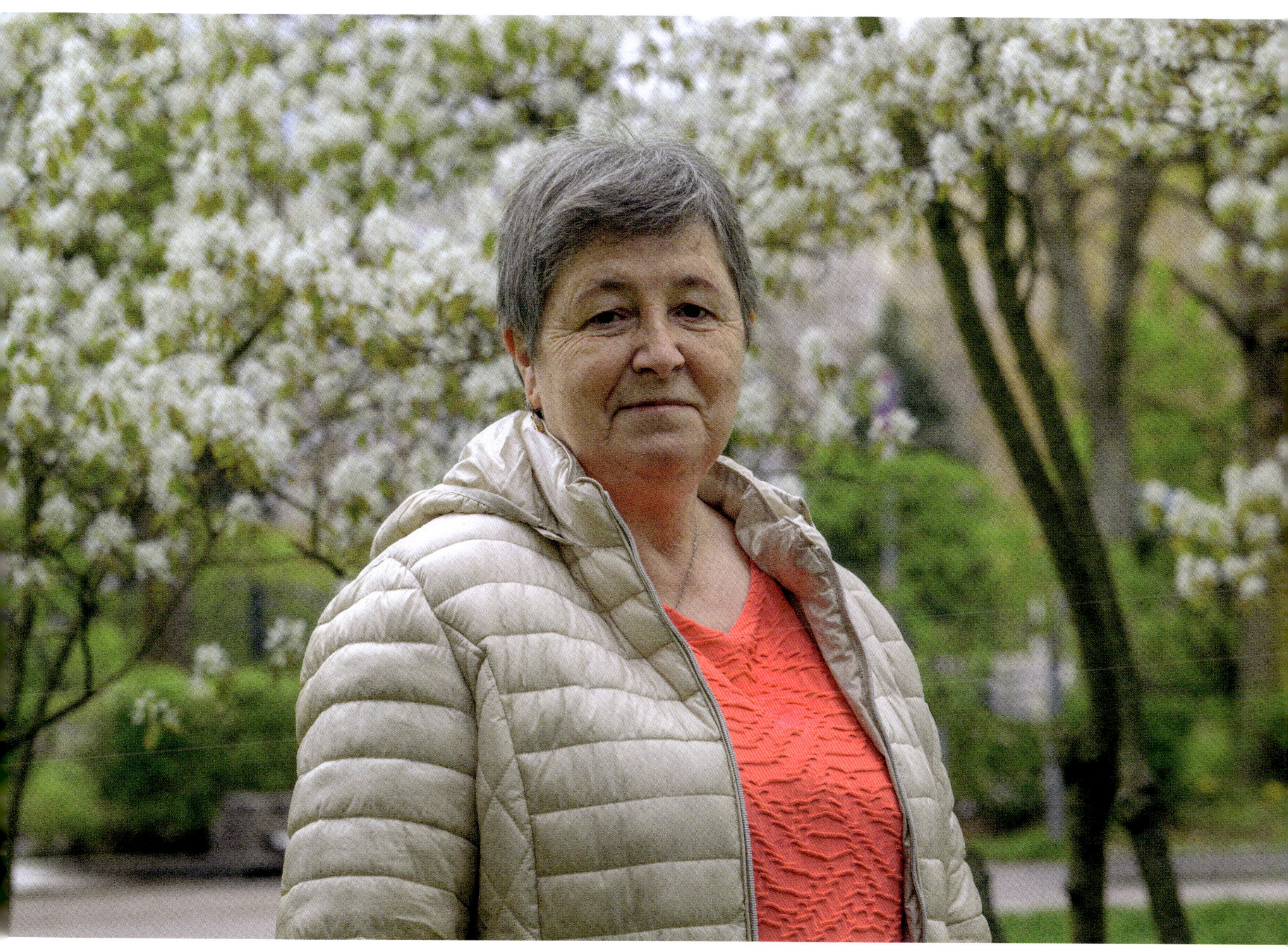

Gabi wünscht sich, dass die Innenhöfe Marzahns weiterhin so grün bleiben.

Gemeinsame Erinnerungen

Yousif und Rahand

Als ich eines Tages auf der Marzahner Promenade Straßenfotos mache, werde ich von Yousif und Rahand angesprochen. Sie fragen, wofür ich fotografiere, und ich erzähle ihnen von dem Buch. Begeistert von der Idee wollen sie gerne mitmachen und fragen, ob ich auch ein gemeinsames Foto von ihnen machen kann. Ein paar Tage später treffe ich sie wieder und sie geben mir die Einverständniserklärungen und die ausgefüllten Fragebögen zurück: »Wir haben die Fragen gemeinsam beantwortet!« Die beiden freuen sich sichtlich, an dem Projekt teilhaben zu können, und ich bin sehr glücklich über diese zufällige Begegnung.

Yousif und Rahand haben sich in der fünften Klasse kennengelernt, als Yousif an Rahands Schule wechselte, und sich auf Anhieb gut verstanden. Im Laufe der Zeit hat sich eine enge Bindung zwischen den beiden entwickelt und ihre Familien sind durch ihre Freundschaft zu einer geworden. Wenn sie jetzt in die Schule gehen, freuen sie sich vor allem darauf, Zeit miteinander und mit ihren anderen Freunden zu verbringen. Aber sie haben auch ein paar Lieblingsfächer, die ihnen Spaß machen.

In ihrer Freizeit spielen die beiden gerne Fußball mit Freunden oder treffen sich spontan zu anderen Aktivitäten. Ihre Freunde beschreiben sie als humorvoll, sportlich und hilfsbereit. Außerdem sind sie seit 2020 Mitglieder in einem Kickboxverein, was ihnen großen Spaß macht. Bei schlechtem Wetter spielen sie auch gerne mal Computerspiele. Wenn Yousif in den Sommerferien in sein Heimtland Kurdistan fährt, bleibt Rahand in Berlin zurück und verbringt seine Freizeit mit dem gemeinsamen Freund Ahmad.

Marzahn bedeutet für die beiden ein Ort voller Freude und Natur. Außerdem ist alles, was man braucht, in der Nähe. Ein beliebter Treffpunkt für die beiden ist zum Beispiel das Eastgate. Schöner wäre es nur noch, erklären sie mir, wenn es weniger Streitigkeiten gäbe und die Mitbürger liebevoller wären. Als ich die beiden frage, ob sie eine besonders schöne Erinnerung an ihr bisheriges Leben in Marzahn haben, antworten sie mir: »Es gibt keine schönste Erinnerung, denn jeder Tag, den wir zusammen verbringen, ist wie eine der schönsten Erinnerungen.«

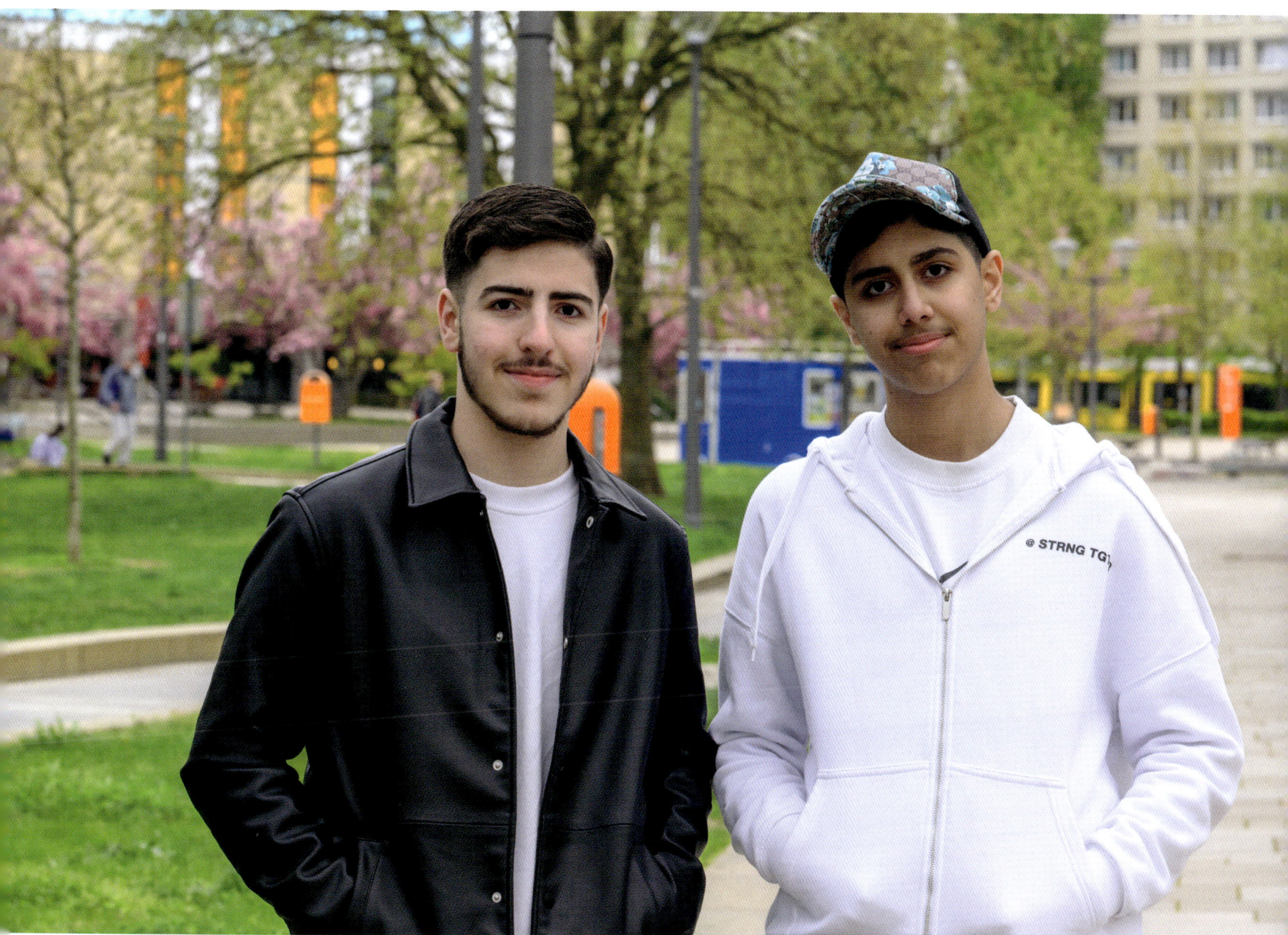

Yousif und Rahand sind beste Freunde.

Mehr Akzeptanz im Alltag

Sofia

An dem Tag, an dem wir verabredet sind, blühen die japanischen Kirschbäume. Wir treffen uns vor dem Freizeitforum Marzahn. Hier geht Sofia gerne schwimmen.

Sie erzählt mir, dass sie ein wissbegieriger Mensch ist und sehr gerne liest. Außerdem lernt sie verschiedene Fremdsprachen wie Italienisch, Arabisch und Hindi. Sie berichtet mir von ihrer Zeit im Ausland: »Ich bin für mein Studium vor Jahren nach Dubai gezogen und habe durch Freunde den Islam kennen und lieben gelernt. Dort bin ich auch konvertiert und meine Religion ist ein wichtiger Bestandteil meines Lebens geworden. Nach einigen Höhen und Tiefen bin ich froh, jetzt wieder in meiner Heimat zu leben. Meine Freizeit verbringe ich am liebsten mit meiner Familie und engen Freunden.«

Sofia lebt gerne in Marzahn. Es erinnert sie an den Stadtteil, in dem sie ihre Kindheit verbracht hat, weshalb sie sich hier sehr wohl fühlt. Sie bemerkt in den letzten Jahren auch viele positive Veränderungen, wie z. B. den Ausbau des Spielplatzes im Park hinter dem Haus oder den Neubau einer Schule, die den Bezirk Schritt für Schritt verbessern: »Es gibt hier viele Möglichkeiten, seine Freizeit zu verbringen und positive Erinnerungen für sich und seine Familie zu schaffen.«

Dennoch wünscht sie sich mehr Investitionen in die Erneuerung der Infrastruktur (z. B. eine Ausbesserung von Straßen und Fußwegen) und dass Marzahn noch vielfältiger wird und mehr Menschen wie sie selbst, die eine andere Religion praktizieren, im Alltag wirklich akzeptiert werden.

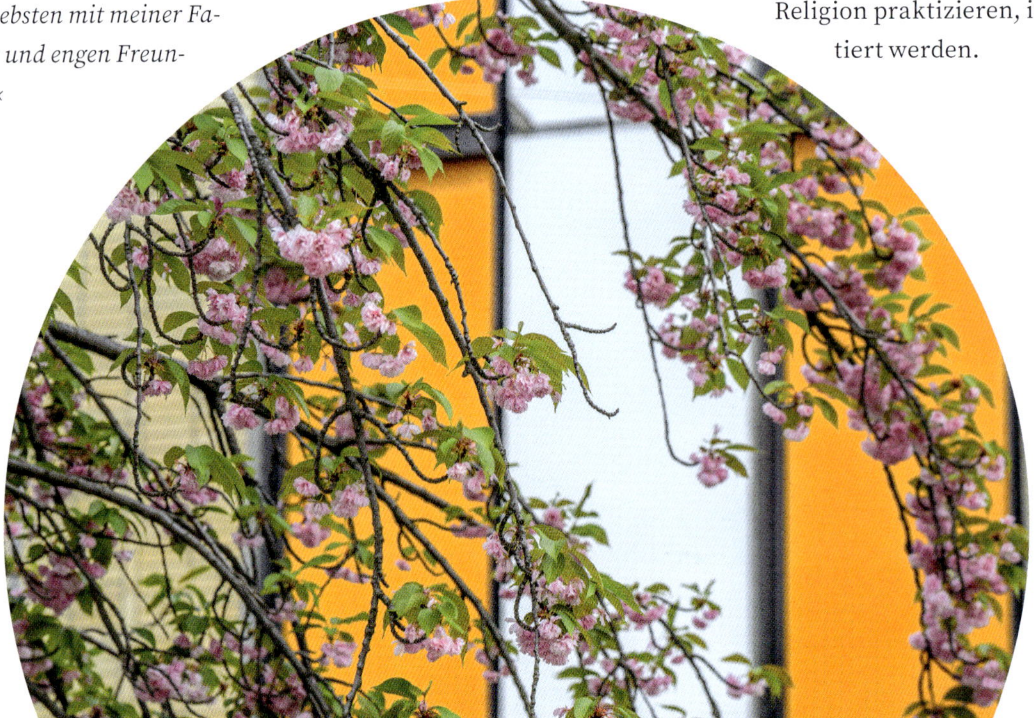

Die Kirschblüten vor dem Freizeitforum stehen in voller Blüte.

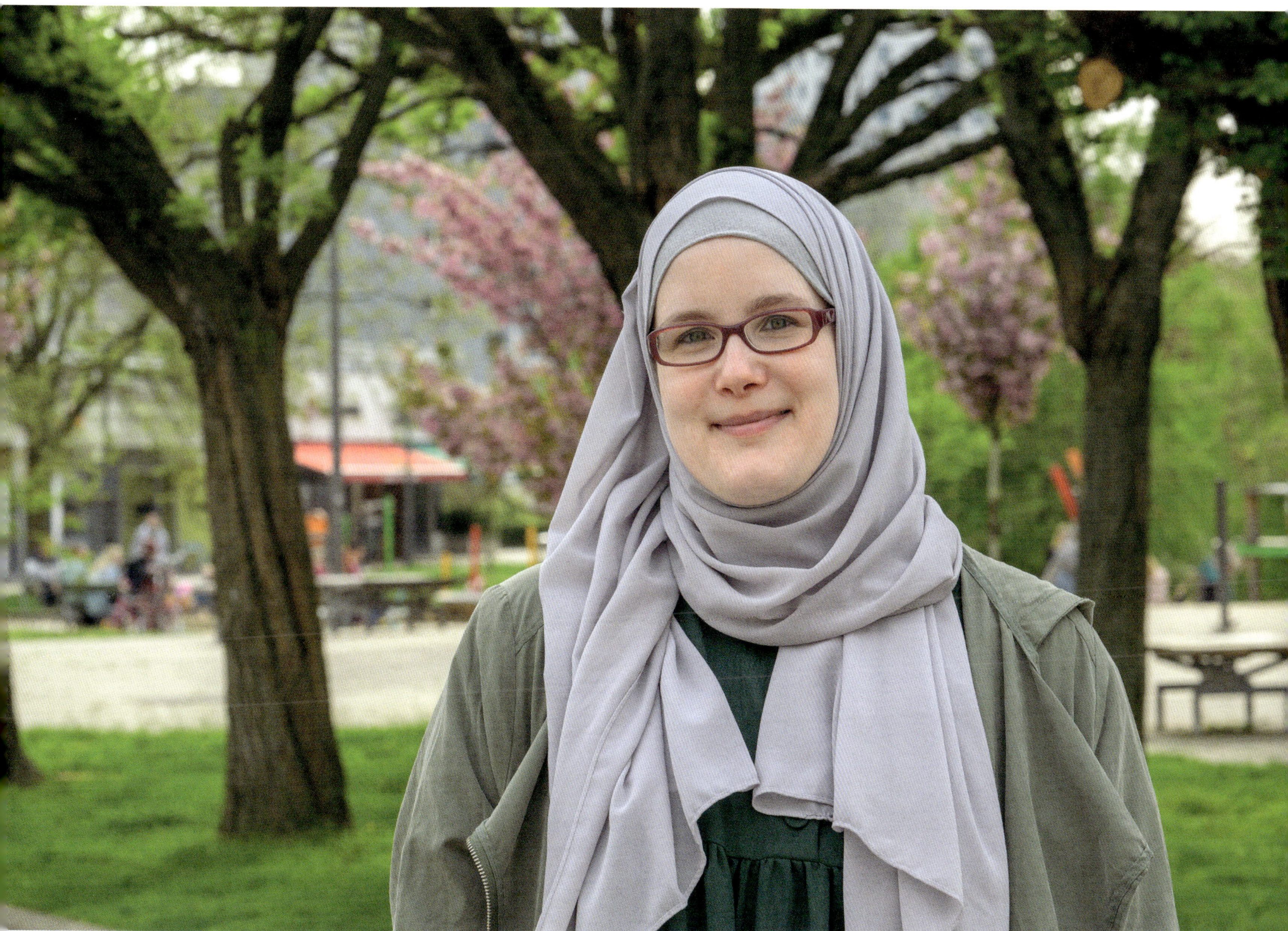

Sofias Religion ist ein wichtiger Bestandteil ihres Lebens.

Kein Leben ohne Bibliotheken

Renate

Als wir uns das erste Mal treffen, ist Renate in der Musikabteilung der Mark-Twain-Bibliothek im Dienst. Sie hat mir direkt angeboten, das Buchprojekt zu unterstützen und ich merke, mit welchem Enthusiasmus sie über Marzahn spricht. Zunächst siezen wir uns noch, aber als Däne fällt es mir schwer, mich an die formellen Umgangsformen in Deutschland zu gewöhnen und ich biete Renate das Du an. Danach sind wir beide deutlich entspannter.

Im Innenhof des Freizeitforums, in dem sich auch die Bibliothek befindet, ist eine permanente Kunstinstallation der Künstlerin Ricarda Mieth angebracht, die aus acht gelben Neonbuchstaben besteht, die je nach Perspektive als »Freizeit« oder »Freiheit« gelesen werden können. In der Mitte des Wortes steht ein Buchstabe, der sich langsam dreht und so mal als »Z« und mal als »H« zu erkennen ist. Um Freizeit und Freiheit individuell zu gestalten, bietet das Freizeitforum Marzahn die perfekte Anlaufstelle: Neben der Bibliothek gibt es hier auch ein Schwimmbad, ein Theater und eine Kegelsportanlage.

Renate erklärt mir, dass Marzahn in den 35 Jahren, die sie hier lebt, zu ihrer Heimat geworden ist. Ursprünglich stammt sie aus Thüringen und anfangs habe sie die Wälder und Berge sehr vermisst, aber mittlerweile sei der Stadtbezirk so schön grün geworden. Außerdem ist Marzahn heute lebendiger und bunter, freut sie sich, immer mehr Menschen leben hier. Aber auch das soziale Gefälle ist größer geworden und die Einwohner im Durchschnitt älter. Ehemalige Läden werden jetzt oft von Vereinen und sozialen Einrichtungen genutzt und immer mehr Künstlerinnen und Künstler entdecken den Stadtbezirk als spannende Projektionsfläche.

Für Renate bedeutet Marzahn Alltag, Natur, Erholung, Kultur und intensives Leben: »Man hat hier noch Luft zum Atmen, Wanderwege mit Aussichtsplattformen, nette Cafés, Programmkino, Theater und alles andere, was man zum Leben braucht. Schön ist auch, dass man mit guten Ideen hier noch viel bewegen kann.«

Allerdings versteht sie auch, dass sich die Menschen in Marzahn oft sozial benachteiligt fühlen und so die Unzufriedenheit mit der Politik wächst. Das führt dazu, dass der Anteil der AfD-Wähler immer mehr steigt und Marzahn wieder abrutscht in das Image des Stadtbezirks voller Nazis.

Für die Zukunft wünscht sich Renate, dass die Menschen wieder mehr miteinander kommunizieren. Ihr Traum ist es, dass ein Leben ohne Bibliotheken für die Menschen undenkbar wird und sie diese noch mehr als jetzt nutzen: »Raus aus der Nische! Niemand soll mehr Vorurteile haben und gerne hierherkommen.«

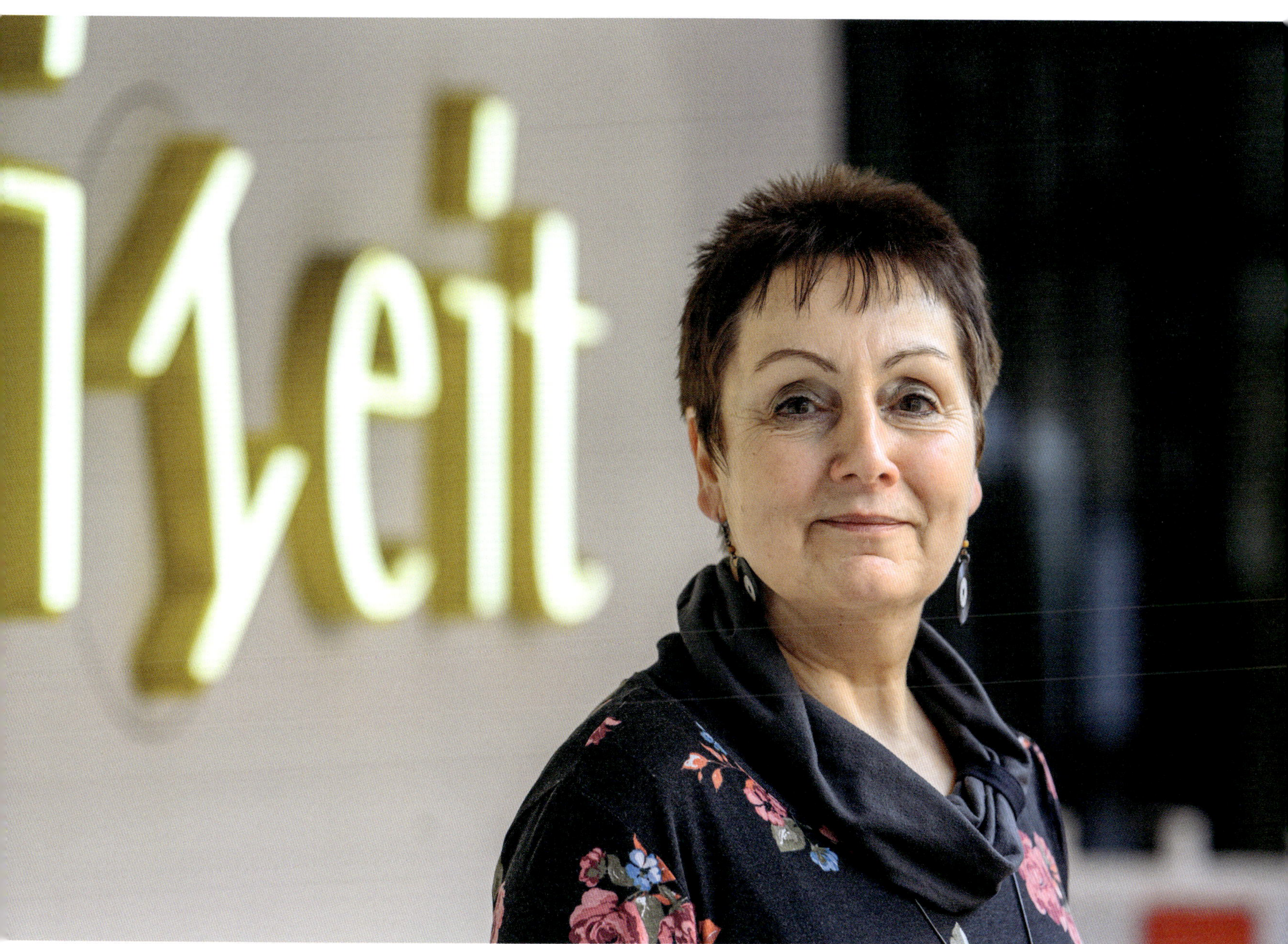

Renate organisiert in der Mark-Twain-Bibliothek ein breites Angebot für alle Marzahner.

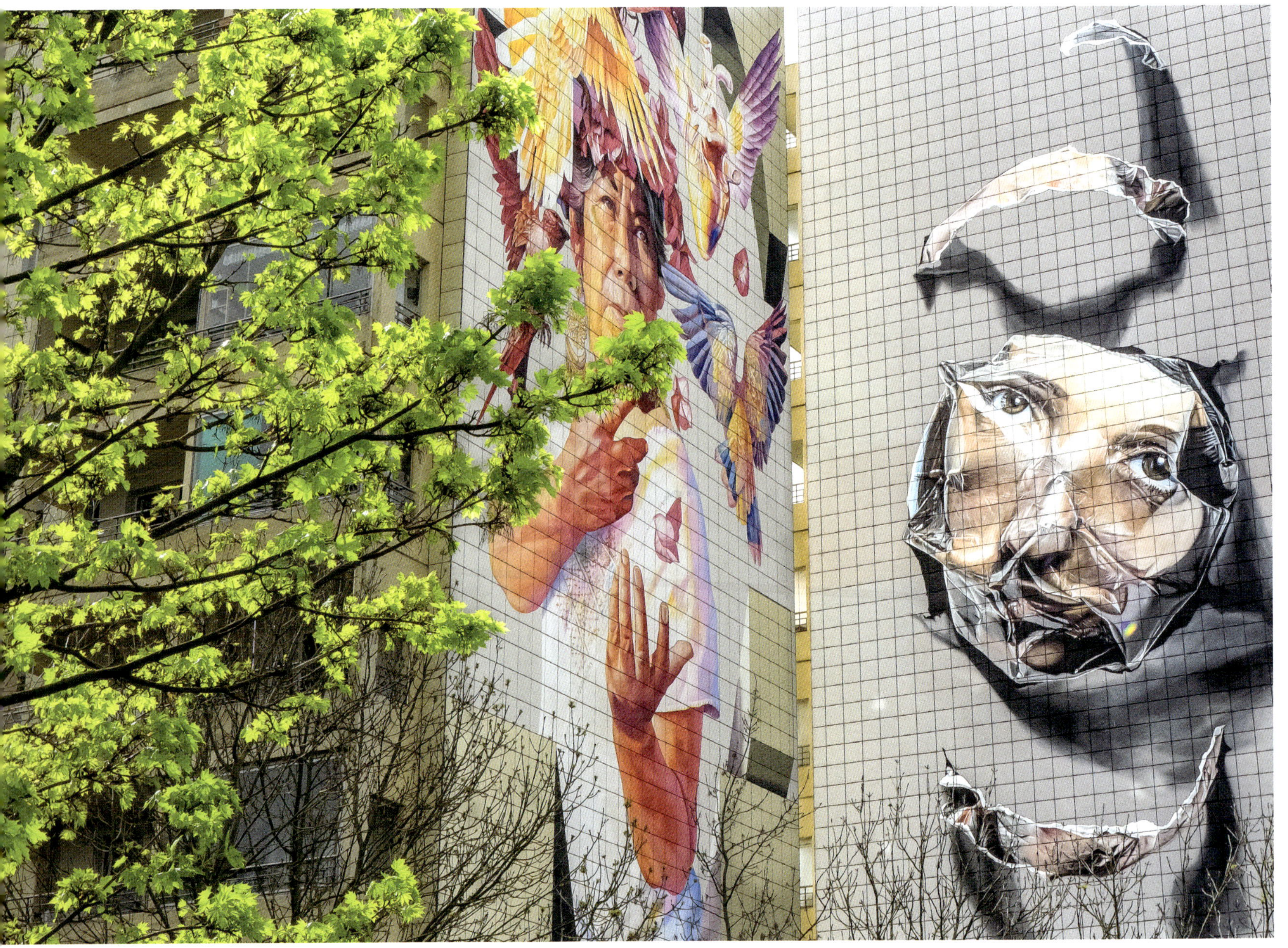

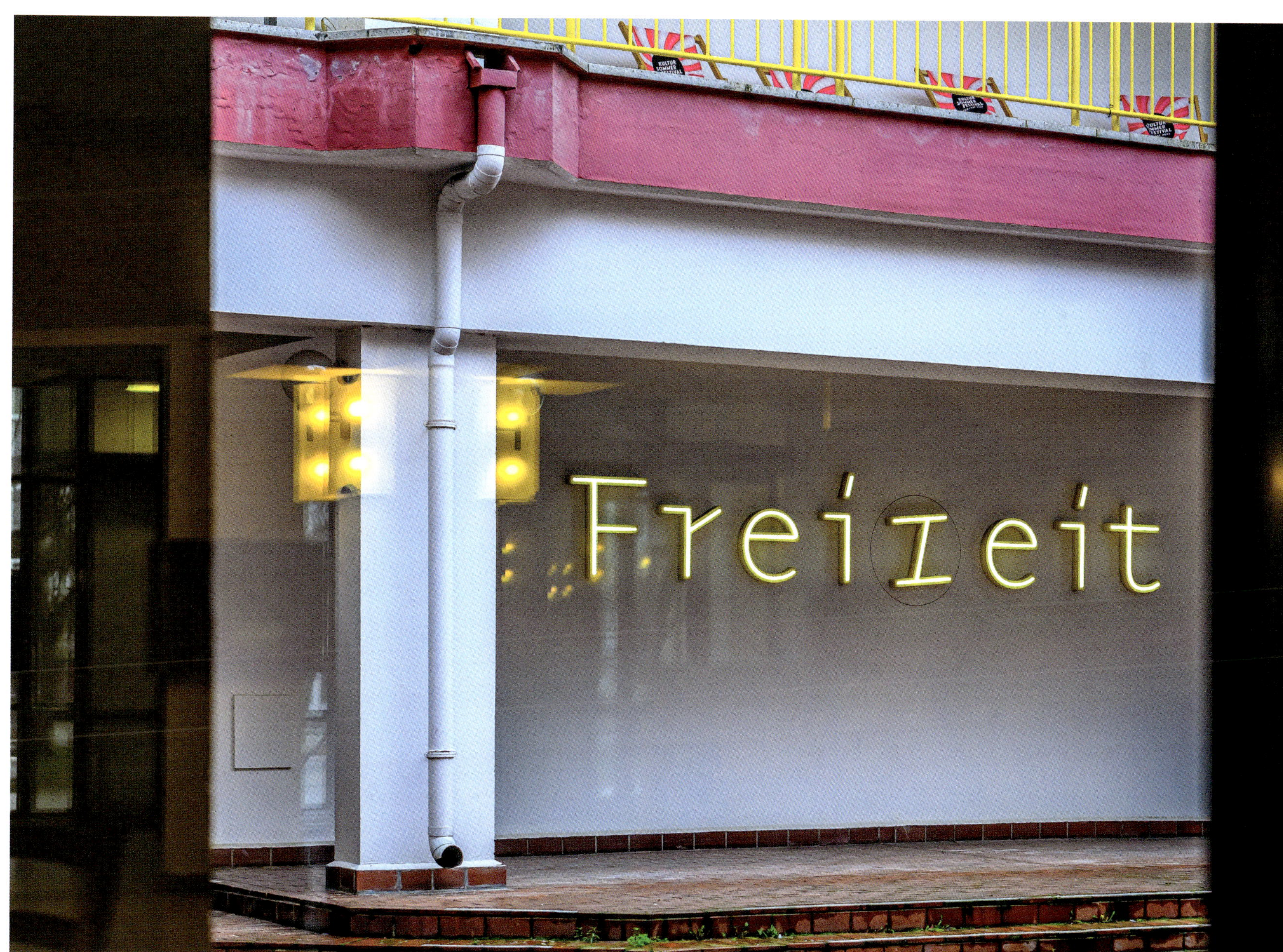
Freizeit

Unsere Wohlfühloase

Elke und Frank

Elke reagiert sehr enthusiastisch auf meine Anfrage. Ich schlage vor, dass wir uns in einem Café treffen, aber Elke meint direkt, dass ich zu ihnen nach Hause kommen soll: »Wir haben auch Kaffee da.« Es ist ein sehr regnerischer Tag und ich klingele schon etwas früher als vereinbart. Frank begrüßt mich und bietet mir in der gemütlichen kleinen Küche eine Tasse Kaffee an. »Elke ist auf dem Weg«, sagt er und erzählt, dass er gerade Rentner geworden ist. Als Elke einige Minuten später nach Hause kommt, geht sie auf ihn zu und gibt ihm einen dicken Kuss direkt auf den Mund. Ich frage die beiden, ob ich auch Fotos von den Zimmern machen darf, und sie stimmen sofort zu. Man sieht den Stolz in ihren Augen, wenn sie ihre Wohnung betrachten, und auch, wie viel Liebe in der Einrichtung steckt. Im Wohnzimmer macht Elke das Licht in der Vitrine an und wir sind uns einig, dass ich die beiden davor fotografieren sollte.

Als ich gehe, berührt mich noch immer, dass ich als Fremder eingeladen und mit so viel Offenheit und Herzlichkeit empfangen wurde.

Für Elke und Frank ist Marzahn ihr Heimatort, wo sie mittlerweile seit vielen Jahren leben. Sie haben hier eine wunderschöne Eigentumswohnung, die ihr ganzer Stolz ist. Mit viel Kraft und Mühe haben sich die beiden eine Wohlfühloase geschaffen. Vor allem die Ruhe und Geborgenheit in ihrem Haus genießen sie, Lärm und Stress sollen draußen bleiben. Auch in Brandenburg oder im Dorfkern Alt-Marzahn sind sie schnell und gehen dort gerne und oft spazieren. Elke und Frank lieben die weitläufige Natur, in den Innenhöfen zwischen den »Platten« gibt es viel Grün und mehrere Spielplätze für Kinder. Trotzdem ist man in nur 30 Minuten im Stadtzentrum. Außerdem ist Marzahn noch einer der sichersten Bezirke in Berlin, sagen sie: »Wir haben jedenfalls keine Angst, hier abends unterwegs zu sein.«

Seit sie hier leben, ist Marzahn schöner geworden. Die Plattenbauten sind nicht mehr einheitlich grau, sondern durch Sanierungen und bunte Anstriche freundlicher und hochwertiger geworden. Sie bemängeln aber, dass es keine schönen Restaurants mehr gibt und stattdessen viel zu viele Imbisse. Die beiden stört auch, dass Marzahn schmutziger wird und abends viele Jugendliche in den Innenhöfen mit lauter Musik lungern. »Aber«, lenken sie ein, »wo sollen sie auch hin? Früher gab es Jugendclubs und Ähnliches, heute gibt es kaum noch Angebote für die Jugend.«

Für Marzahns Zukunft wünschen sich Elke und Frank eine bessere Gesundheitsversorgung für alle, weniger Kriminalität, mehr Sauberkeit, gute Verkehrsanbindungen und vor allem, dass die Menschen sich freundlicher und mit einem Lächeln im Gesicht begegnen.

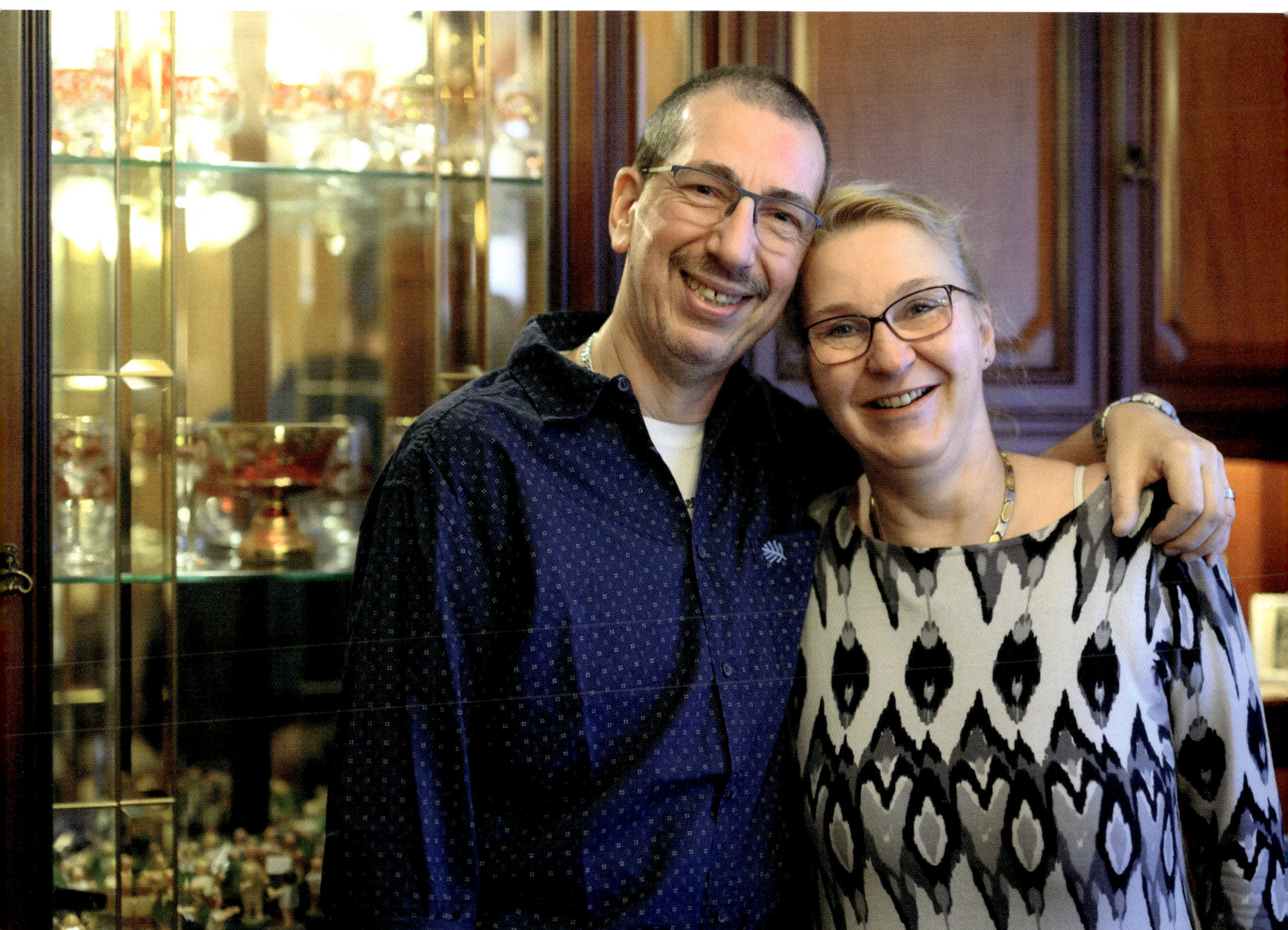

Frank und Elke genießen das Leben in ihrer Eigentumswohnung.

Mut zusprechen

Daniela

An einem Freitag im April komme ich an der Jugendfreizeiteinrichtung UNO vorbei, wo gerade ein Frühlingsfest stattfindet, bei dem ein neues Volleyballfeld eingeweiht wird. Vor dem Gelände steht ein Polizeiauto mit offenen Türen und im Auto sitzen drei Teenager-Mädchen. Ich frage mich noch, was es damit auf sich hat. Am Imbissstand treffe ich dann Daniela, die mir die Bockwürste empfiehlt. Wir unterhalten uns in der Warteschlange und finden danach eine Bank, auf der wir essen und reden. Daniela ist Polizistin in Marzahn und erzählt von ihrer präventiven Arbeit mit den Jugendlichen im Kiez. Sie erklärt mir, dass sie häufig auf Nachbarschaftsfesten unterwegs ist, um mit den Anwohnern ins Gespräch zu kommen und sie über Gefahren und Straftaten aufzuklären.

Daniela ist seit 30 Jahren Polizistin und arbeitet seit vier Jahren als Präventionsbeauftragte in Marzahn. Dafür geht sie meistens in Schulen und versucht dort, den Kindern und Jugendlichen zu erklären, was passiert, wenn man eine Straftat begangen hat oder Opfer einer Straftat geworden ist. Aber sie klärt auch Senioren darüber auf, wie sie verhindern können, Opfer von Betrügern zu werden. Dabei ist ihr vor allem wichtig, die Menschen für ein besseres Miteinander zu sensibilisieren.

Daniela gefällt an ihrer Arbeit besonders, dass sie die Kids von jungen Jahren an, bis sie erwachsen sind, begleiten kann. Dadurch kann sie eine ganz besondere Beziehung zu den Bewohnern Marzahns aufbauen, durch die sie ihnen besser helfen kann. Gerade bei den Kids kann sie so Einfluss auf ihr Verhalten nehmen, sie davon abhalten, Straftaten zu begehen, oder ihnen Mut zusprechen. Im Gegenzug wird ihr viel Dankbarkeit und Freundlichkeit von den Menschen entgegengebracht.

Sie erzählt von einem schönen Erlebnis, das sie in ihrer Arbeit bestätigt hat: »Ich habe mit den Schülern über das Thema ›Geh nicht mit Fremden mit‹ gesprochen und aufgeklärt. Wochen später wurde eine dieser Schülerinnen von einem Fremden angesprochen, aber sie hat sich genau an die Verhaltensregeln gehalten und daher ist ihr nichts passiert. Der Vater berichtete mir dann, dass seine Tochter ihm ganz selbstbewusst erzählt hat, dass er sich keine Sorgen machen brauche, sie habe alles so gemacht, wie sie es von der Polizistin gelernt hat. Das hat mich doch sehr stolz gemacht und mir gezeigt, dass meine Arbeit wichtig und richtig ist.«

Sie erzählt, dass die Kriminalitätsrate in Marzahn nicht höher oder niedriger ist als in anderen Bezirken. Jeder Bezirk habe seine Eigenheiten und daraus ergeben sich die jeweiligen Schwerpunkte. Daniela findet an Marzahn besonders spannend, dass hier so unterschiedliche Menschen leben. Arm und Reich wohnen dicht beieinander. Das macht den Bezirk für sie so interessant und abwechslungsreich.

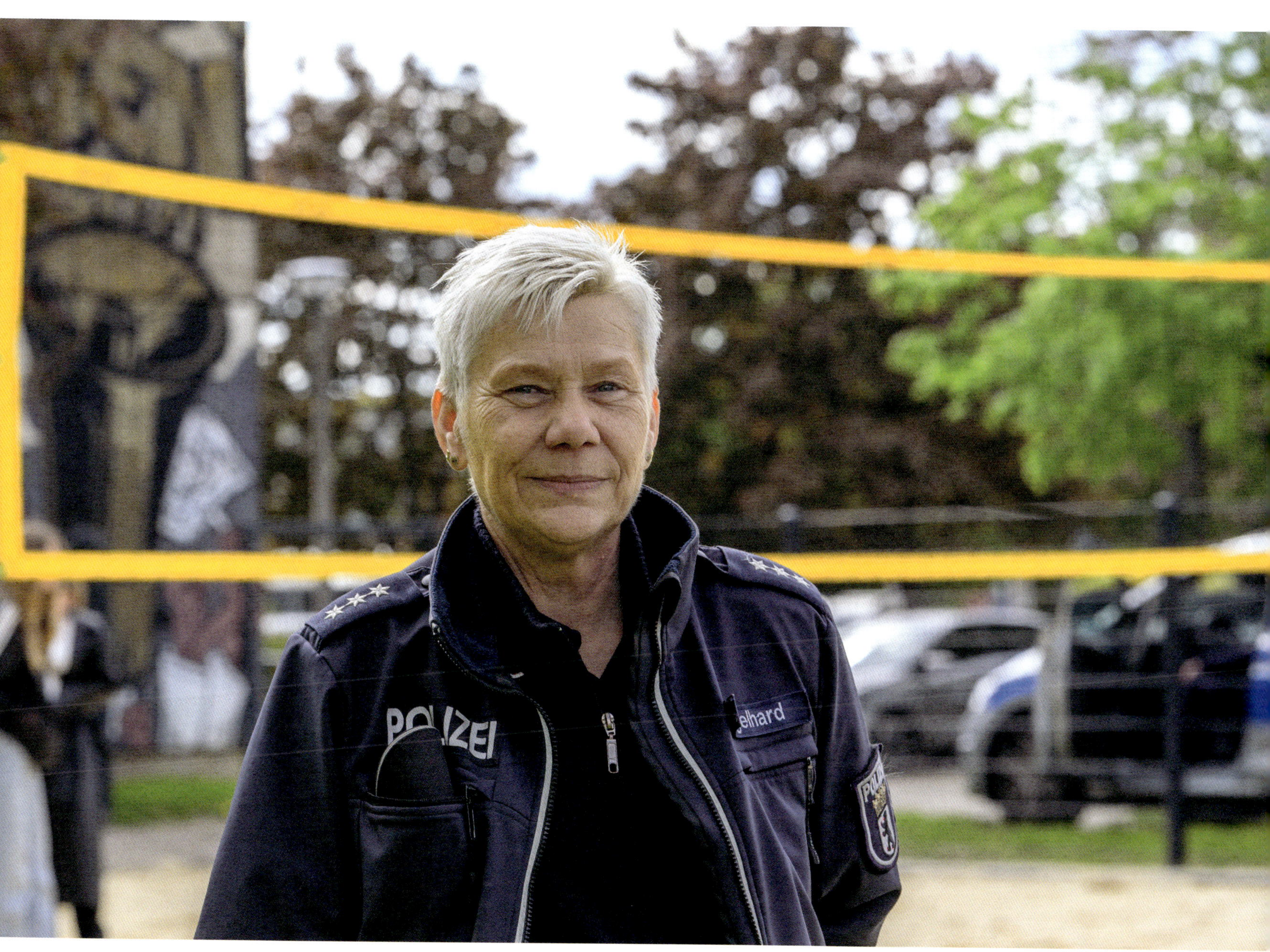

Hinter Daniela erkennt man das neue Volleyballfeld und ihren Polizeiwagen.

Soziale Unterschiede überwinden

Thomas

Montags und mittwochs ist Thomas nach Feierabend ehrenamtlich als Judotrainer tätig. Ab 18 Uhr sind es die Jugendmannschaften und später kommen die Erwachsenen zum Training. Thomas praktiziert seit seinem siebten Lebensjahr Judo, heute ist er 46 und arbeitet als Geschäftsführer im Gesundheitswesen: »Nach dem Abitur absolvierte ich eine Ausbildung zum Bankkaufmann. 25 Jahre arbeitete ich in einer Bank und nun seit ca. 2,5 Jahren in der Geschäftsleitung einer Schule für Pflege und Physiotherapie. Die Arbeit macht Spaß, da die Ausbildungen in der Schule Berufe betrifft, die für die Zukunft sehr wichtig sind, und ich es als sehr sinnvoll erachte, dafür die besten Bedingungen für Auszubildende zu schaffen.«

An den Wochenenden ist Thomas meistens unterwegs für den Judosport, ob als Kampfrichter, Trainer oder Funktionär. Die restlichen Wochenenden verbringt er gern mit seiner Tochter. Er erklärt mir zum Sport: »Obwohl Judo ein Kampfsport ist, habe ich noch nie jemanden geschlagen. Im Judo haben wir eine Reihe von Werten, die wir auch an die Jugend weitergeben wollen. Es geht um Wertschätzung, Ehrlichkeit, Höflichkeit, Selbstbeherrschung und vor allem Respekt gegenüber dem Gegner. Deshalb verneigen wir uns und begrüßen uns immer vor und nach dem Judomatch. Bei einem Turnier möchte ich natürlich nach den Regeln der Kampfkunst gewinnen, aber ich habe keine Lust, meinen Gegner zu verletzen. Es geht um den Sportsgeist. Wir sind immer sehr fair zueinander.«

Eine seiner großen Leidenschaften ist das Reisen. So hat er bereits viele Regionen dieser Welt kennenlernen dürfen, angefangen bei Sibirien über Australien bis zu Nord- und Südamerika. Sein nächstes Reiseziel ist Island. Das ein oder andere Land bereist er auch mit dem Motorrad.

In Marzahn zu leben bedeutet für Thomas immer wieder, nach Hause zu kommen. Er erinnert sich zurück, als ein Judoka aus dem Ausland hier zu Besuch war und sich auf Anhieb sehr wohlgefühlt hat. Früher sei dieser schon mal in Berlin als Guide unterwegs gewesen, habe aber damals nur den Innenbereich der Stadt kennengelernt. Hier in Marzahn sagte er zu Thomas, sei es viel schöner, weil alles weiter angelegt sei und es mehr Platz zwischen den Bauten und so viel mehr Grün als in der Innenstadt gebe. Thomas beklagt sich aber, dass in letzter Zeit die Auswirkungen der Gentrifizierung mehr und mehr zu spüren sind: Wer wenig Geld hat, kommt an den Rand Berlins, und wer mehr Geld hat, kauft sich ein Haus im Speckgürtel. Sein Traum für Marzahn ist die Überwindung dieser großen sozialen Unterschiede.

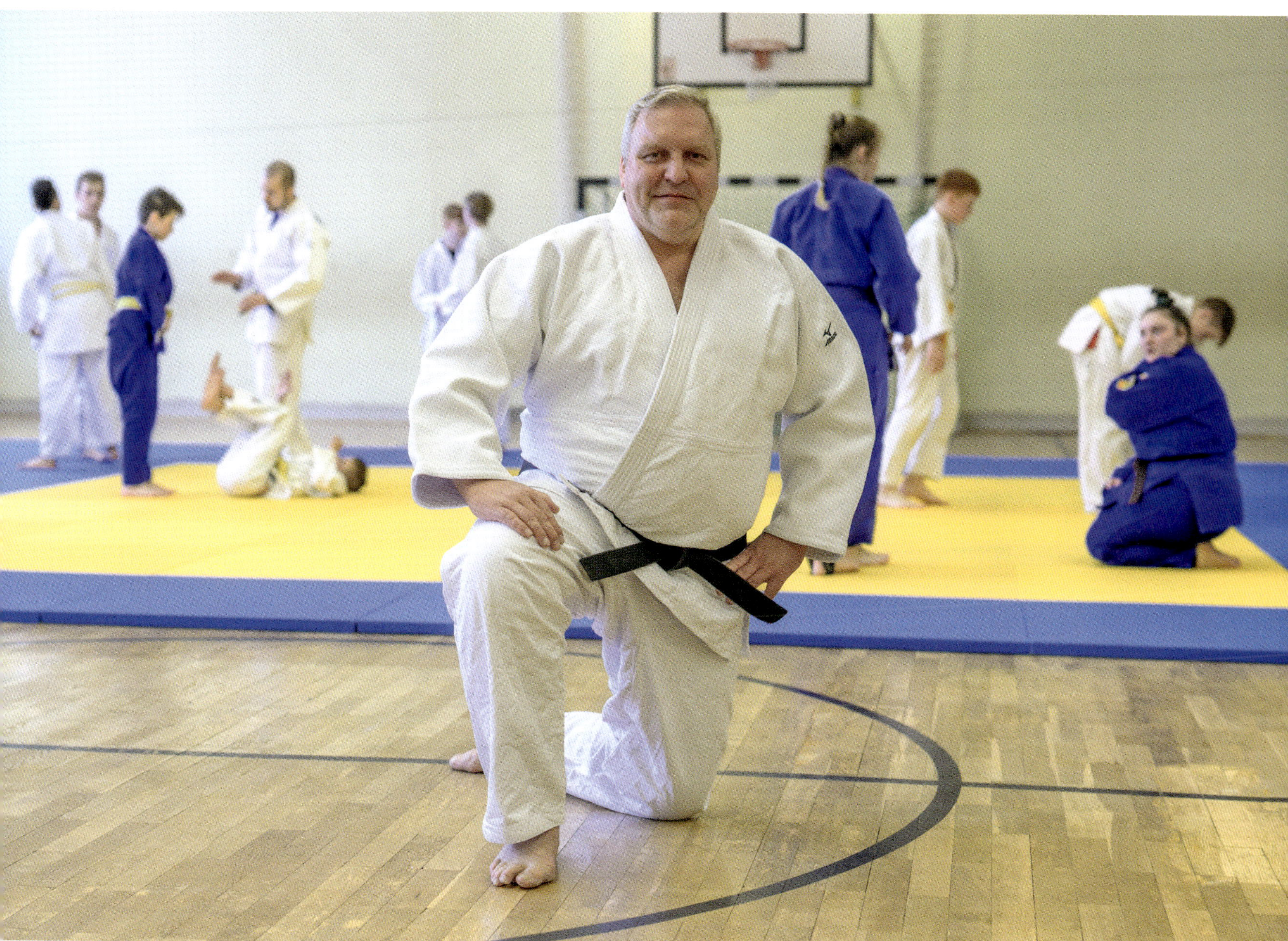

Thomas ist Judotrainer mit Leib und Seele.

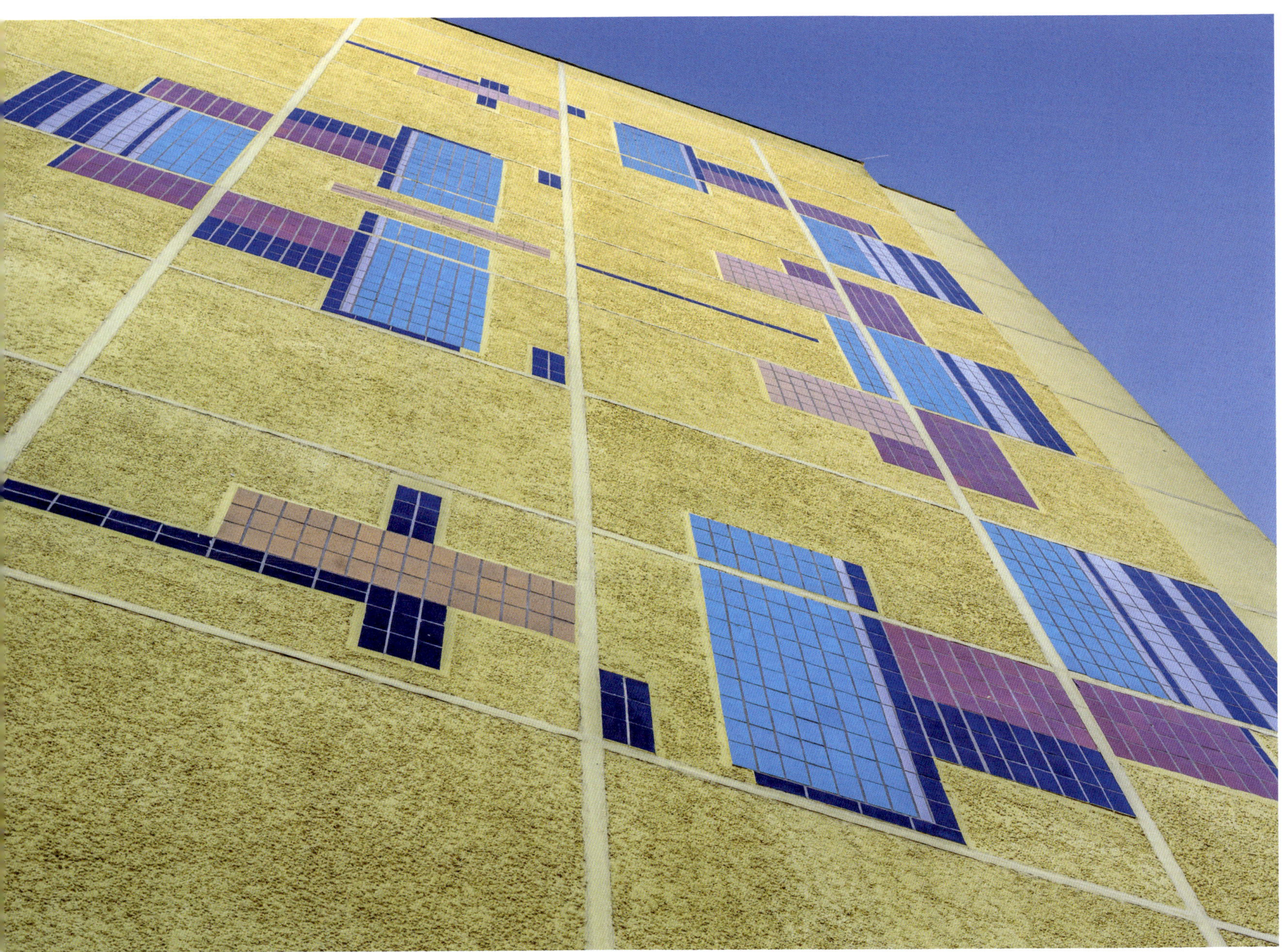

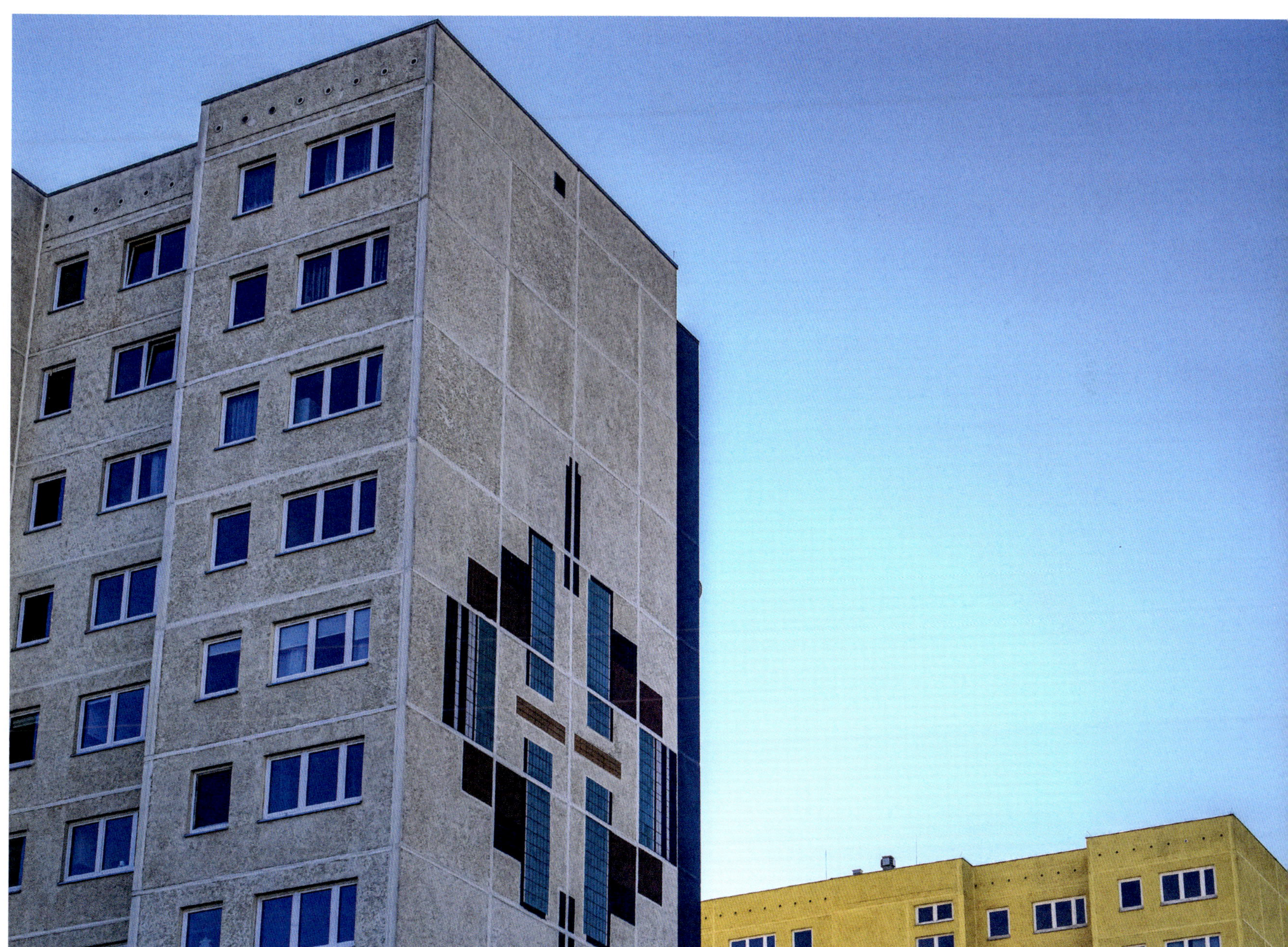

Schluss mit verstecken

Angelo

Ich treffe Angelo mit seiner Kamera bei einer der Frühlingsveranstaltungen der Stadt. Als ich ihn so unter Fotografen auf seine Kamera anspreche, erklärt er mir: »Ich habe meine Kamera immer dabei. Seit Dezember 2012 habe ich ein Gewerbe als Kinder- und Familienfotograf im Stadtteil. Ich liebe es, Fotos von Menschen zu machen und ihre ganz persönlichen Momente einzufangen. Die Fotografie ist mein Leben.«

Neben seiner Arbeit als Familienfotograf betreibt Angelo ein Projekt, in dem er über Menschen mit körperlichen und geistigen Behinderungen erzählt. In diesem Projekt geht es darum, dass die Menschen sich und ihre Geschichte nicht länger zu verstecken brauchen. Denn es gibt so viele, denen es genauso geht. Wenn die Menschen nur mehr in Kontakt miteinander kämen, wäre der erste Schritt in eine offenere Gesellschaft getan, glaubt er: »Wir laufen alle mit dem Kopf nach unten durch die Gegend und alle haben wir Vorurteile, aber keiner fragt mal nach, wie es den anderen geht oder warum!« Es ist ein schwieriges Thema, aber er gibt sich die größte Mühe, alles richtig zu machen.

Angelo selbst hat eine geistige Beeinträchtigung, weil er mit der Nabelschnur um den Hals geboren wurde. Das ist auch der Grund, warum er sich so engagiert für das Thema und für mehr Akzeptanz in der Gesellschaft einsetzt. Er ist ein sehr offener Mensch, mit dem man sich sofort wohlfühlt. Das sehen seine Freunde genauso: »Sie würden wahrscheinlich über mich sagen, dass ich ein sehr freundlicher, emotionaler Herzens-Mensch bin, der immer für alle da ist, nur nicht für sich selbst.«

Für ihn bedeutet Marzahn Vielfalt, auch wenn er das Gefühl hat, dass die Menschen in den letzten Jahren immer ichbezogener, respektloser und aggressiver geworden sind. Angelo wünscht sich daher, dass seine Mitmenschen einander wieder mit mehr Toleranz und Akzeptanz begegnen. Außerdem vermisst er hier mehr Angebote für Kinder und Jugendliche und auch für Eltern. Angelos Traum für Marzahns Zukunft ist, dass die Leute öfter auch nach rechts oder links schauen und ihr Gegenüber fragen, wie es ihm geht.

Zum Abschied frage ich ihn, wohin er in seinem nächsten Urlaub fahren möchte. Seine Antwort kommt prompt: »Einfach ans Meer.«

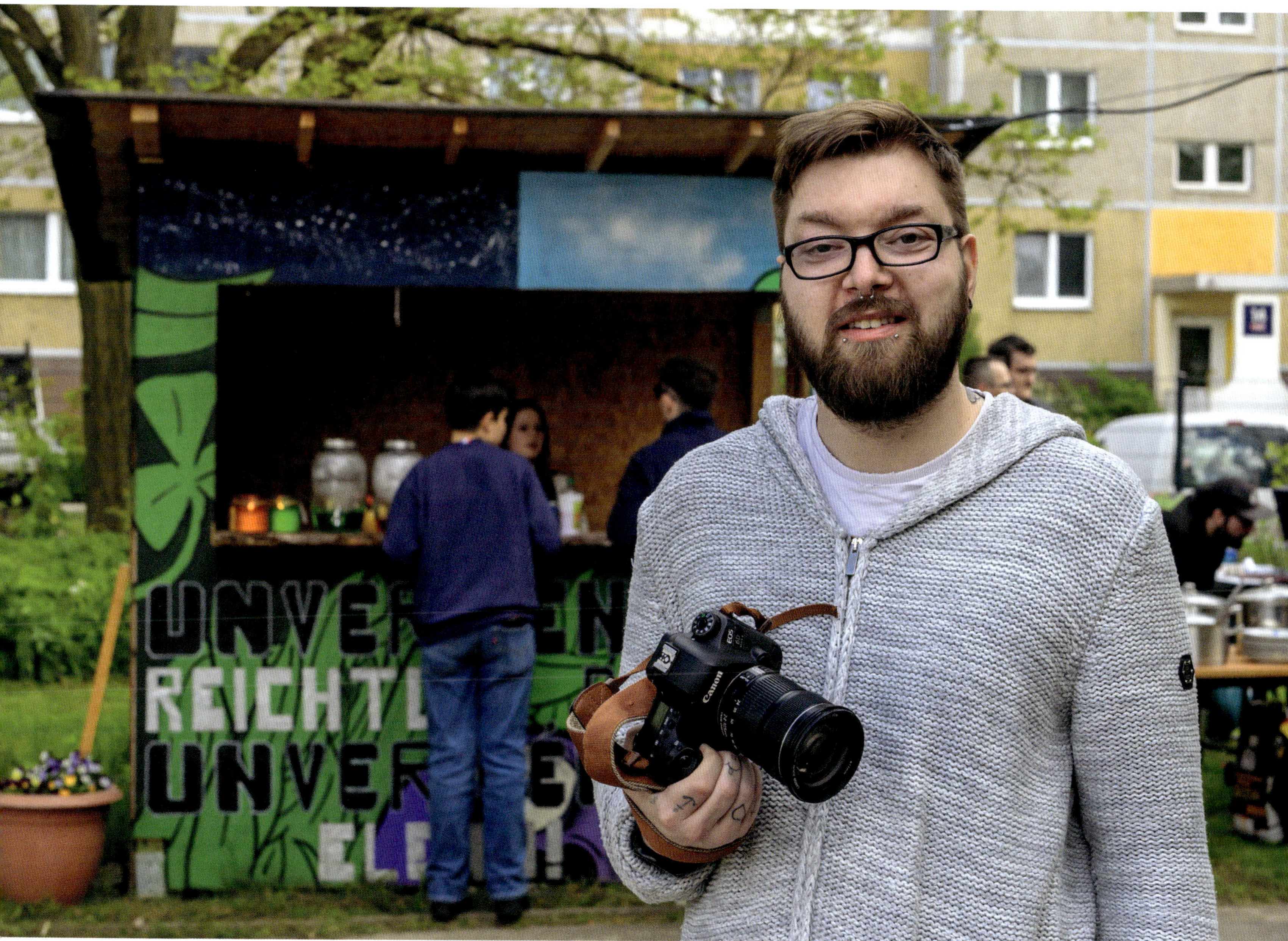

Angelo setzt sich für Menschen mit Behinderungen ein.

Die Freude am gemeinsamen Singen

Der Marzahner Kammerchor

Die Szene für das Fotoshooting mit dem Chor habe ich auf der Marzahner Promenade inszeniert. Mir wurde gesagt, dass die Chormitglieder nach der Arbeit kommen würden. Langsam erscheinen die verschiedenen Chormitglieder und plötzlich stehen da 34 Sänger und Sängerinnen auf dem Platz vor dem Eastgate-Einkaufszentrum.

Ich frage sie, ob sie nicht etwas singen könnten. »Ja, natürlich«, antwortet der Chorleiter Wilfried und sie beginnen sofort zu singen. Es klingt wahnsinnig schön und die Bewohner drängen sich in der Promenade zusammen oder schauen aus den Fenstern.

»Locus iste« heißt das Lied von Bruckner, das sie singen, und es wird oft bei Kirchenweihen aufgeführt:

Locus iste a Deo factus est,
inaestimabile sacramentum,
irreprehensibilis est.

Dieser Ort ist von Gott geschaffen,
ein unschätzbares Geheimnis,
kein Fehl ist an ihm.

Nach dem Ende des Liedes amüsieren sich die Chormitglieder über den Text: »Sehr passend für das Eastgate Einkaufszentrum.« Wir schmunzeln darüber.

Der Marzahner Kammerchor wurde 1978 gegründet und ist damit genauso alt wie der Bezirk Marzahn. Er versteht sich somit als wichtiger Teil des Ortsteils und tritt auch häufig bei Bezirks-Jubiläen auf. In Erinnerung an seine Gründerin, Marieluise Nellessen, singt der Chor häufig Lieder von Hermann Josef Nellessen, ihrem Ehemann.

Der Chor besteht aus ca. 40 Sängerinnen und Sängern aus den verschiedensten Alters- und Berufsgruppen, die hier durch die gemeinsame Freude am Singen vereint werden. Sie singen meistens A-cappella-Lieder vom 16. Jahrhundert bis in unsere Zeit. Das können Volkslieder sein, aber auch Chorsinfonik wie Bachs Weihnachtsoratorium oder Orffs Carmina Burana.

Der Chor lebt vor allem von der Gemeinschaft, die er bietet und die neben den wöchentlichen Proben durch Probenwochenenden gefördert wird, an denen es viel Musik und Unterhaltung gibt. Einmal im Jahr begibt sich der Marzahner Kammerchor auf Konzertreise, während der die Mitglieder neue Orte kennenlernen und gemeinsam neue Lieder einüben, um ihrem Publikum auch weiterhin die Freude an der Musik zu vermitteln.

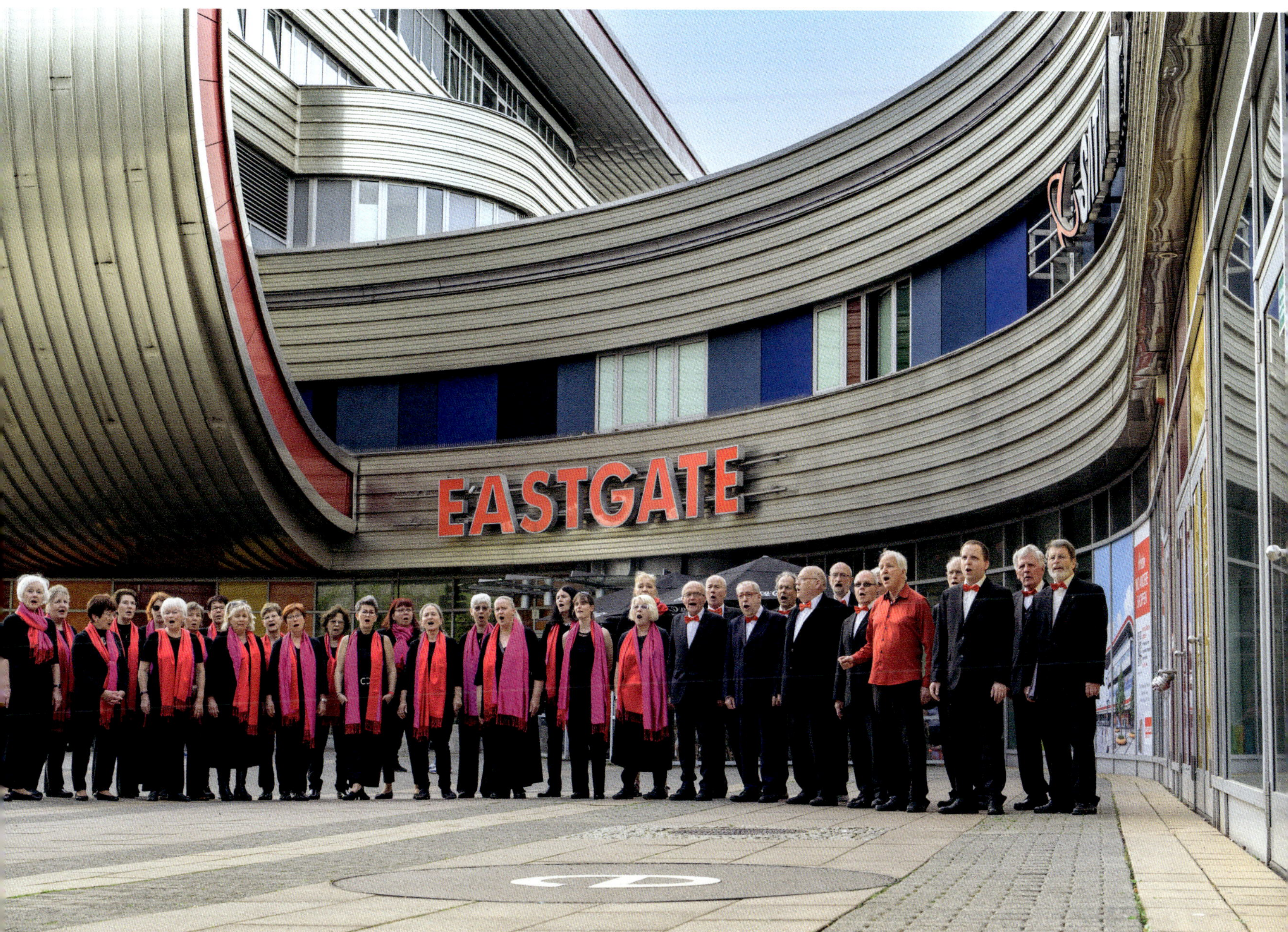

Der Marzahner Kammerchor singt vor der Kulisse des Eastgate-Einkaufszentrums.

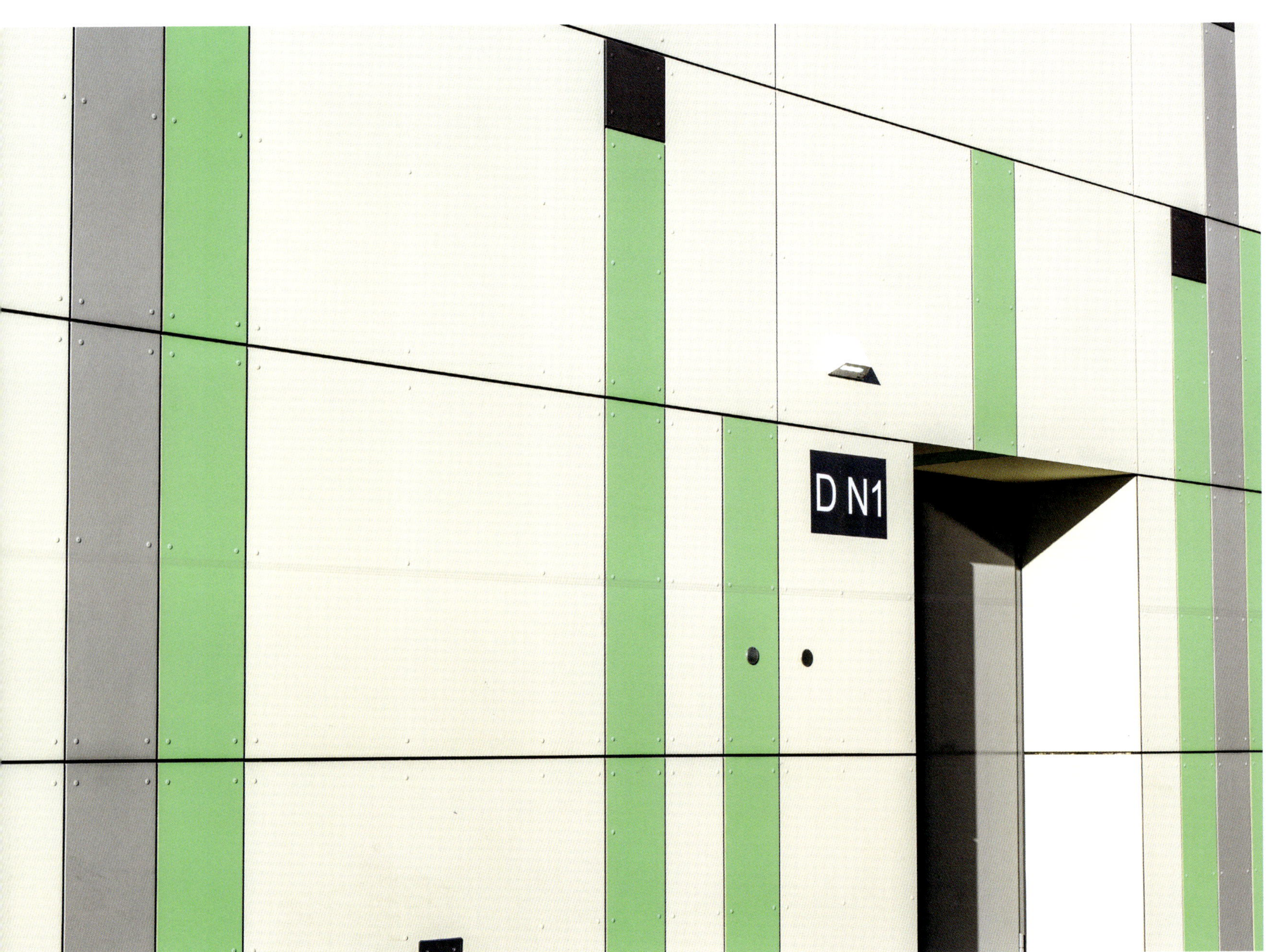
D N1

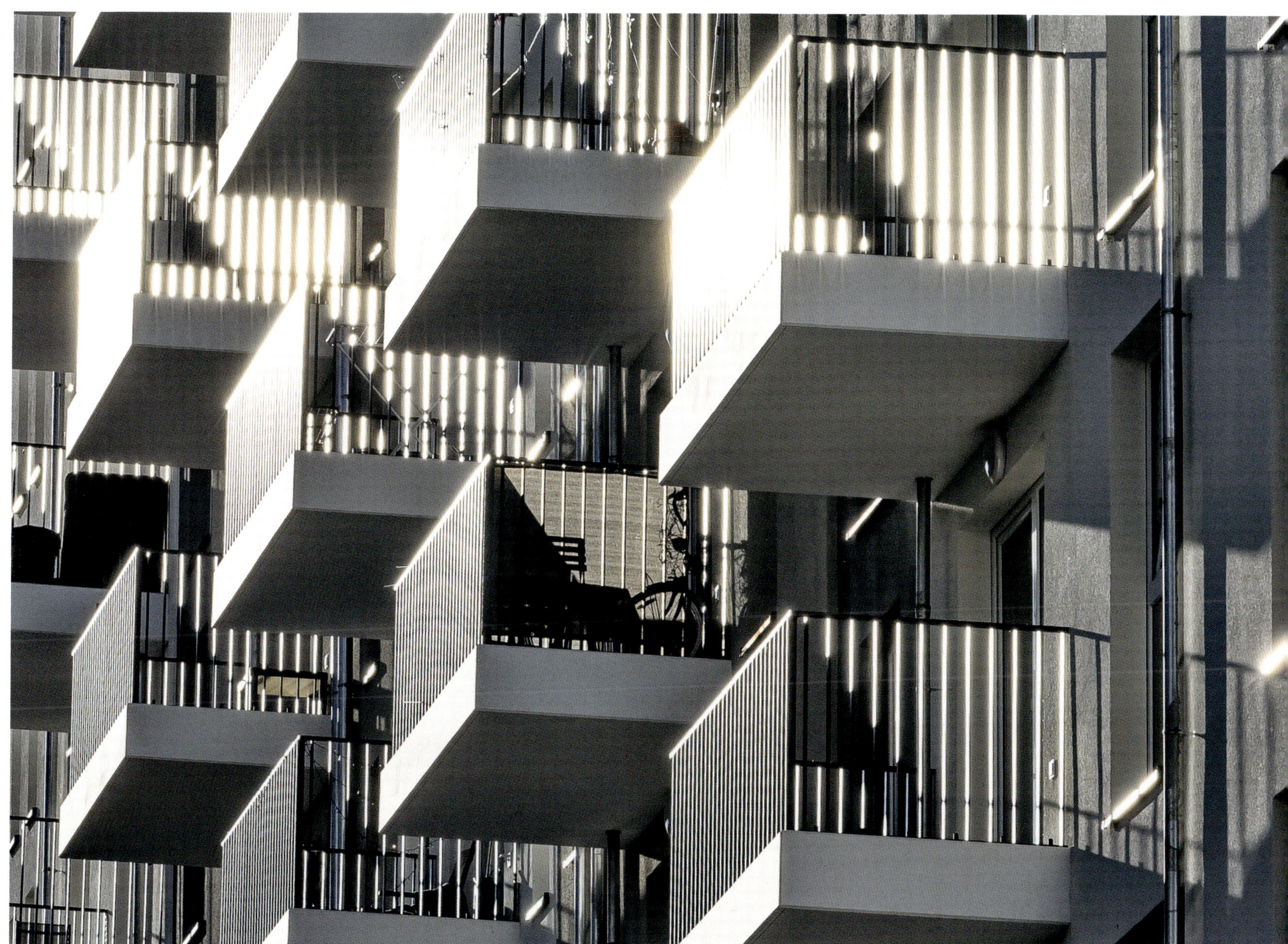

»Memento mori«

Salih und Harun

Harun und Salih kommen aus Kurdistan und sind in sehr rauen Verhältnissen und in Armut aufgewachsen. Jetzt leben die beiden in Marzahn und arbeiten hart dafür, sich selbst und ihrer Familie ein besseres Leben zu ermöglichen und ihre Träume zu verwirklichen.

Salih ist 26 Jahre alt und arbeitet in »Laila's Burgerhaus«, einem Imbiss in der Havemannstraße, der seinem älteren Bruder gehört. Er arbeitet gerne hier, serviert den Menschen in der Nachbarschaft Pizza und Burger und freut sich, wenn er nach Feierabend zurück in seine Wohnung direkt gegenüber kommt, in der er von seiner deutschen Frau und dem kleinen zweijährigen Sohn Maxim begrüßt wird.

Obwohl Salih erst seit knapp drei Jahren in Deutschland lebt, beherrscht er die Sprache schon sehr gut. Er erzählt mir, dass seine Familie aus Kurdistan kommt und sich alle in der Familie gegenseitig helfen und unterstützen. Dieser Familienzusammenhalt bedeutet viel für ihn. Auf seinem Hals hat er die Aufschrift »Memento mori« tätowiert. Es wird deutlich, wie wichtig es für ihn ist, das Beste aus seinem Leben zu machen, und dass er seine Arbeit und sein Leben in Marzahn als Chance sieht, das in die Tat umzusetzen.

Harun ist Salihs Neffe, er ist 20 Jahre alt und wohnt seit fast zwei Jahren in Marzahn. Täglich arbeitet er in einer Pizzeria in Charlottenburg, aber diesen Sonntag hat er frei und kann Salih in Marzahn besuchen.

Harun träumt davon, eine eigene Familie zu gründen und ein Geschäft zu eröffnen. Dann wäre er sein eigener Chef und könnte sich vielleicht sogar ein schönes Auto leisten.

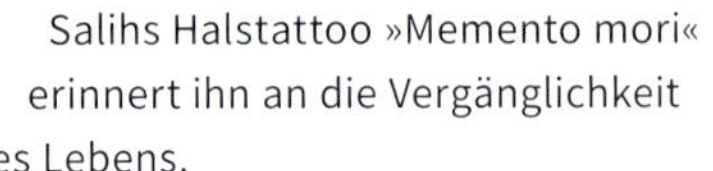

Salihs Halstattoo »Memento mori« erinnert ihn an die Vergänglichkeit des Lebens.

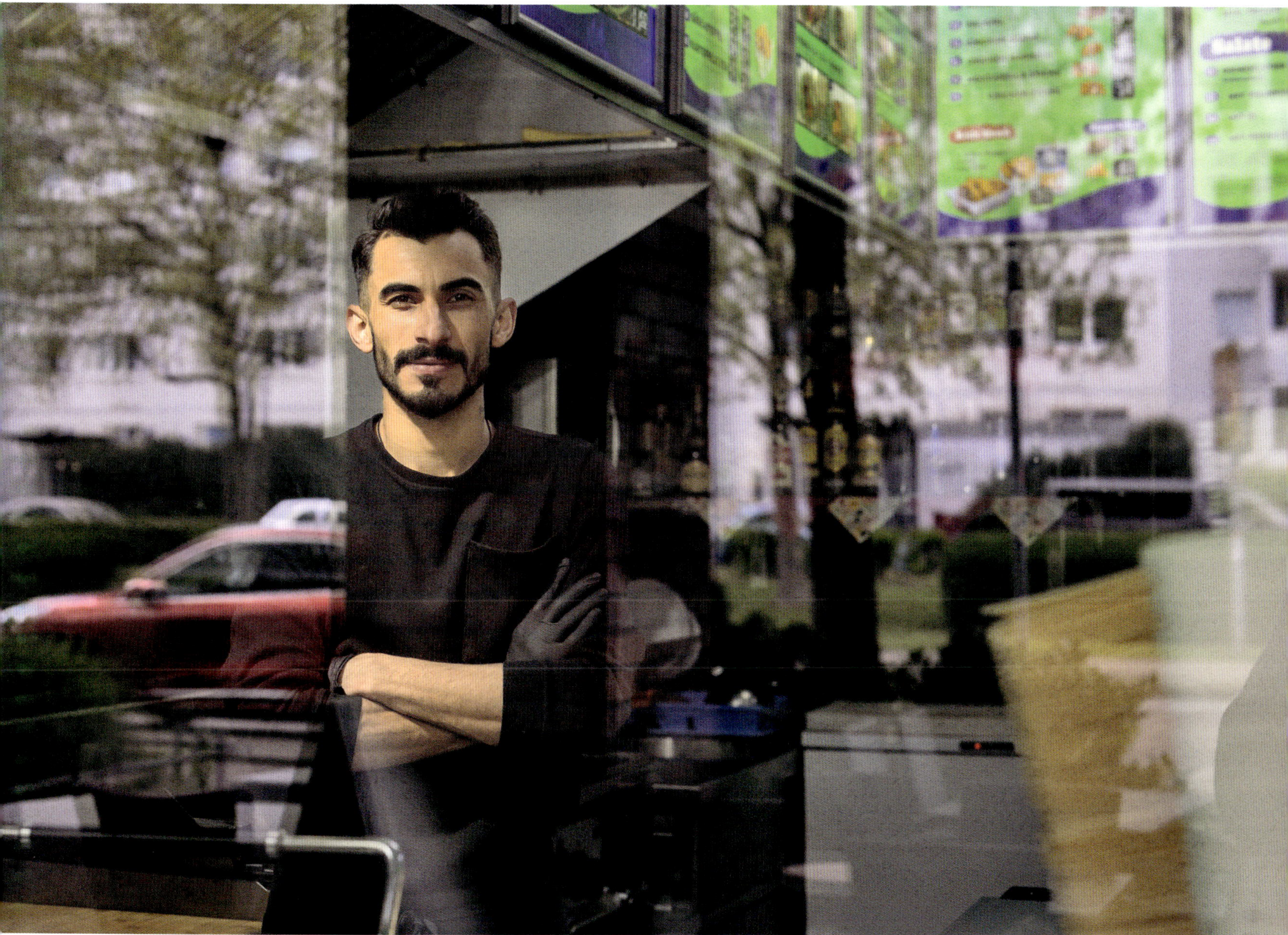

Salih versucht, das Beste aus jedem Moment zu machen.

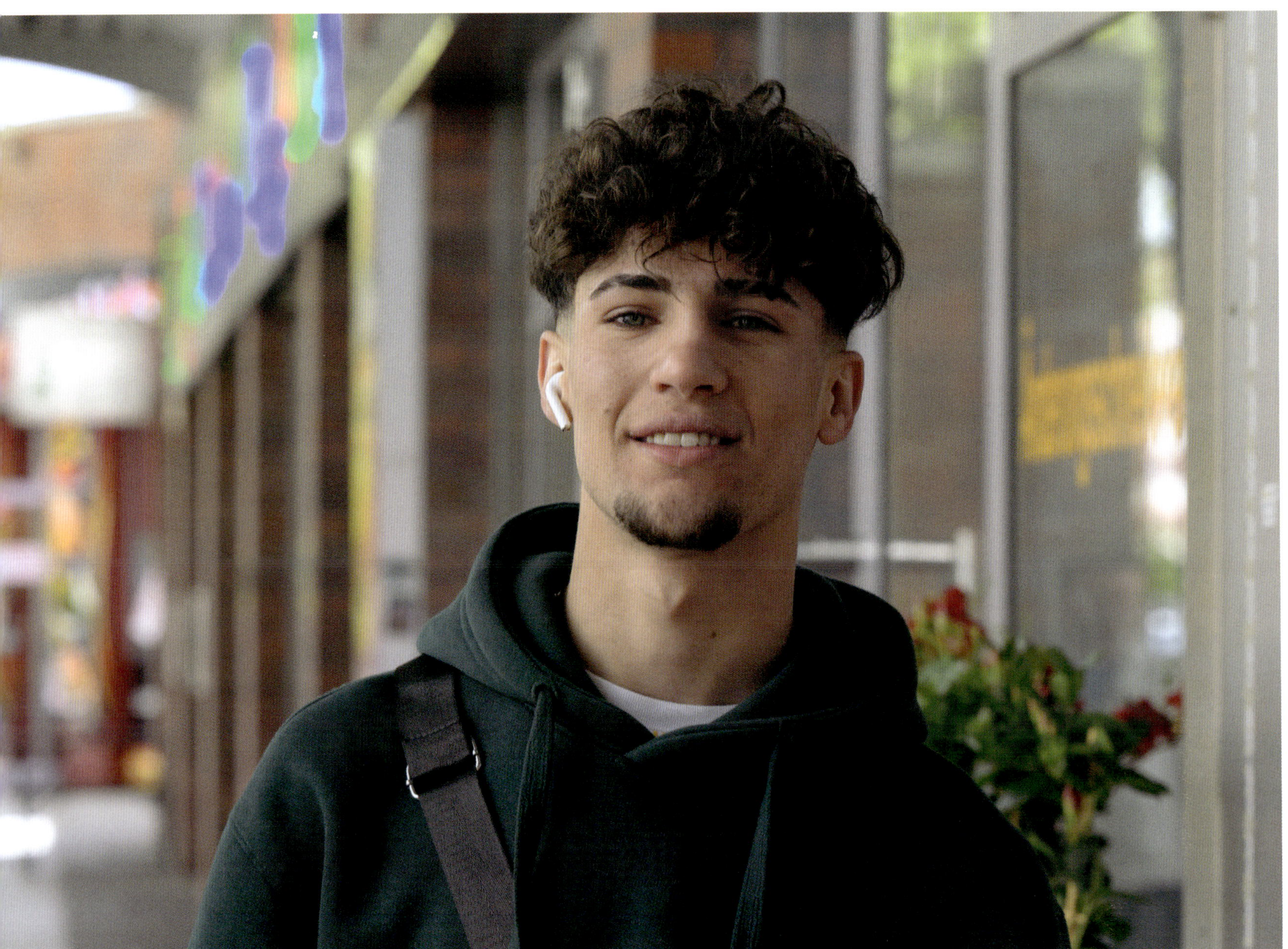

Harun kommt gerne seinen Onkel Salih im Burgerhaus besuchen.

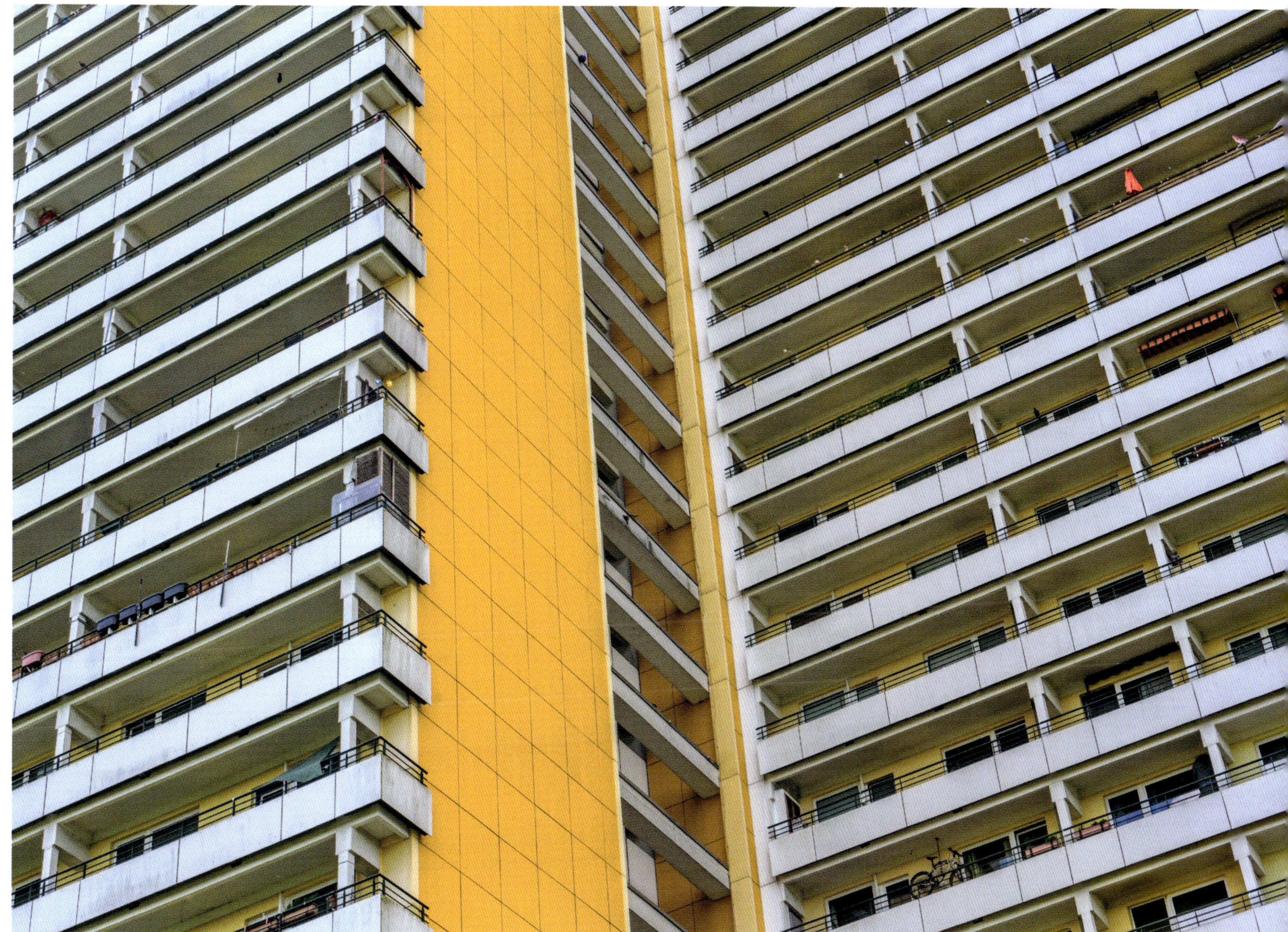

Von Mozart bis J-Pop

Hoa

Hoa ist 19 Jahre alt. Ich treffe ihn in der Dorfkirche in Alt-Marzahn nach den Proben für das diesjährige Frühlingskonzert, bei dem er im Chor den Bass singt.

Im Rahmen des Frühlingskonzerts trägt Hoa ein Gedicht von Erich Kästner vor: »Der Mai«. In seiner Freizeit liest er auch gerne hin und wieder ein Gedicht oder genießt klassische Lieder wie die vom Frühlingskonzert. Aber eigentlich hat er einen sehr breiten Musikgeschmack, erklärt er mir. Als ich interessiert nachfrage, zeigt er mir die Playlists auf seinem Handy und ganz oben erscheint »A Crowd of Rebellion«, eine J-Pop-Band, die er gerade hört.

Hoas Familie stammt aus Vietnam und ist vor 30 Jahren nach Marzahn gekommen, Hoa ist also hier geboren und aufgewachsen. Er lebt zusammen mit seinen Eltern, seinen drei jüngeren Brüdern und seiner kleinen Schwester in einem Haus in Marzahn, das sie erst kürzlich gekauft haben.

Dieses Jahr hat Hoa sein Abitur abgeschlossen und sich für das Lehramtsstudium beworben. Er hat einen Studienplatz bekommen und darf im Oktober anfangen. Da er gern singt und seit neun Jahren Klavier spielt, möchte er auch beruflich unbedingt etwas mit Musik machen. Hoa kann sich gut vorstellen, Musiklehrer zu werden und andere Kinder und Jugendliche genauso für Musik zu begeistern.

Ungefähr alle zwei Jahre reist seine Familie nach Vietnam, aber diesen Sommer bleiben sie in Marzahn. Die Zeit möchte Hoa nutzen und in dem Burger-Restaurant, in dem er arbeitet, etwas Geld verdienen und ansonsten mit seinen Freunden Dinge unternehmen, während er darauf wartet, dass sein Studium beginnt.

Hoa lebt gerne in Marzahn und geht davon aus, dass er sich später hier niederlassen wird.

Poesie an Marzahner Hauswänden

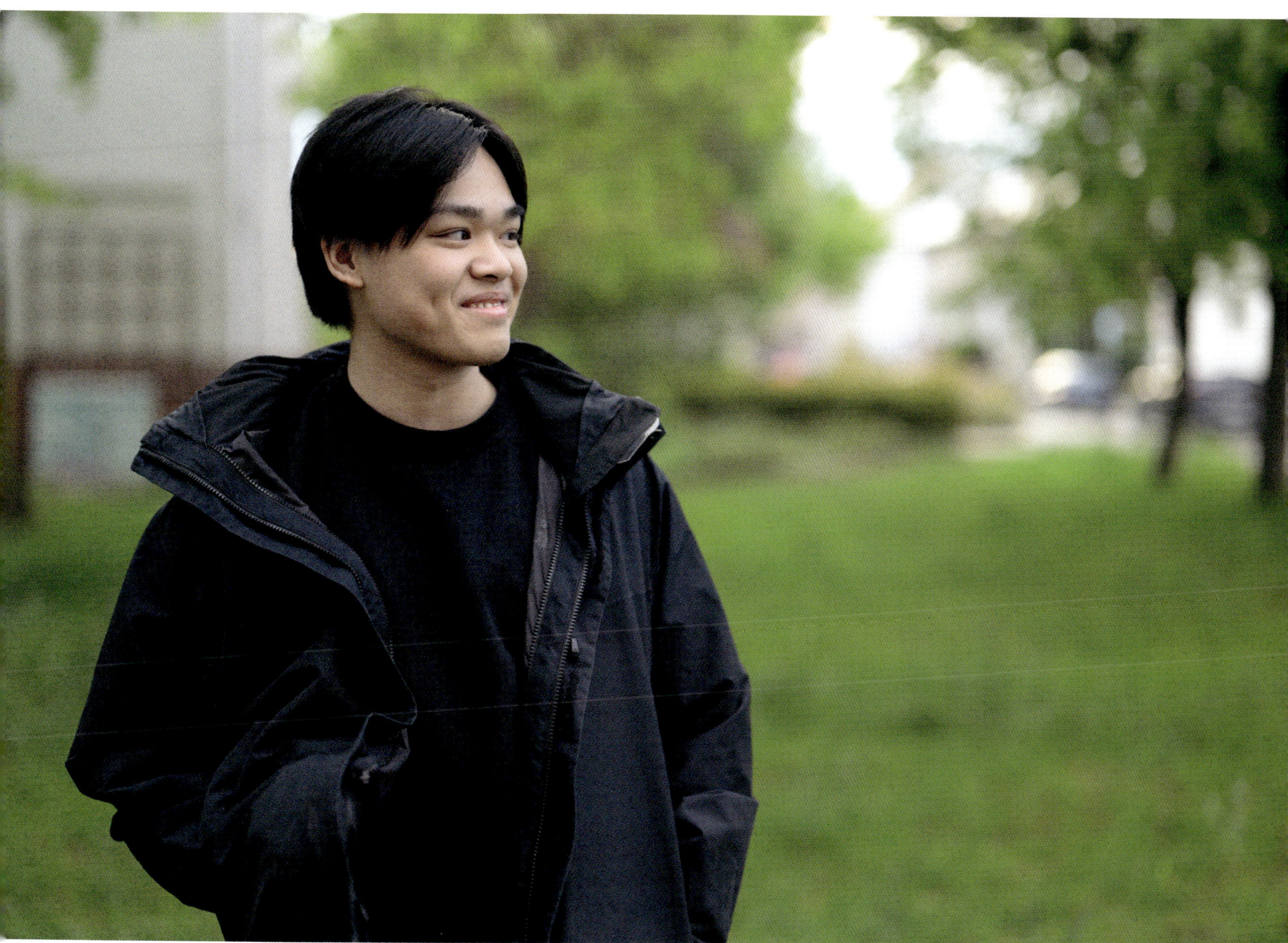

Hoa möchte gerne Musiklehrer werden.

Einkaufen in Gummistiefeln

Uwe und Heike

Ich treffe Uwe und Heike an einem schönen Frühlingssonntag bei der Osterfeier am Abenteuer- und Umweltspielplatz »Wicke« (zusammengesetzt aus windige Ecke) Marzahn-Nord, der von der Spielplatzinitiative Marzahn e. V. organisiert wird. Es herrscht eine gute, entspannte Atmosphäre mit einem großen Lagerfeuer, über dem man Stockbrot backen kann, und es gibt sogar einen Clown, der Ballontiere bastelt. Es ist alles sehr kinderfreundlich. Man hat das Gefühl, dass der Bezirk gerade aus dem langen Winterschlaf erwacht ist, während dem man auf Indoor-Aktivitäten angewiesen war. Alle genießen es offensichtlich, wieder zusammen und draußen zu sein.

Der Umwelt- und Abenteuerspielplatz »Wicke« in Marzahn-Nord, auf dem die Osterfeier stattfindet, ist damals aus einer verwahrlosten Brache entstanden. 1991 wurde der Platz von dem Verein besetzt, kultiviert und zum Abenteuerspielplatz entwickelt. Später wurde hier auch eine Umweltstation, das futuristische Lehmhaus »Alpha II«, gebaut.

Uwe und Heike wollten eigentlich nie nach Marzahn, aber mittlerweile fühlen sie sich hier durch die guten Wohnbedingungen sehr wohl. Sie genießen die Nähe zur Innenstadt wie zum Umland und schätzen vor allem den Zusammenhalt der Alteingesessenen. Aus ihrer Sicht hat sich Marzahn nach der Wende sehr zum Positiven verändert. »Früher war es hier kalt, trist und einfach. Wir mussten noch mit Gummistiefeln einkaufen gehen, da es nur Lehmboden gab und nichts richtig fertig war. Aber in den Neunzigern und Zweitausendern passierte unglaublich viel in der Infrastruktur, was jetzt leider wieder abebbt. Wir sind damals von einer Eineinhalb-Zimmerwohnung mit Außenklo in eine Vierraumwohnung mit Bad, Balkon und Fernheizung gezogen. Das war ein unglaubliches Glück für uns!«

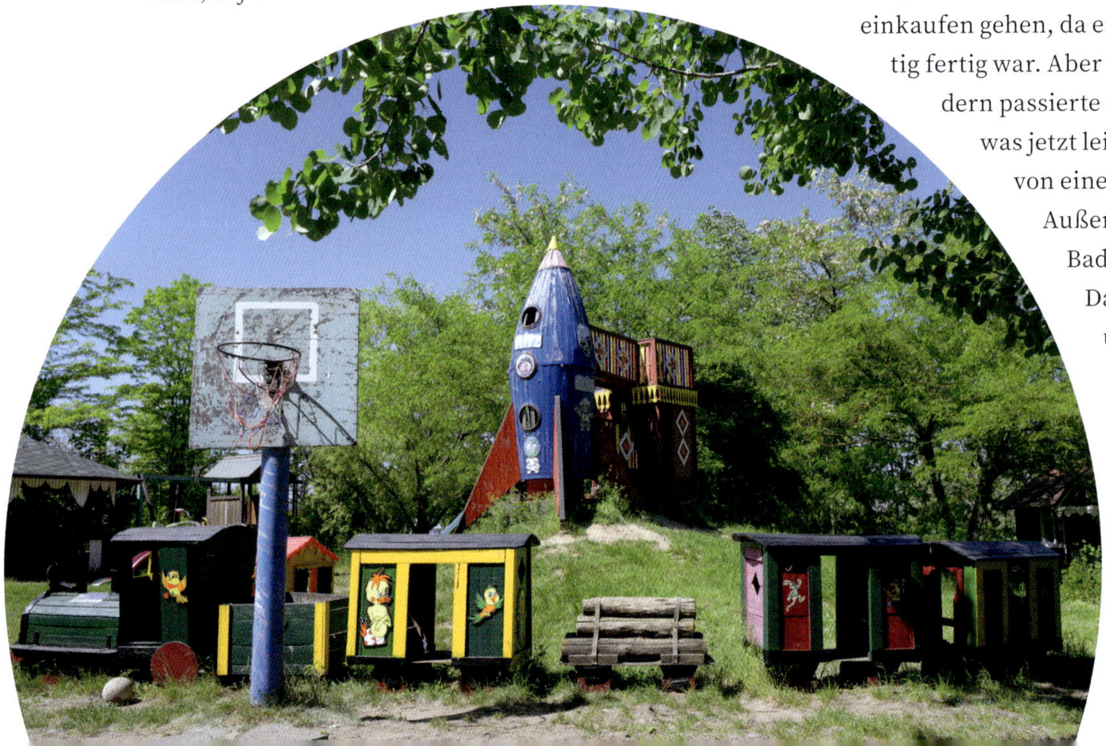

Auf dem Abenteuerspielplatz »Wicke« ist alles nachhaltig und selbst gebaut.

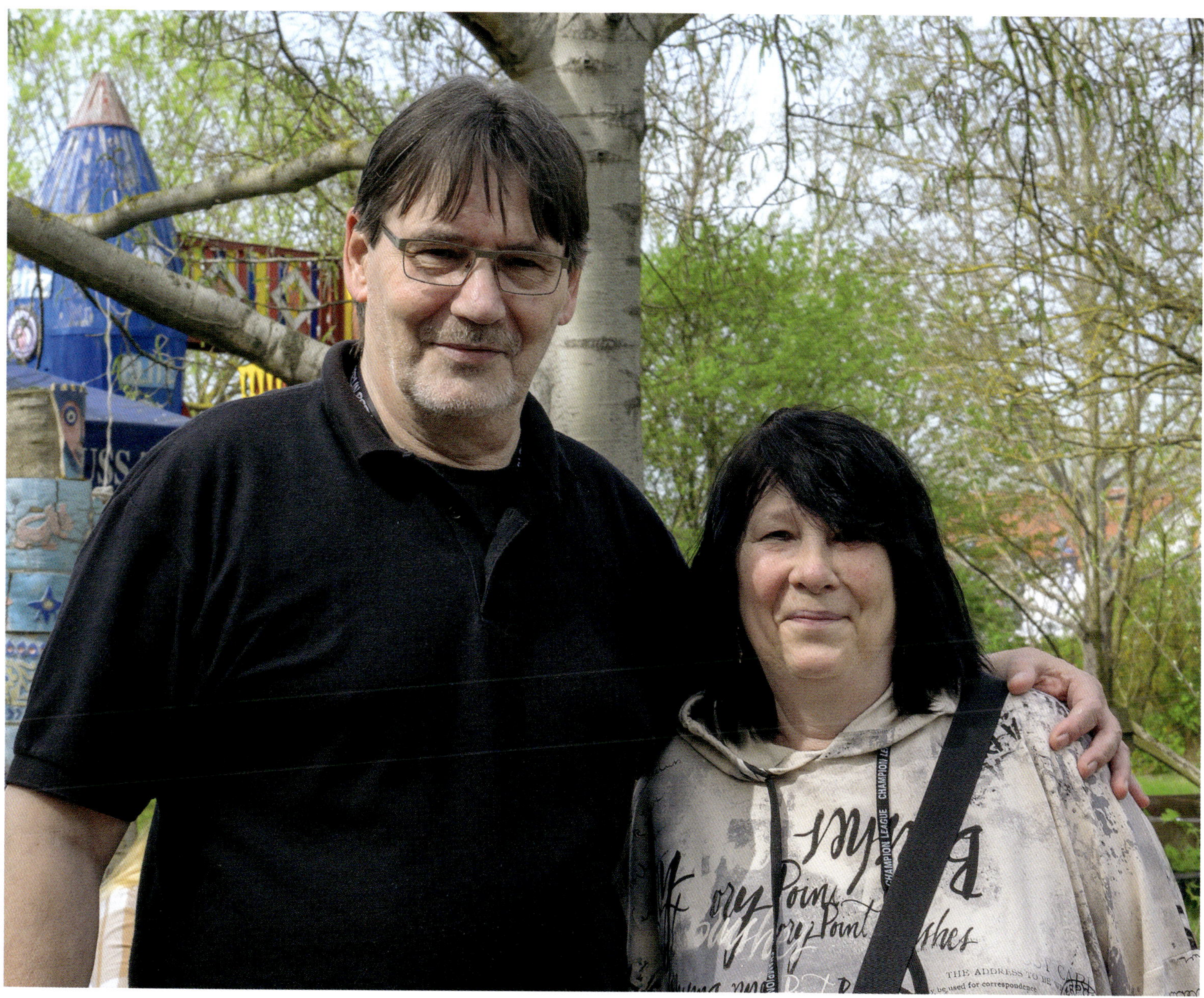

Hinter Uwe und Heike kann man den Abenteuerspielplatz erkennen.

Im Einklang mit der Natur

Matthias und Uschi

Matthias ist eine der treibenden Kräfte hinter der Osterfeier auf dem Abenteuerspielplatz »Wicke« und empfängt mich dort mit offenen Armen. Er arbeitet ehrenamtlich als Leiter der Spielplatzinitiative Marzahn e. V. Über ihn lerne ich auch Uschi kennen, die sich seit vielen Jahren bei dem Verein und auch beim Haus der Begegnung M3 um die »Kiezmobile« kümmerte.

Die Spielplatzinitiative Marzahn e. V. wurde 1990 von engagierten Eltern gegründet, die den Kindern und Jugendlichen in Marzahn auf eine nachhaltige Art und Weise einen Zugang zur Natur und Umwelt ermöglichen wollten. Mittlerweile gibt es zwei Abenteuerspielplätze und einen Kinderbauernhof, an dem sich die Besucher im Einklang mit der Natur selbst erleben und verwirklichen können. Wichtig war den Mitgliedern dabei immer, möglichst viel Material durch Upcycling zu gewinnen. Dafür war nicht nur der permanente Geldmangel ausschlaggebend, vielmehr ging es ihnen darum, ein Bewusstsein für ökologischen, nachhaltigen Handel zu schaffen, erklärt mir Matthias.

Matthias beschäftigt vor allem das Problem der Kinderarmut im Stadtteil: »Es mangelt an guter Schulausbildung und medizinischer Versorgung. Es wäre schön, eine größere Mischung aus Menschen aus verschiedenen sozialen Schichten zu haben, statt einer Konzentration von Sozialleistungsempfängern.« Außerdem setzt er sich für einen internationalen, interkulturellen und interreligiösen Austausch ein und natürlich macht ihm die aktuelle Situation im Nahen Osten Sorgen. Er berichtet, dass sie vor Corona den Mitzvah Day, den alljährlichen internationalen jüdischen Aktionstag für gute Taten, hier gemeinsam mit arabischen Nachbarn durchgeführt haben. Ein solches friedliches und interkulturelles Miteinander sollte es überall geben.

Uschi genießt bei Jung und Alt Vertrauen und großen Respekt, kann hervorragend anleiten und noch besser motivieren. In den letzten Jahren übernahm sie im Verein die Projektarbeit mit Schulklassen und Kindergartengruppen auf dem Umwelt- und Abenteuerspielplatz »Wicke«.

Sie erzählt: »Ich bin jemand, der sich seit mehr als 20 Jahren sozial im Kiez engagiert. Dabei habe ich in Marzahn verschiedene Projekte für Kinder, Jugendliche und Familien (Sportaktionstage, Kiezfeste, Arbeit mit Geflüchteten) auf den Weg gebracht und maßgeblich umgesetzt. Mir liegt vor allem die Arbeit mit Kindern am Herzen, da sie besonders viel Zuwendung brauchen.«

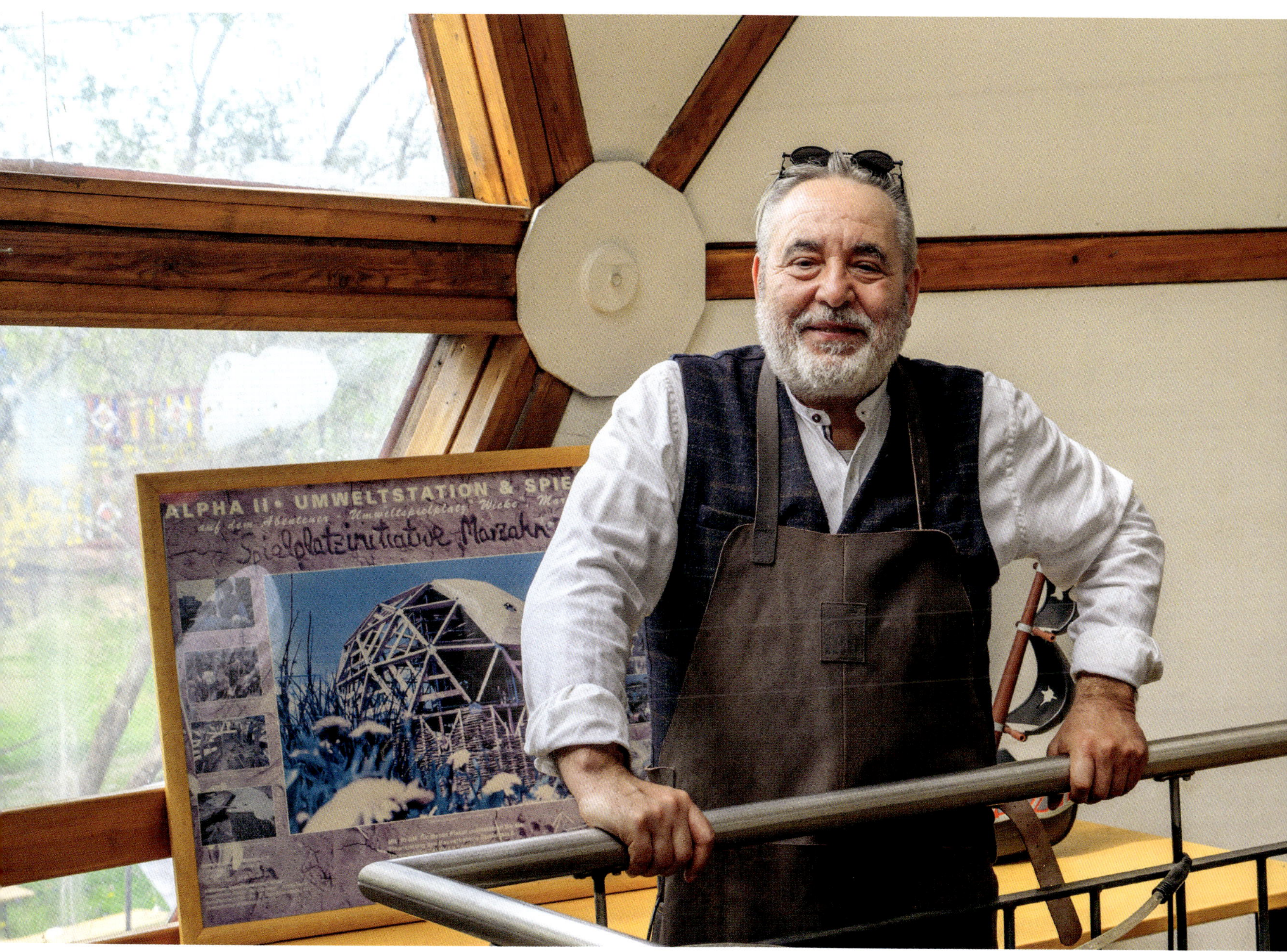

Matthias berichtet mir stolz von der Geschichte der Spielplatzinitiative Marzahn.

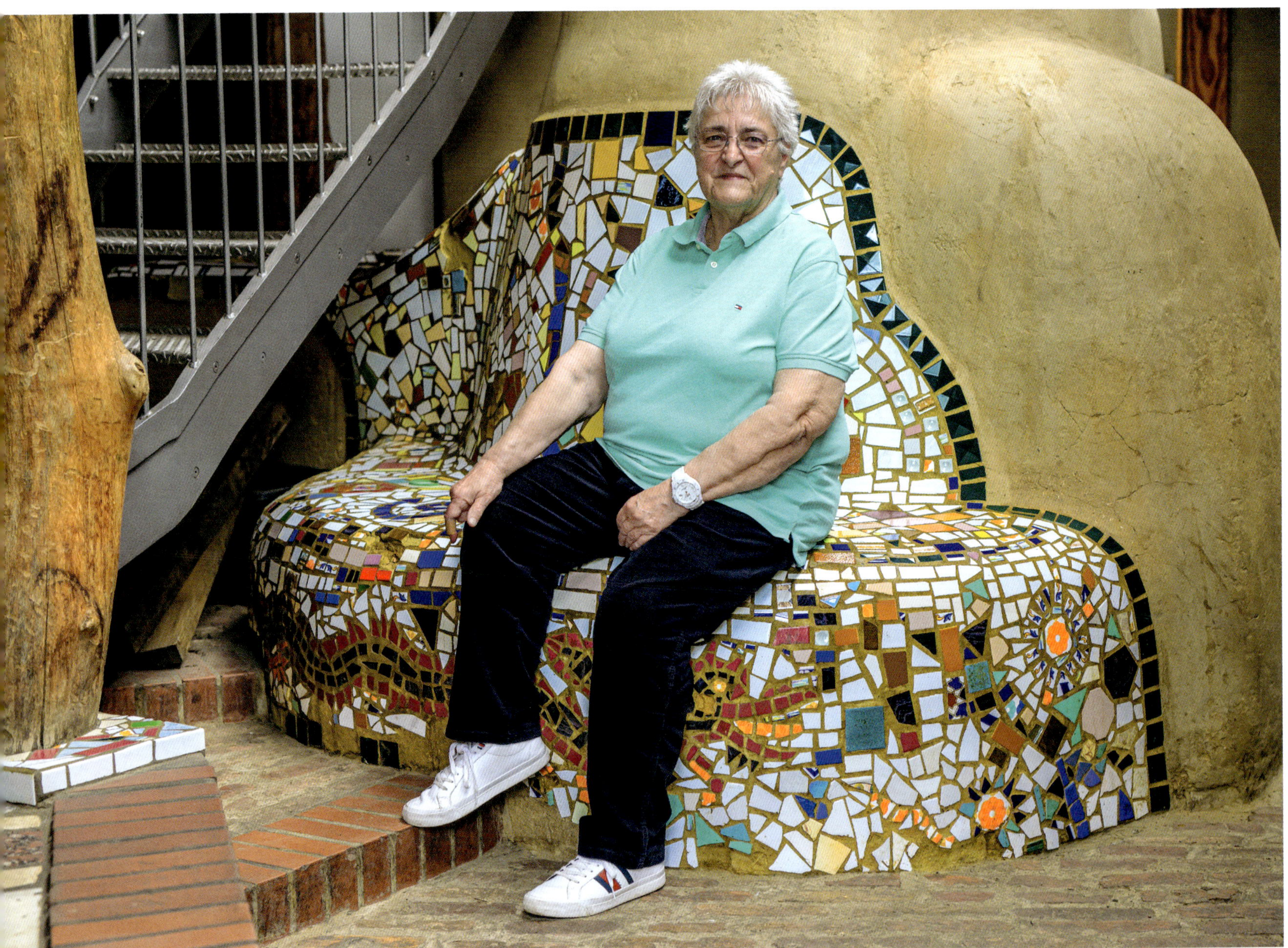

Uschi führt auf dem Abenteuerspielplatz »Wicke« Projekte mit Kindern durch.

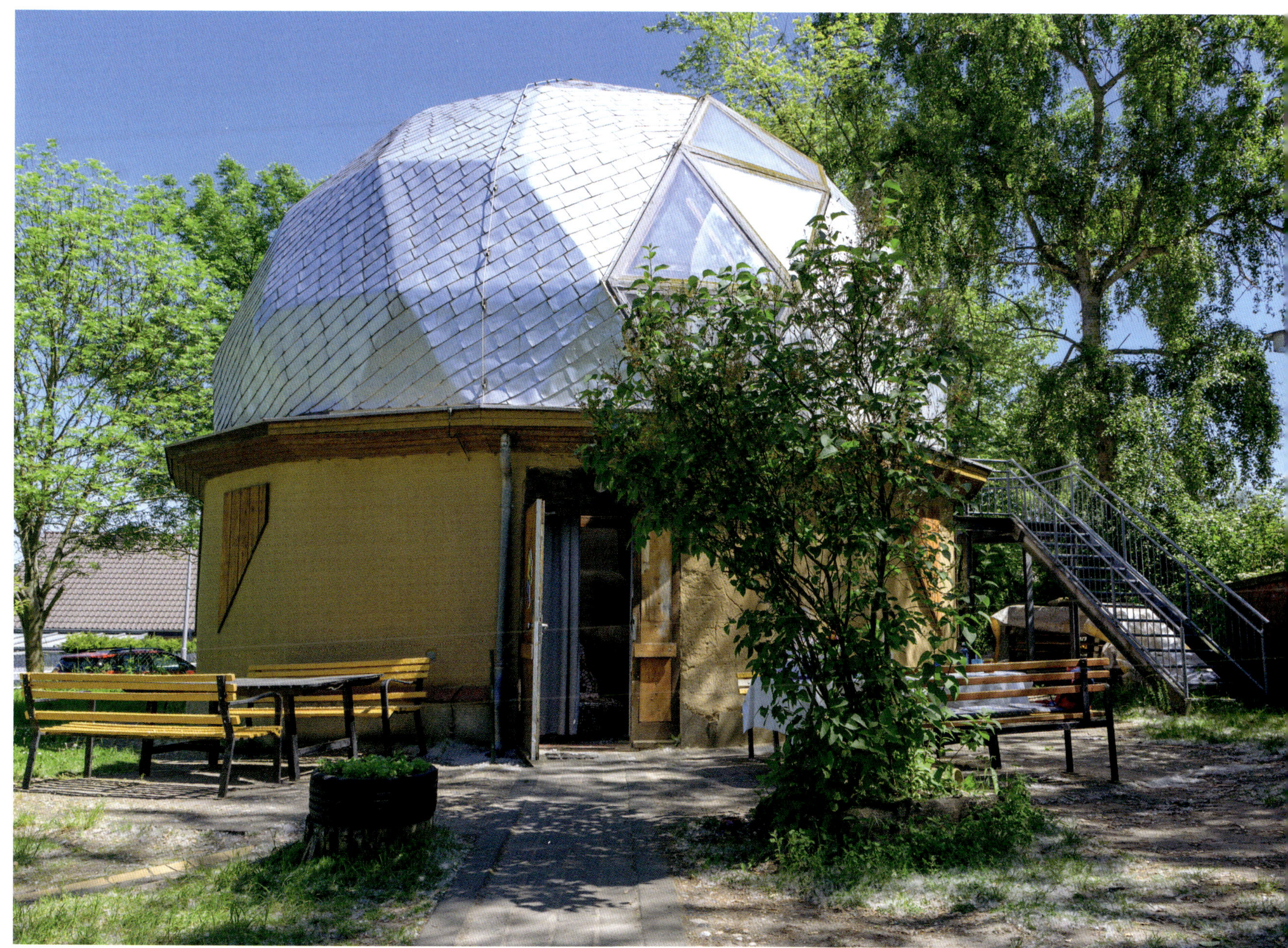

Zwei erfüllte Leben

Ines und Udo

Ines und Udo wohnen in einer gemütlichen kleinen Erdgeschosswohnung mit einem schönen Garten. Ines lädt mich auf einen starken Kaffee ein und erzählt: »Ich habe ein sehr erfülltes Leben. Mit meinem Mann Udo bin ich seit 37 Jahren glücklich verheiratet. Ich arbeite seit 30 Jahren als Coach und möchte das so lange wie möglich weitermachen. Mein Büro befindet sich im selben Gebäude, in dem ich wohne, was mir viel Flexibilität gibt.« Ines und Udo lieben ihr Viertel in Marzahn. Es wurde viel getan, um den quadratischen Look der Plattenbauten zu beseitigen. Das Gebiet ist mit vielen organischen und runden Formen abwechslungsreicher geworden und durch das Abtragen der oberen Stockwerke wurden die Häuser attraktiver. Einige der Gebäude haben ockerfarbene Fassaden, die an südeuropäische Dörfer erinnern.

Ines liebt Autonomie und Vielfalt. Bei ihr ist jeder Tag anders: Mal arbeitet sie als Karriere- oder Führungskräftecoach hier im Büro in Marzahn-Nord oder online. Dann wieder gibt sie Vorlesungen in Management an der Hochschule für Wirtschaft und Recht in Lichtenberg oder Workshops in Projekt- oder Prozessmanagement z. B. in Leipzig oder München.

Ines hat viel Energie. Sie sagt von sich selbst: »Die meisten Leute würden mich wahrscheinlich als Powerfrau bezeichnen, aber ich bin einfach gerne aktiv.« Neben ihrer Arbeit singt sie im Chor, geht in die Tanzschule und arbeitet als Malerin von wunderschönen Ölgemälden mit Naturmotiven und rauschenden Meeren. Am liebsten entspannt sie beim Nordic Walking oder einer Foto-Tour im Wuhletal. Das alles hält Körper, Geist und Seele fit, sagt sie.

Udo hat als Diplomat, Unternehmer, Personalberater und Dozent im Bereich Management gearbeitet. Seit diesem Jahr ist er in Rente, aber er erzählt: »Ich hatte so ein wechselvolles Berufsleben, in dem ich wertvolle und vielfältige Erfahrungen sammeln konnte. Um ein Teil davon an junge Menschen weiterzugeben, bin ich weiterhin an der Hochschule tätig. Im Gegenzug lerne ich auch von ihnen. Das hält mich weiterhin fit.« Vor ein paar Jahren hat Udo ein zweites Leben geschenkt bekommen. Ein anonymer Brite hat ihm ein paar seiner Stammzellen gespendet und ihm so das Leben gerettet. Seitdem sind sie Blutsbrüder, sagt Udo: »Dafür bin ich dankbar und glücklich.«

Ines und Udo sind gerne in der Natur, mit Familie oder Freunden zusammen. Außerdem genießen sie Kunst und Kultur in aller Vielfalt. Auch in den Urlaub fahren sie gerne: Dieses Jahr geht es im Mai nach Hiddensee, auf ihre Lieblingsinsel. Im Herbst wollen sie dann nach Florenz und Venedig. Dafür lernt Ines schon seit mehr als drei Jahren Italienisch mit einer App.

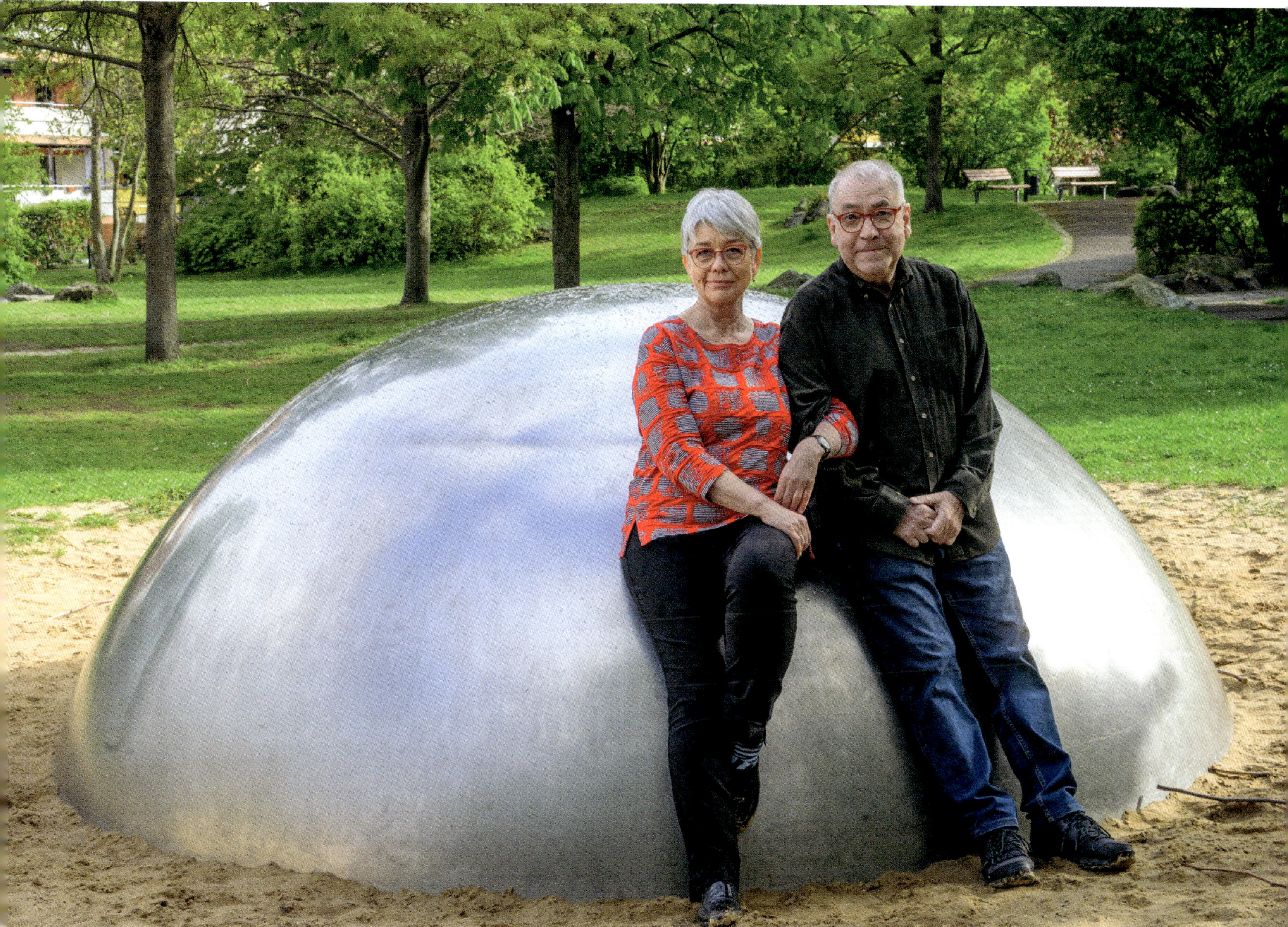

Ines und Udo haben auch im Alter noch viel zu tun.

Ins Gespräch kommen

Detlef

Jeden Dienstag, Donnerstag und Samstag kann man bei schönem Wetter hoch in die Wolken über Marzahn steigen. Auf einem Hochhaus am Ende der Marzahner Promenade befindet sich in 70 Metern Höhe eine Aussichtsplattform mit einem fantastischen Blick über ganz Berlin.

An dem Tag, an dem ich dort bin, erzählt uns Detlef, der den degewo-Skywalk heute leitet, was wir sehen: »Weit draußen am Horizont ist das Zementwerk in Rüdersdorf zu sehen. Hier hat alles angefangen. Hier wurde der Zement für die Plattenbauten in Marzahn, Hellersdorf, Lichtenberg und anderen Bezirken hergestellt.« Während des Vortrags wird uns das gesamte Gebiet erklärt und man merkt, dass sich Detlef gut in der Gegend auskennt. Die verschiedenen Orte peppt er mit persönlichen Geschichten auf: »Wenn ich vom Skywalk über den Bezirk blicke, kommen bei mir Erinnerungen aus 38 Jahren in Marzahn hoch. Berichte aus dem vergangenen Leben und dem Jetzt verbinden viele Besucher und Marzahner. Und schon ist man im Gespräch, tauscht sich aus und lernt dazu. Das ist das Besondere an dem Skywalk.«

Der Besuch ist bei Terminvereinbarung kostenfrei. Ein schönes Erlebnis, wenn man Wind im Haar und eine tolle Aussicht mag.

Detlef beschreibt sich selbst als bodenständig, kontaktfreudig und vielseitig interessiert. Er liebt gutes Essen im Kreis von Freunden und Familie und kocht gern selbst. Er ist seit 44 Jahren verheiratet, sie haben zwei Sohne und fünf Enkelkinder. Familie geht für ihn über alles.

Mittlerweile ist er Rentner, zuvor hat er 33 Jahre lang als Tramfahrer in Marzahn gearbeitet und dort einiges erlebt: »Sowohl die Fahrgäste, mit denen ich zu tun hatte, als auch das Geschehen im Bezirk brachten täglich neue Eindrücke und Erlebnisse in den Arbeitsalltag. Einige werde ich wohl nie vergessen. Leben und Arbeit in Marzahn sind für mich untrennbar verbunden.«

Er erzählt, dass er 1986 mit über 30 anderen Familien fast zeitgleich in einen Wohnblock eingezogen ist. Viele von ihnen waren gleichaltrig, aus Berlin und anderen Teilen des Landes. Alle begannen hier einen neuen Lebensabschnitt. Die Kinder gingen in dieselbe Kita und später Schule, man traf sich im Haus oder auf dem Hof zu vielen Aktivitäten und es war ein enges Miteinander und Füreinanderdasein in dieser Zeit, wie es heute leider nicht mehr so ausgeprägt ist. Detlef ist der Meinung, dass die Menschen wieder mehr miteinander reden sollten, anstatt sich in Vorurteilen und Populismus zu verstricken: »Wenn wir einander zuhören und die Geschichten der Menschen kennenlernen, kann das nachbarschaftliche Miteinander nur gewinnen.«

Marzahn ist mehr als nur »Betonplatte« für ihn, es ist »Heimat, Arbeitsstelle, Familie, Freunde, Lebensmittelpunkt«.

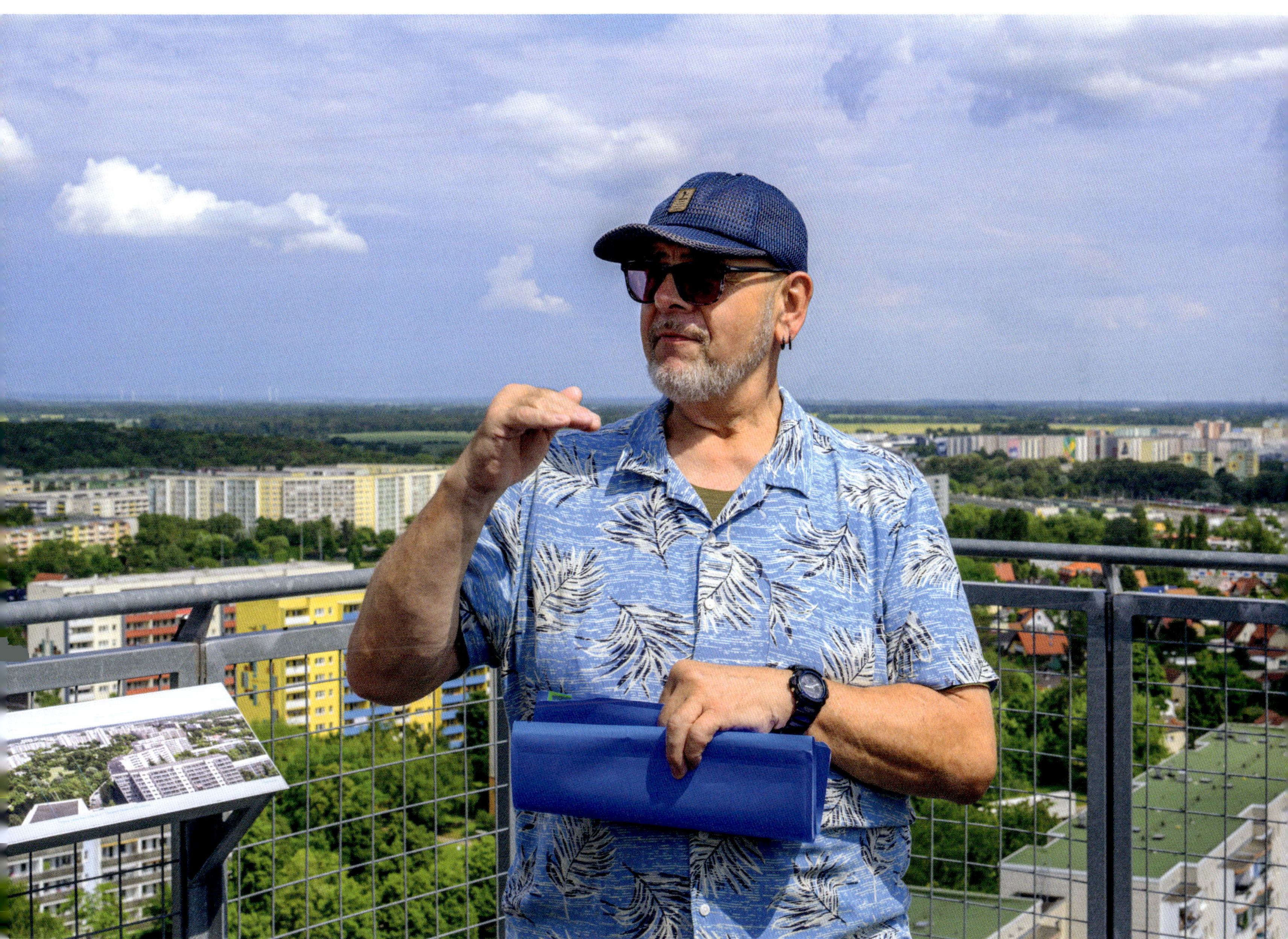

Detlef berichtet beim degewo-Skywalk über seine eigenen Erfahrungen in Marzahn.

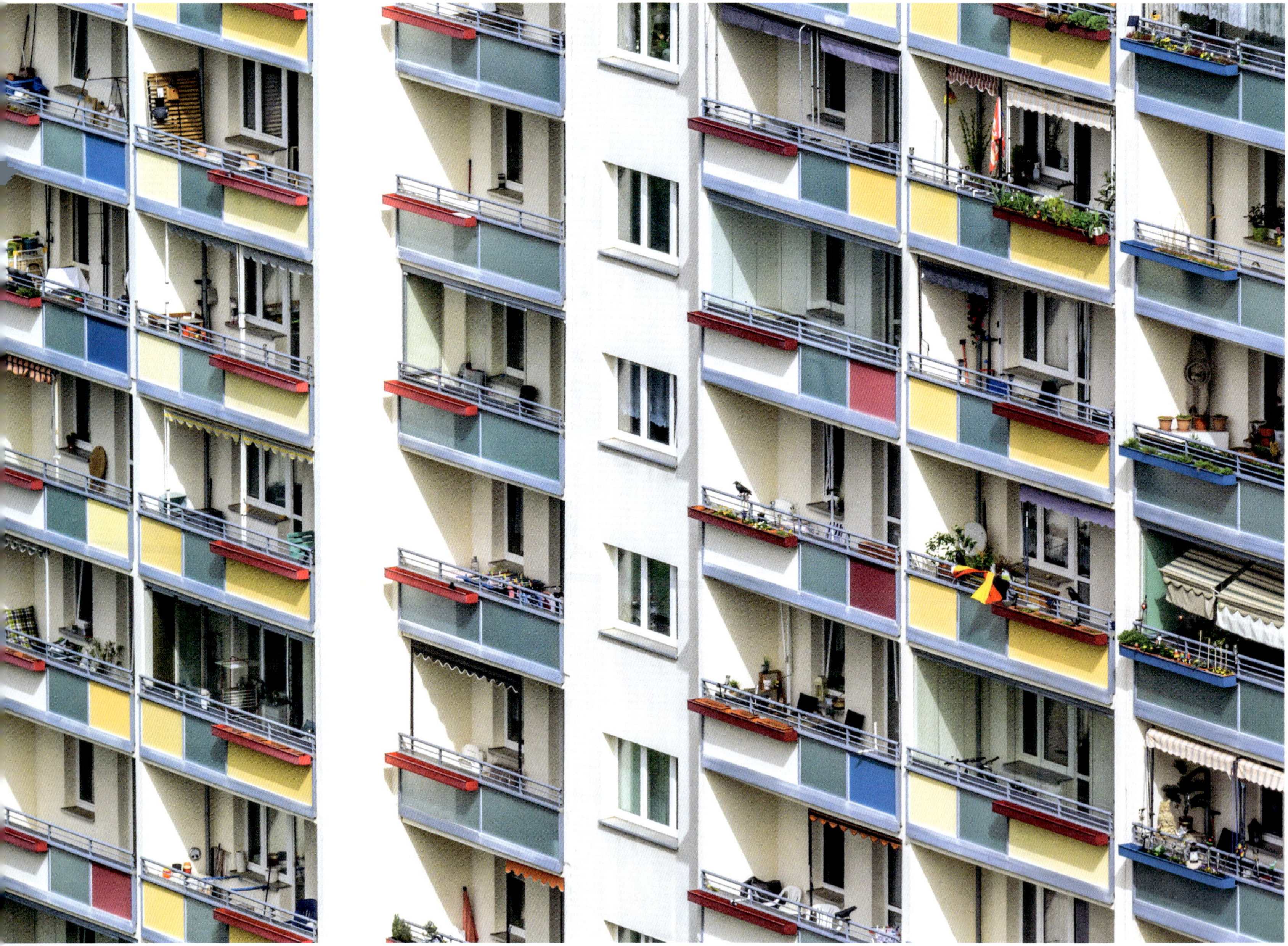

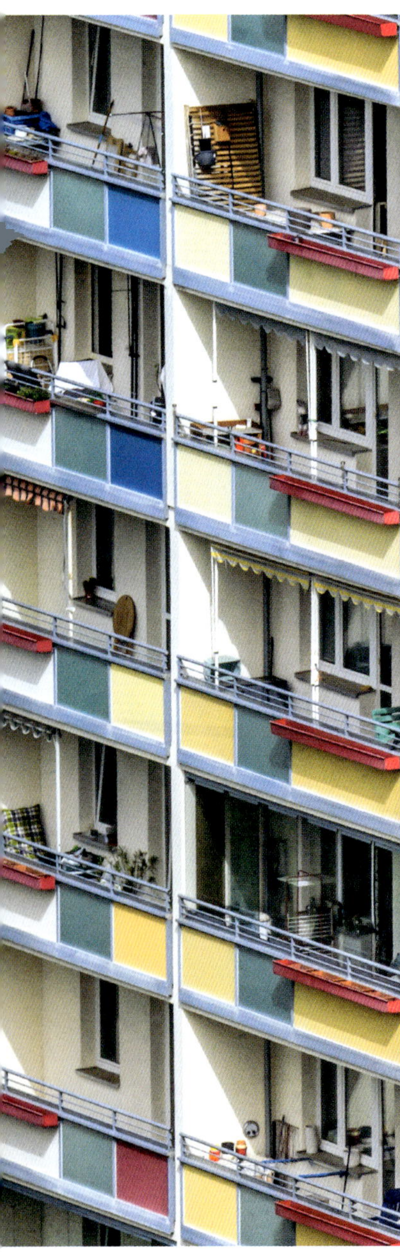

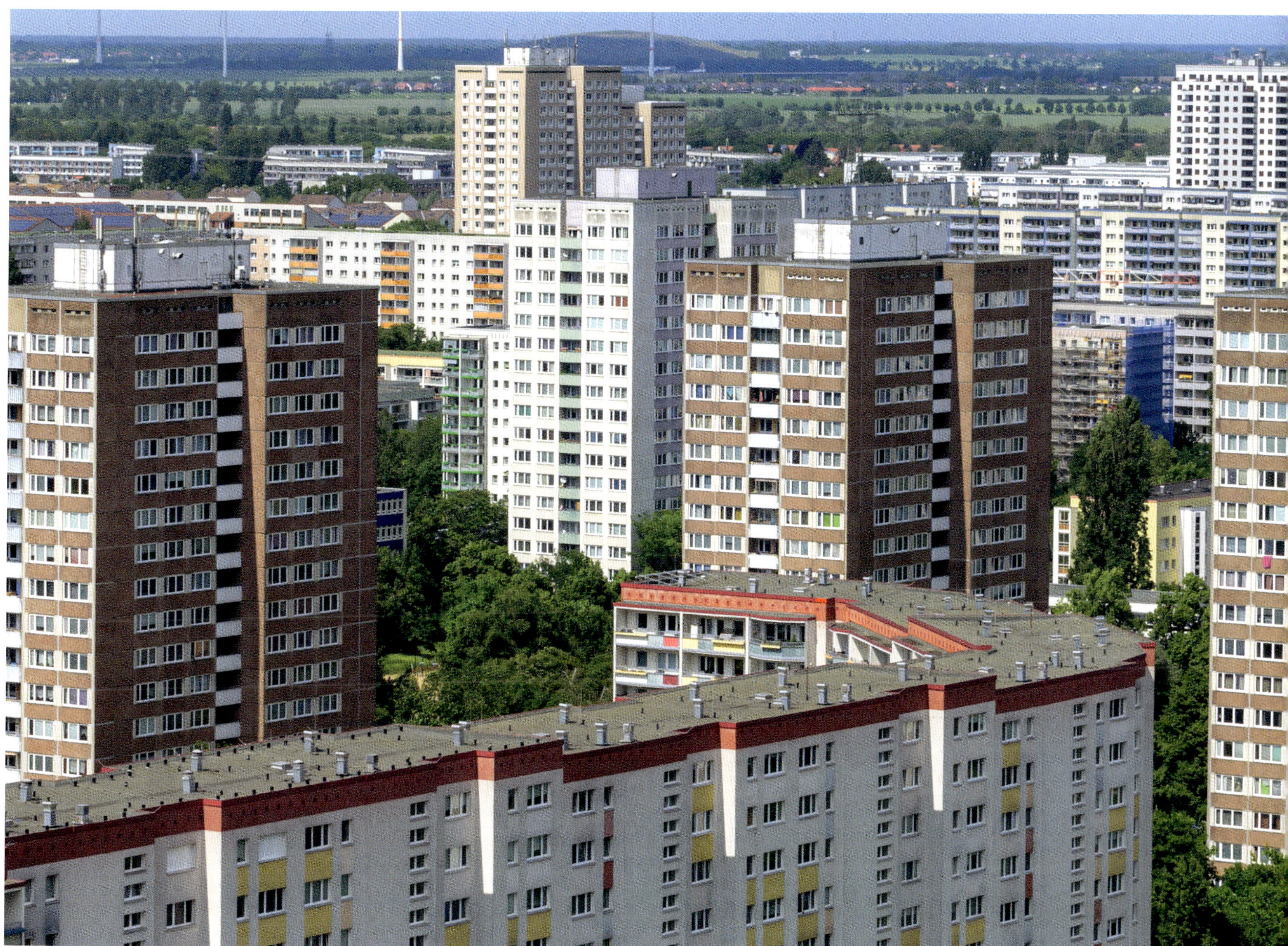

Freigeist in einer unfreien Welt

Alex

Ich treffe Alex vor seiner Wohnung. Er hat mich zu einem Spaziergang durch seine Nachbarschaft eingeladen. Ursprünglich kommt er aus Jekaterinburg in Russland und ist vor sechs Jahren als Gastforscher im Bereich der Philosophie nach Deutschland gekommen. Zuvor hatte er schon in den USA und in Italien geforscht und gelebt. Sein Steckenpferd war die Philosophie Arthur Schopenhauers und ihre Verbindung zum Deutschen Idealismus.

Mittlerweile hat er sich mit seiner Familie in Marzahn niedergelassen, die akademische Laufbahn verlassen und schaut sich nach neuen spannenden Möglichkeiten um. Über sich selbst sagt er: »Ich bin promovierter Philosoph und Kosmopolit. Ein Freigeist, der in einer unfreien Welt lebt, und sich damit mithilfe seiner Gitarre und guter Literatur versöhnt. Außerdem treibe ich gerne Sport – Calisthenics, Krafttrainig, Radfahren und Bouldern mache ich am liebsten. Ich bin stolzer Vater und Ehemann, der gerne mit seinen Mädels unterwegs ist. Reisen, geografisch und spirituell, ist für mich einer der besten Wege, die Welt und mich selbst zu erkunden. Als sterbliche Wesen sind wir darauf angewiesen, jeden Moment zählen zu lassen, und Carpe Diem ist für mich kein leerer Spruch.«

Alex engagiert sich vor Ort und ist Mitglied des Quartiersrats Boulevard Kastanienallee. Beim Spaziergang zeigt er mir verschiedene Projekte, an denen er als Vertreter der Bewohnerschaft und Jurymitglied beteiligt war. So etwa den »Friedensbrunnen«, das Frauenzentrum oder einen Pavillon, in dem wissenschaftliche Vorträge abgehalten werden. Er freut sich, in so einer grünen Gegend zu wohnen, aber ihn stört der allgegenwärtige Müll, gegen den seine Wohnungsgesellschaft nichts unternimmt.

Sein Traum ist es, einen deutschen Führerschein zu machen und in einem Camper durch Europa zu reisen. Gerne würde er das auch literarisch verarbeiten: Seitdem Alex 17 ist, träumt er davon, dass seine Schreibversuche zu etwas Ernsterem werden – aber auch davon, endlich die Zeit dafür zu haben.

Alex findet, dass Marzahn der perfekte Ort ist, um Kinder im Grünen großzuziehen. Er lebt hier seit fast drei Jahren zusammen mit seiner Frau Sabina und deren Tochter. Allerdings hat er den Eindruck, dass der Stadtteil schmutziger und unordentlicher wird. Außerdem wünscht er sich mehr gute Schulen und eine schnellere Verbindung ins Stadtzentrum. Alex liebt es, die schönen Radwege an der Wuhle entlangzuradeln oder im Kienberg-Park und den »Gärten der Welt« spazieren zu gehen.

Am Ende unseres Gesprächs sagt er mit einem Augenzwinkern: »Das Stereotyp, dass nur Russen hier leben, stimmt so nicht, auch wenn ich selber einer bin.«

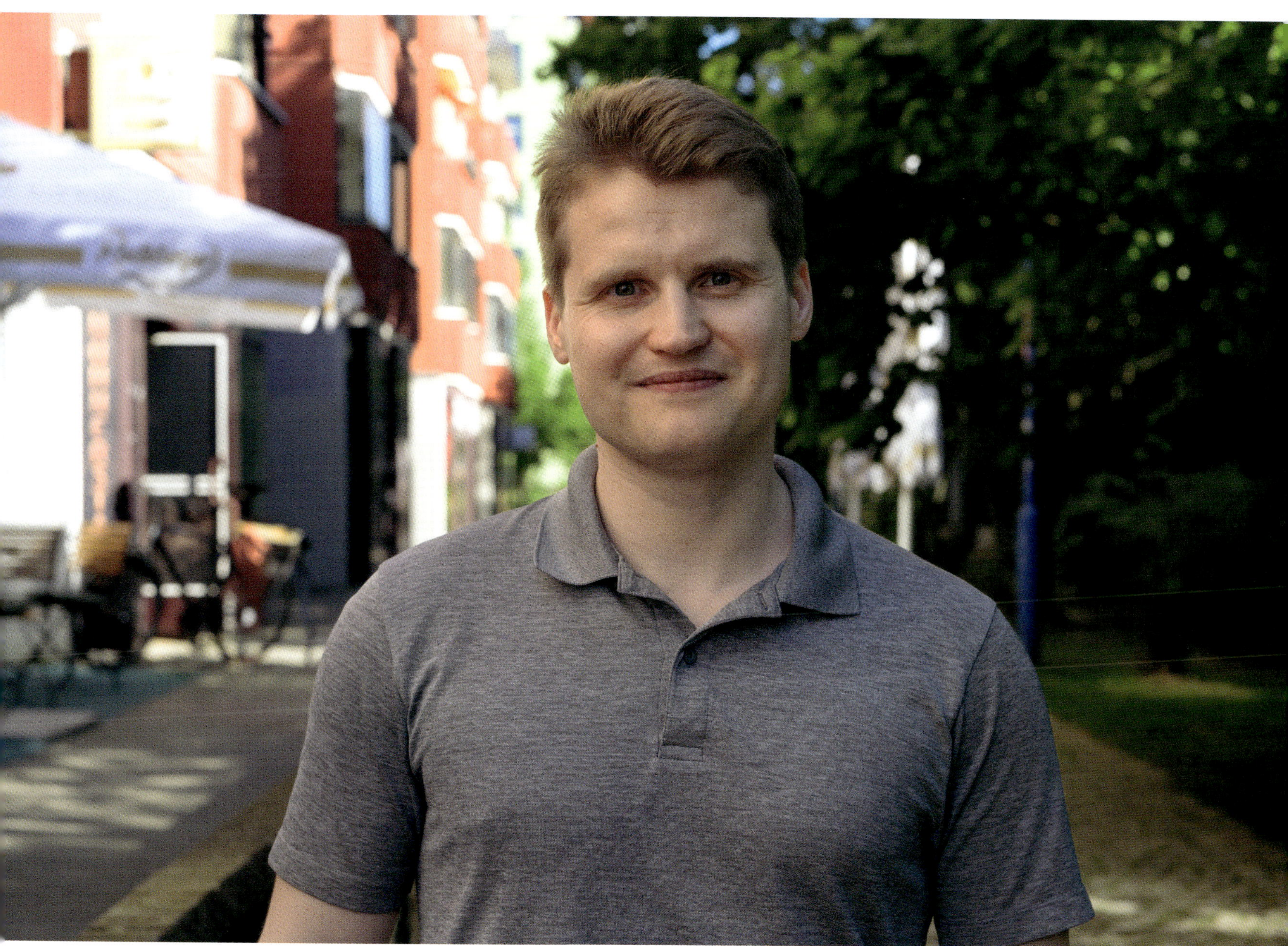

Alex engagiert sich für eine schönere Nachbarschaft.

Ein Tierparadies im Betondschungel

Sam

In der Mitte der Betonstadt liegt Alt-Marzahn, das alte Dorf, das heute von Plattenbauten umgeben ist. Im Ort gibt es einen Gasthof, eine Dorfkirche, niedrige Dorfhäuser, Felder, eine Stoppelmühle und einen Bauernhof mit mehreren Tieren. Alt-Marzahn ist das kleine altmodische Atemloch in der Betonstadt, das glücklicherweise erhalten geblieben ist.

Ich habe mich hier mit Sam verabredet, die auf dem 300 Jahre alten Dreiseithof inmitten des Dorfes Alt-Marzahn arbeitet. Sam erzählt mir: »Ich bin 17 Jahre alt und arbeite im Freiwilligen Ökologischen Jahr auf dem Tierhof Alt-Marzahn als Tierpflegerin. Wenn ich das Jahr abgeschlossen habe, werde ich hierbleiben und meine Ausbildung in der Tierpflege anfangen.«

Sam hat 2023 die Schule beendet, wusste nicht genau, was sie beruflich machen will, und ist dann auf das FÖJ gestoßen. Außer ihr gibt es noch fünf andere Freiwillige, die sich um die Tiere kümmern, sie raus- und reinbringen, Futter vorbereiten und füttern, Ställe ausmisten und vieles mehr. Es gibt viele verschiedene Tiere: Esel und Ponys, Alpakas, Ziegen und Schafe, Gänse, einen Pfau, verschiedene Hühnerarten und Kaninchen. Sie zeigt mir die Wiese neben der alten Mühle, wo Esel und Ponys stehen und grasen. Das sieht aus, als gäbe es genug zu tun. Sam bestätigt das: »Die Arbeit ist anstrengend, körperlich genauso wie mental, man muss auf viele Dinge gleichzeitig achten und sich auf jedes einzelne Tier einlassen und konzentrieren können. Mir macht es viel Spaß, besonders das Arbeiten mit den Ponys und Eseln. Da ich in den letzten Jahren viel geritten bin, habe ich schon Erfahrung und gebe mein Wissen gerne an andere Leute weiter.«

Ich finde, es wirkt fantastisch und abenteuerlich mit dem schönen Dorf inmitten der Betonlandschaft. Einmal im Jahr findet hier außerdem ein Frühlingsfest mit Markt, Ständen und Live-Musik statt. Sam lebt seit ihrer Geburt mit ihrer Familie in Marzahn-Hellersdorf. Sie ist hier aufgewachsen und hat viele schöne Erinnerungen daran. Besonders gefallen ihr die grünen Wiesen, mitten in Berlin, zwischen den Hochhäusern und dem Lärm.

»Sam« ist ein selbstgewählter Name, weil es sowohl ein Jungenname als auch ein Mädchenname sein kann und so geschlechtsneutral verwendet wird. Sam erzählt mir, dass sie hier aber auch schlechte Erfahrungen gemacht hat, mit Homo- und Transphobie zum Beispiel: »Ich bin trans* und möchte mich nicht immer als Mädchen oder Junge identifizieren, ich möchte einfach ein Mensch sein, ohne Geschlechterrollen und Vorurteile. Leider akzeptieren das nicht alle Menschen, aber ich gehe meinen Weg und werde von meiner Familie und Freund*innen unterstützt.«

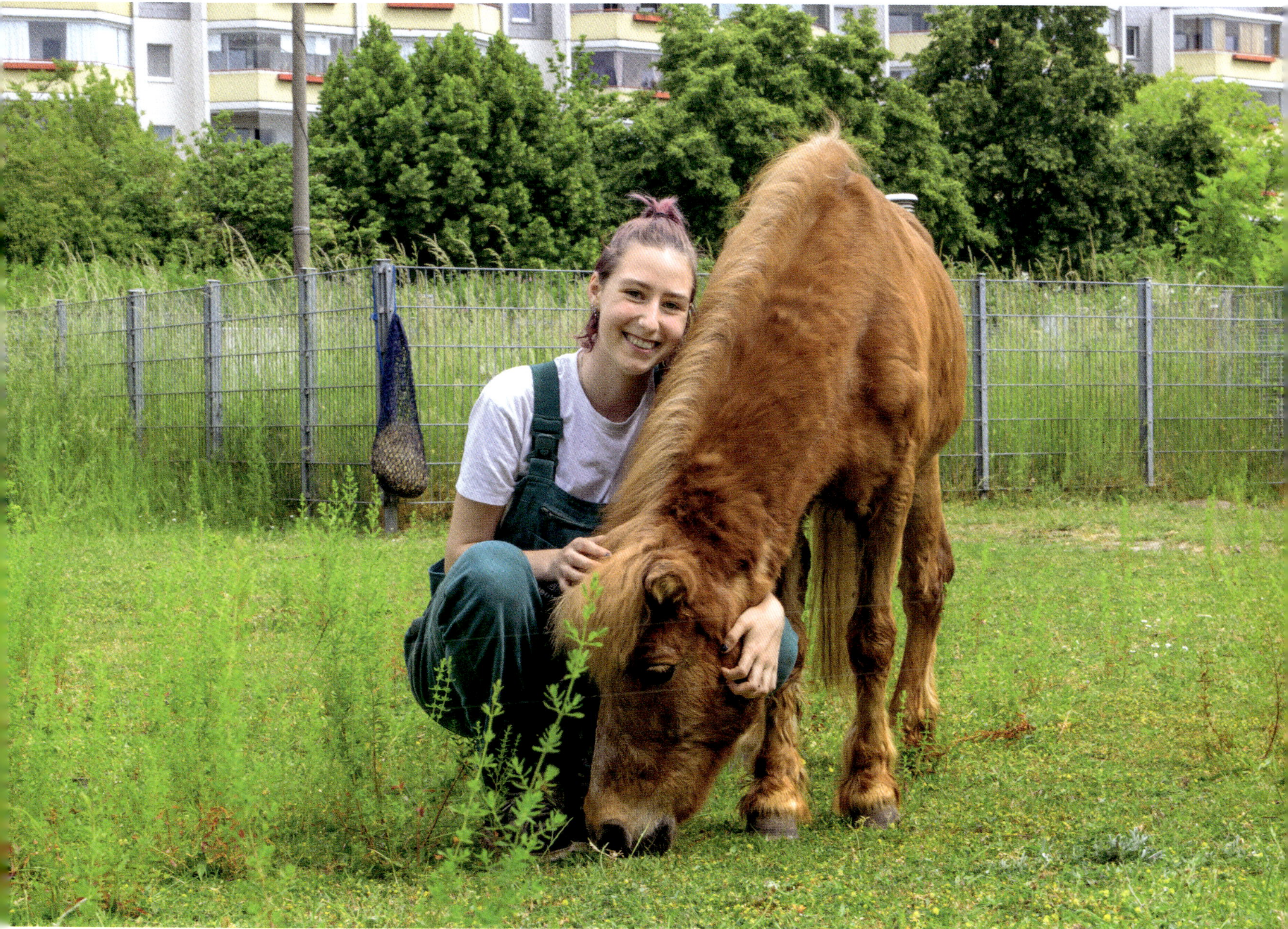

Sam arbeitet besonders gerne mit den Ponys und Eseln.

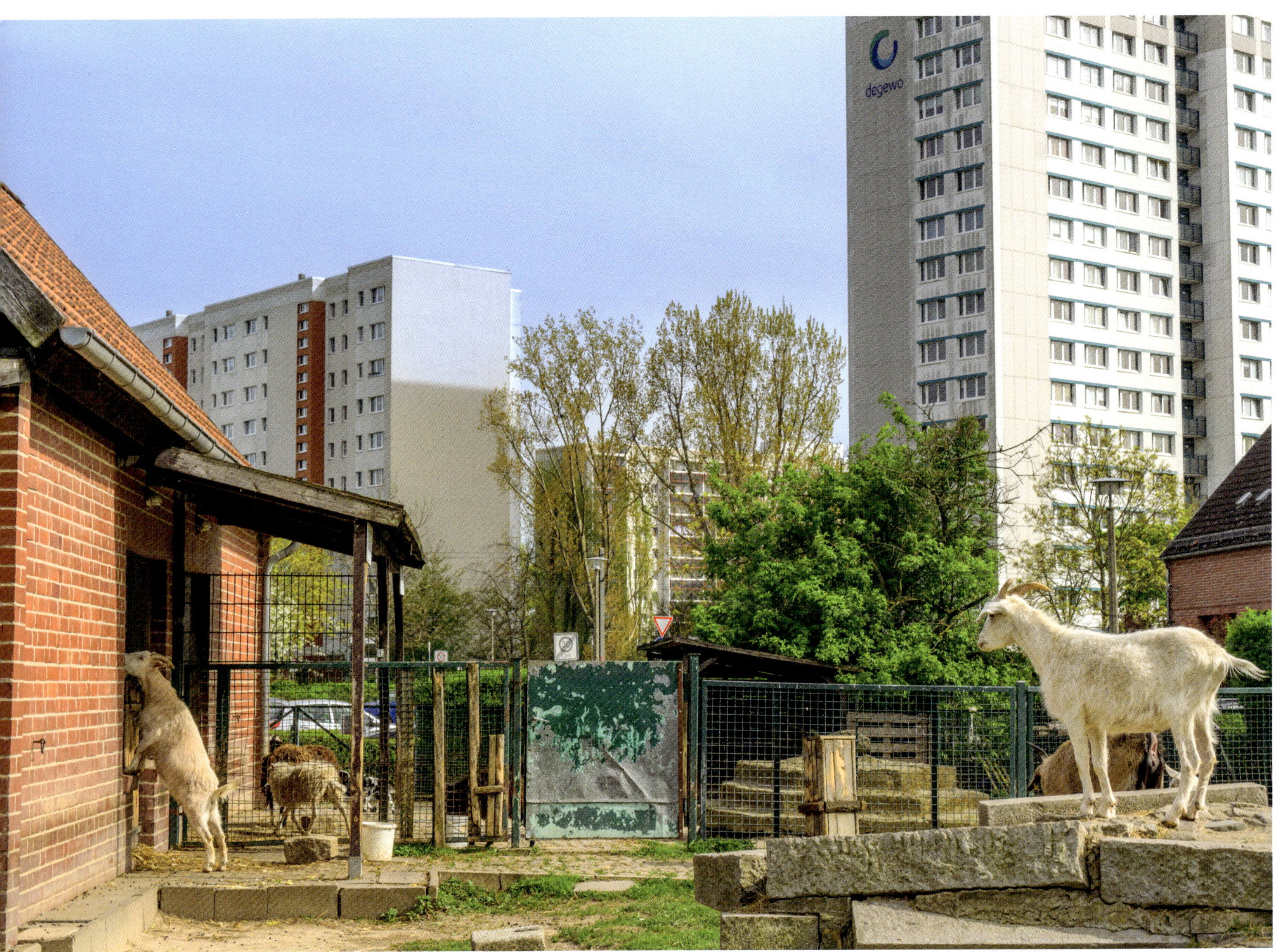
degewo

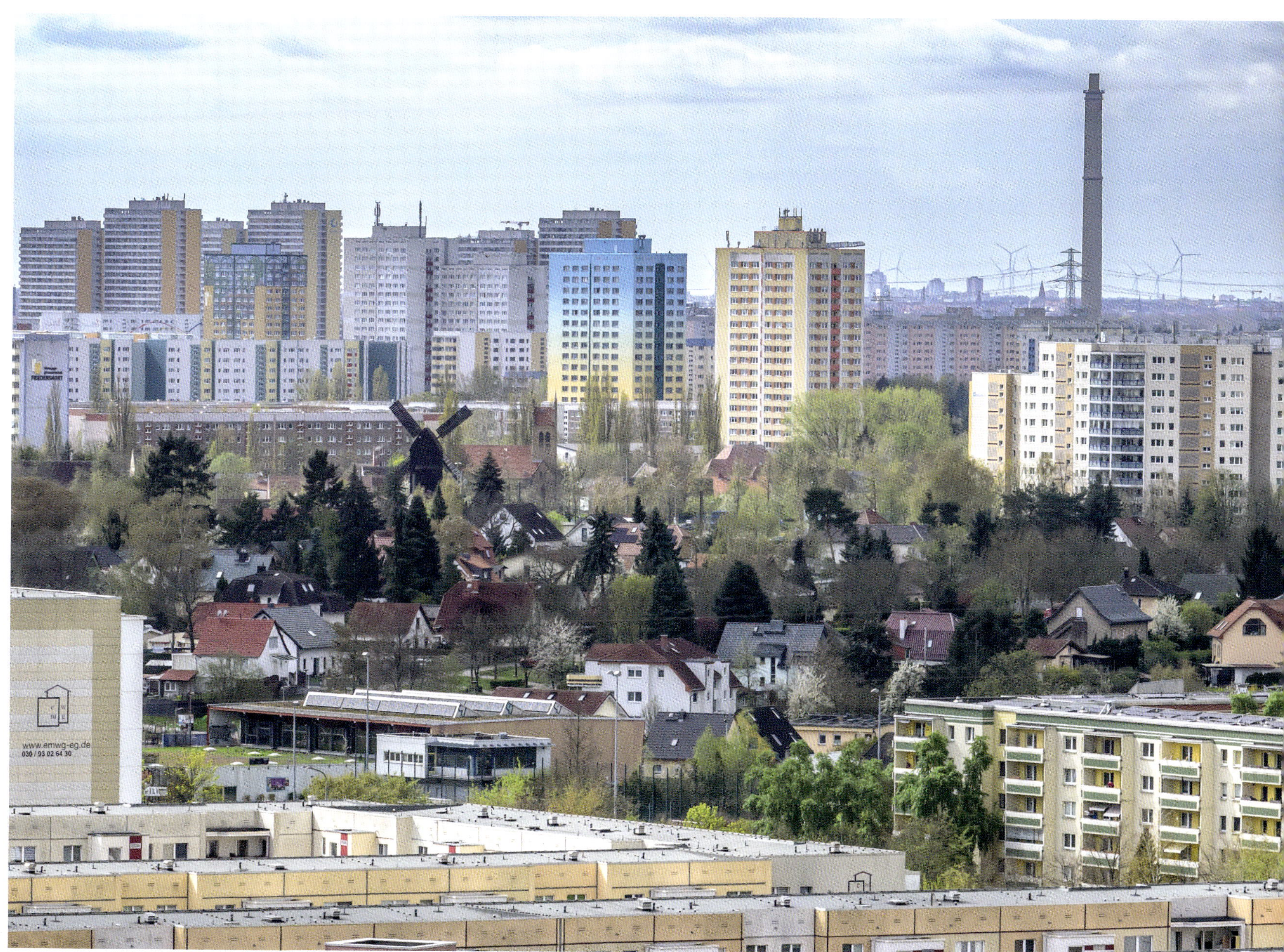
www.emwg-eg.de
030 / 93 02 64 30

Judo als internationale Sprache

Oksana

Eines Tages erhalte ich eine E-Mail von Artem. Er schreibt, dass seine Mutter Oksana von dem Projekt gelesen habe und gerne mitmachen würde. Sie kommt aus Charkiw in der Ukraine, lebt aber mittlerweile in Marzahn, ist Judotrainerin und einer ihrer Judoschüler ist gerade Berliner Meister geworden. Sie spricht allerdings weder Deutsch noch Englisch, sodass die Kommunikation nur durch seine Hilfe beim Übersetzen der E-Mails funktioniert. Ich muss zugeben, dass ich etwas faul werde, also schicke ich ihm eine Reihe von Fragen, die ich an seine Mutter habe, und gehe davon aus, dass daraus wahrscheinlich nichts wird.

Doch eine Woche später erhalte ich eine E-Mail mit Oksanas Antworten. Sie schreibt: »Ich bin nach Berlin gekommen, weil ich eine Arbeitseinladung erhalten habe, aber es stellte sich alles als nicht so einfach heraus, und es gab keine Möglichkeit mehr, nach Hause zurückzukehren, da meine Stadt an der Grenze zu Russland liegt und ständig unter Beschuss steht.«

Oksana berichtet, dass sie mehrmals in Berlin umziehen musste, bevor sie sich schließlich in Marzahn niederließ. Ihr gefällt an Marzahn, dass es hier viele Menschen gibt, die ihre Sprache sprechen, und dass die Gestaltung der Häuser und Straßen sie an die Wohngebiete ihrer Heimatstadt erinnert. Aber sie vermisst ihre Heimat sehr: »Ich wollte mein Land nicht auf der Suche nach einem besseren Leben verlassen. Zu Hause war ich an meinem Platz und erledigte meine Arbeit mit Freude. Ich war mit allem zufrieden. Hier muss ich mich in vielerlei Hinsicht umstellen, aber das Gefühl tiefer Einsamkeit bleibt.«

Dieser letzte Satz bleibt in meinem Kopf hängen und ich denke darüber nach, wie es sein muss, in einem fremden Land zu leben, dessen Sprache man nicht beherrscht und in dem mit niemandem sprechen kann. Es muss wie ein Filter sein, der dich umgibt, als wäre man taub oder blind, und meine eigene Faulheit und Gleichgültigkeit wird mir ein bisschen peinlich.

Als wir uns nach vielen E-Mails mit Artem später bei dem Termin vor ihrem Haus treffen, gestikuliere ich aufgrund der Sprachbarriere mit meinen Händen in der Luft, um ihr zu zeigen, dass ich der Fotograf bin. Sie lächelt breit und wir beginnen mit der Aufnahme ihres Porträts. Aber es ist nicht ganz einfach, wenn ich versuche, sie für das Foto zu positionieren. Glücklicherweise kommt einer ihrer Judoschüler vorbei. Er spricht Deutsch und Ukrainisch und kann für uns übersetzen.

In Oksanas E-Mail schreibt sie über ihren Job: »Die Arbeit hilft mir – sie befindet sich ebenfalls in Marzahn, und die Kinder, die bei mir trainieren, wohnen auch größtenteils in Marzahn. Unsere Freizeit verbringen wir oft gemeinsam, wir spielen Fußball oder gehen in die ›Gärten der Welt‹.« Ich verstehe, dass Judo auch eine internationale Sprache ist.

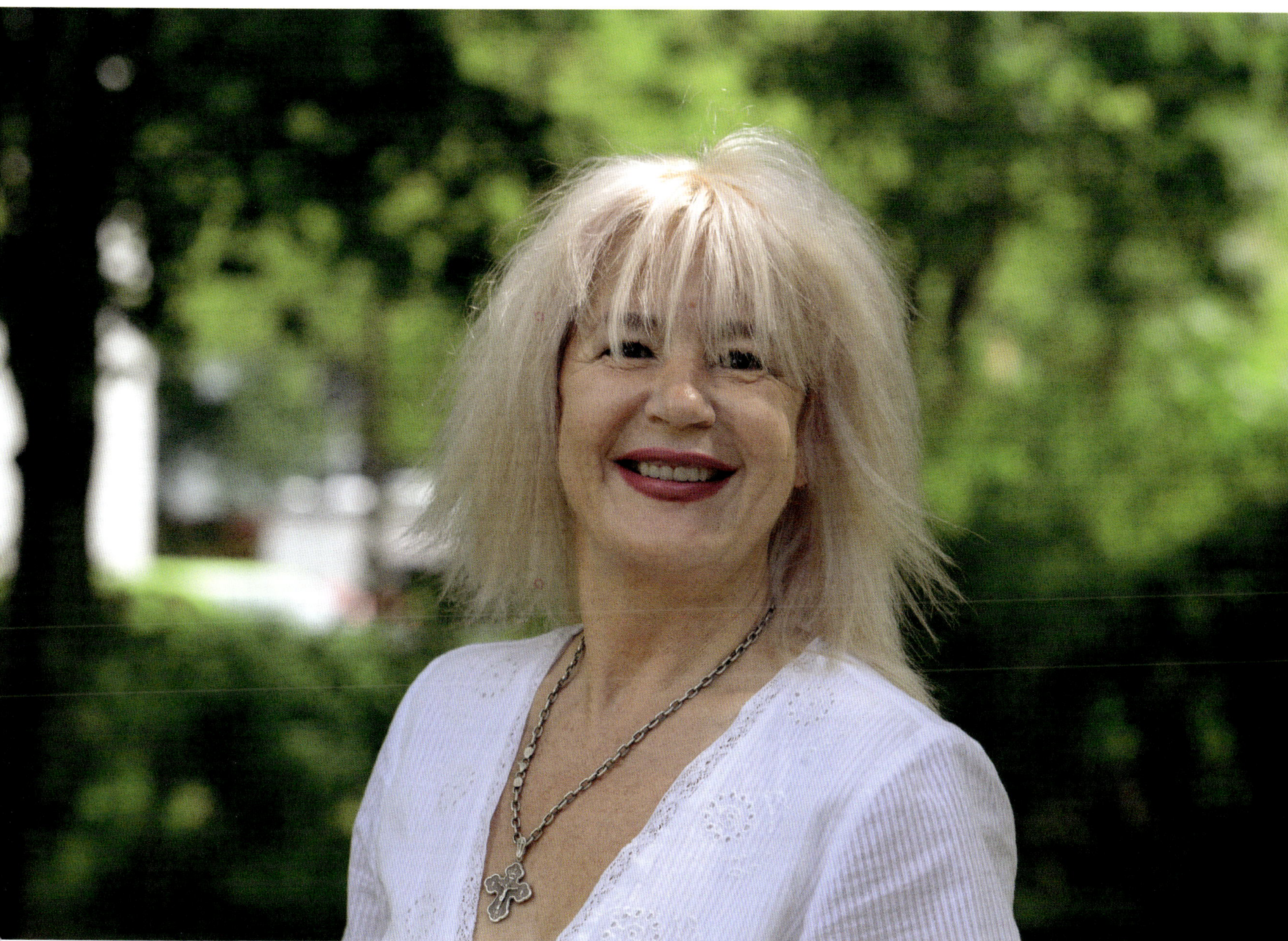

Trotz schwieriger Verständigung strahlt mich Oksana an.

Einfaches Glück

Alex

Das gedruckte Monatsprogramm vom Bürgerhaus »Südspitze«, in dem Alex arbeitet, eröffnet mit einem Zitat von Marc Aurel: »Vergiss nicht, man braucht nur wenig, um ein glückliches Leben zu führen.« Genau darum geht es hier: Einen Raum zu bieten, an dem die Menschen Glück in den einfachsten Aktivitäten und Begegnungen finden können.

Alex ist gerade 40 geworden und hat ursprünglich eine Ausbildung zum Maler und Lackierer gemacht. Doch nun arbeitet er als Veranstaltungshelfer in dem Haus im südlichsten Teil von Marzahn. Es liegt in seiner Verantwortung, das Programm mit den vielfältigen Angeboten für die Nutzer des Hauses zu organisieren. »Unser Publikum sind ja ältere Herrschaften«, erzählt er. »Wir bieten jeden Tag verschiedene Kurse an, zum Beispiel Aerobic, Tanz, Handarbeit, Yoga, Seniorengymnastik, und eine Singgemeinschaft gehört auch dazu. Das Wichtigste ist, dass die Bürger nicht zu Hause sitzen, sondern dass sie rauskommen und das Haus nutzen und vor allem, dass sie mit anderen zusammen sind. Dafür sind wir hier.«

In den Sommermonaten wird der große Garten des Hauses mit den Hochbeeten genutzt. Es gibt Familienfreitage mit Rasenspielen, Federball, Tischtennis, Wikingerschach und Grillen. Darüber hinaus bietet das Haus Kulturspaziergänge, Lesungen, Tanzveranstaltungen oder Kochen mit gesunden Lebensmitteln aus verschiedenen Teilen der Welt an: die kulinarische Weltreise. Alex erzählt begeistert von den vielen Angeboten des Hauses und während er mir das Haus zeigt, spüre ich, dass er sich sehr engagiert für die Bewohnerschaft einsetzt und sich darum bemüht, die Menschen in das Geschehen im Haus einzubinden.

Seine Freizeit verbringt er am liebsten mit Gaming, Musik und DJing. Außerdem kümmert er sich liebevoll um seine sechs Zebrafinken. Über Marzahn sagt er: »Da hat sich viel verändert.« Es gibt weniger soziale Angebote für Jugendliche, was auch dazu führt, dass mehr Gewalt unter ihnen herrscht. Stattdessen gibt es ein größeres Programm für Rentner und Rentnerinnen.

Alex erklärt mir, dass er besorgt ist über die Versiegelung von vielen Grünflächen durch neue Bebauung aufgrund von Zuzug: »Marzahn ist im Wandel. Das grüne Marzahn verliert mehr und mehr den grünen Status.« Er wünscht sich, dass der Bezirk in Zukunft wieder zu den alten Wurzeln zurückfindet.

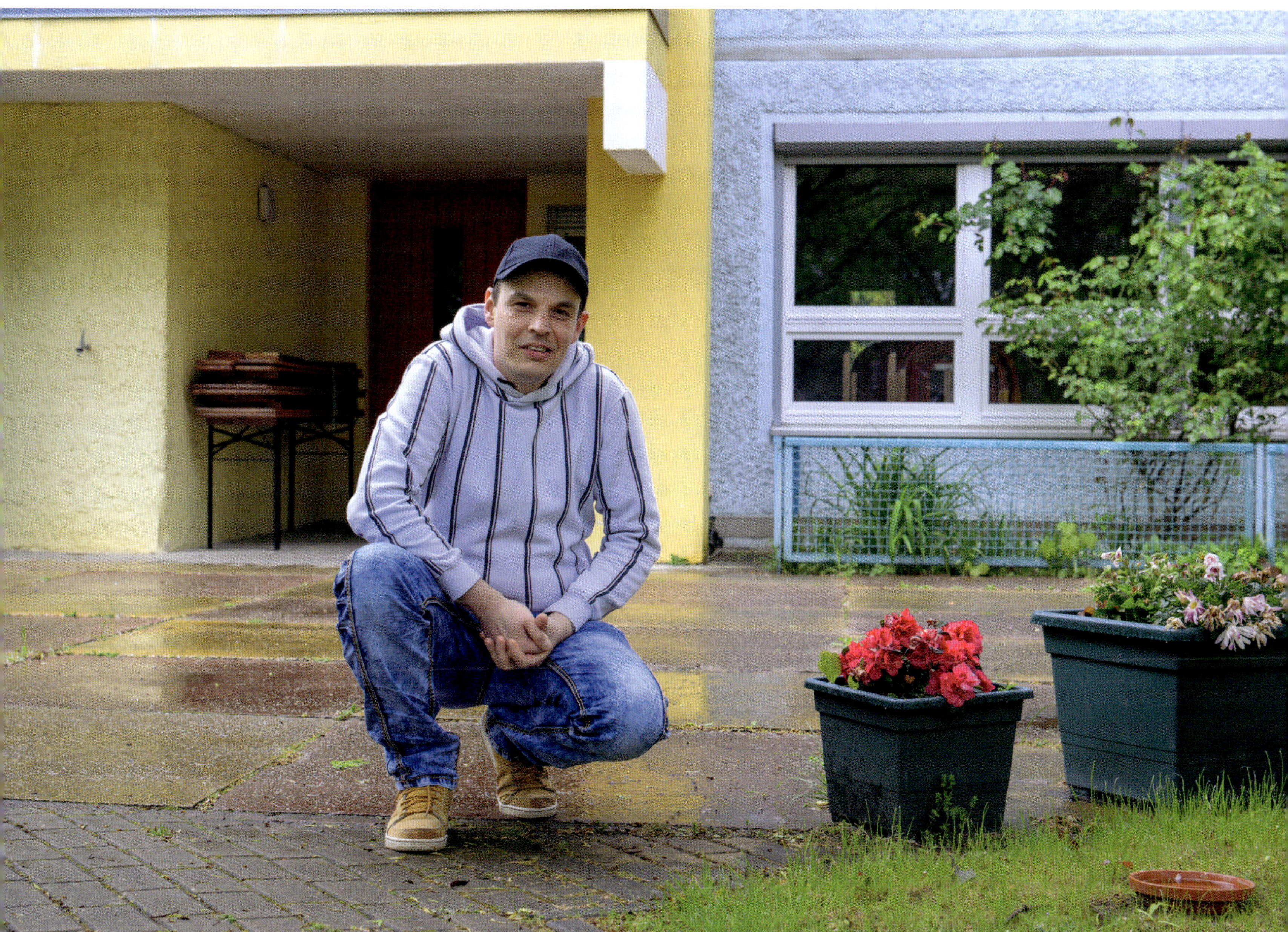

Alex vor seinem Arbeitsort, dem Bürgerhaus »Südspitze«

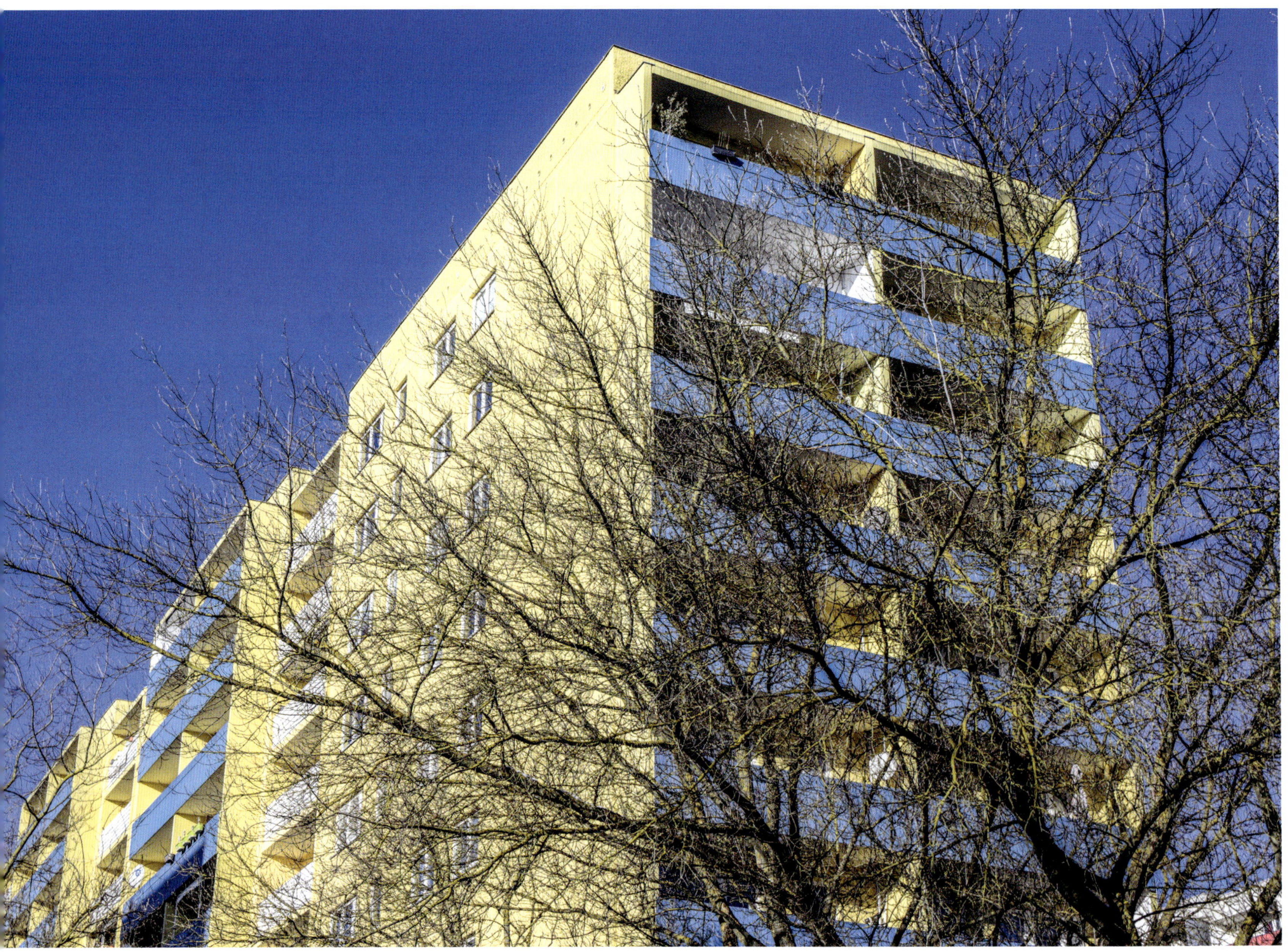

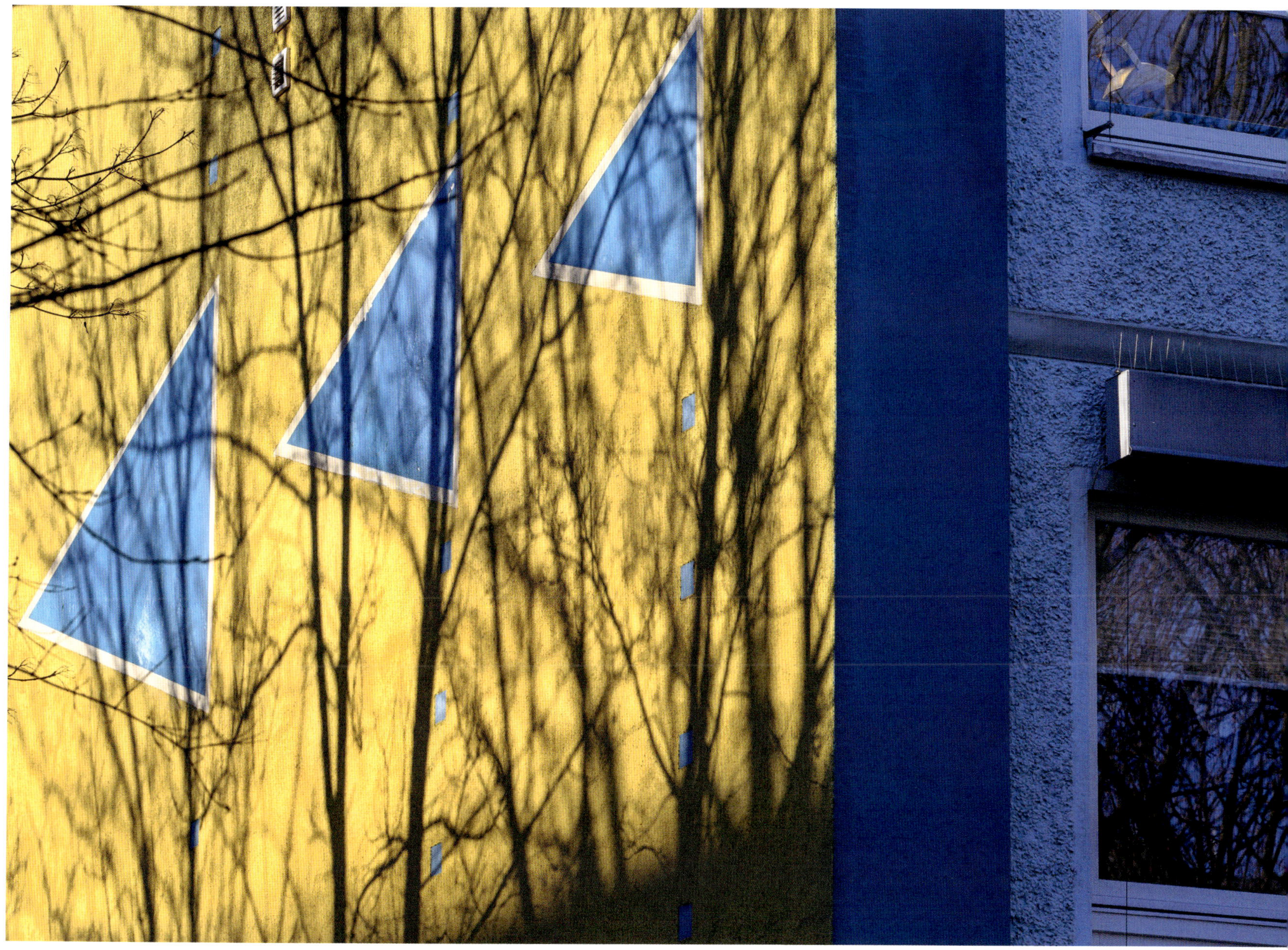

Alles, was eine Gesellschaft braucht

Franka

Franka ist gelernte Radiomoderatorin, arbeitet aber derzeit als Redakteurin bei myHOMEBOOK, einem Online-Portal rund um Haus, Garten, DIY, Heimwerken und Nachhaltigkeit. Mit Texten und kurzen Lehrvideos vermittelt sie unter anderem einfache Gartentipps. Außerdem beschäftigt sie sich mit dem Thema Nachhaltigkeit und bemüht sich, weniger wegzuwerfen und mehr wiederzuverwenden. Auch an diesen Themen lässt sie die Leser und Zuschauer teilhaben.

Getroffen haben wir uns in ungezwungener Atmosphäre im Wiesenpark in der Nähe ihres Wohnortes, zusammen mit ihrem Mann Christian und ihrem zweijährigen Sohn Pit. Während unseres Gesprächs erinnert sie sich: »Als ich noch in der Grundschule war, wurde Marzahn erweitert. Marzahn und Hellersdorf wurden zusammengelegt. Alle Kinder unserer Schule sollten sich Namen ausdenken, wie der neue Bezirk heißen könnte. Ich erinnere mich noch an ›Hellazahn‹ oder ›Marzhell‹. Geschafft hat es keiner der Vorschläge, es blieb bei den alten Namen – bei Marzahn-Hellersdorf.«

Franka liebt vor allem Marzahns Vielfältigkeit: Marzahn ist bunt, laut und leise, jung und alt, historisch und modern und hat viele schöne natürliche Ecken. Es gibt Zwanziggeschosser, Einfamilienhäuser und Kleingärten, hier finden sich Generationen aus vielen Kulturen wieder. Für Franka ist Marzahn Kindheit, erwachsen werden, Familie und irgendwann vielleicht auch alt werden. Es gibt den traditionellen Bäcker im Hochhaus, versteckte Cocktailbars, Restaurants und süße Cafés – jeder kann sich hier wohlfühlen. Wer keine Lust auf überfüllte Straßen und das Grau in Grau der Stadt hat, ist hier genau richtig, meint Franka. Es gibt sehr viele schöne grüne Ecken, was sie sehr zu schätzen weiß, denn sie liebt Natur und Tiere. Sich selbst beschreibt sie als unkompliziert, umgänglich und hilfsbereit. Ihre Größe – gerade mal 1,52 Meter – kompensiert sie gerne mal mit der typischen »Berliner Schnauze«, aber natürlich nur in passenden Momenten.

Franka findet es schade, dass die Menschen immer anonymer werden: »Man kennt sich leider nicht mehr. Und Marzahn wird immer noch als Bezirk für die unteren Klassen angesehen, dabei stimmt das nicht.« Franka ist der Meinung, dass Marzahn völlig unterschätzt und zu Unrecht abgewertet wird. Außerdem könnten sich Altersklassen und Kulturen mehr vermischen. Es gibt immer nur das Eine oder das Andere, aber meistens getrennt. Das führt zu einer Ghettoisierung und das macht vielen Menschen Angst.

Sie ist überzeugt: Marzahn ist nicht Platte, Marzahn ist Parks, Mühle, Freizeiteinrichtungen, Wanderwege. Marzahn ist Universität und Industrie. Marzahn ist alles, was eine Gesellschaft braucht, es sieht nur niemand, der nicht in Marzahn lebt.

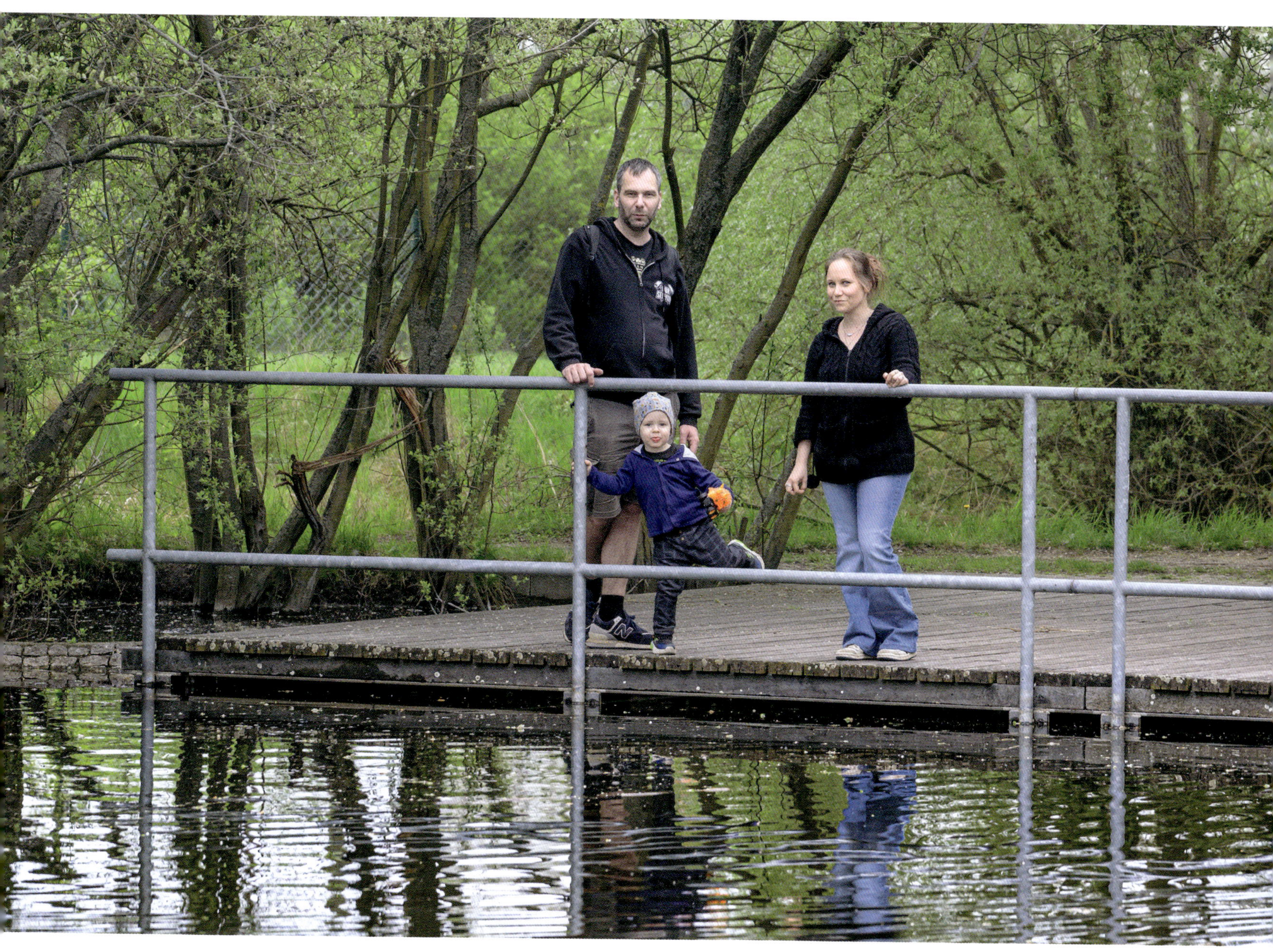

Franka geht gerne mit ihrem Mann Christian und ihrem gemeinsamen Sohn Pit spazieren.

Zwischen Hühnern und Karate

Dana

Dana arbeitet als Physiotherapeutin im Ergotherapeutischen Fortbildungszentrum in der Havemannstraße. Dort konnte ich sie in ihrer Mittagspause treffen, um ein Foto von ihr vor dem Gebäude zu machen. Dana erzählt mir, dass sie seit fast 20 Jahren mit ihrem Mann und den drei Kindern in Marzahn-Hellersdorf lebt. Sie genießen die Natur hier und sie haben sogar sieben Hühner in ihrem Garten, um die sie sich alle liebevoll kümmern und deren Eier »einfach super lecker« sind.

Als mir Dana berichtet, wie aktiv die ganze Familie ist, bin ich ganz schön beeindruckt. Bis auf den Kleinsten trainieren alle regelmäßig Karate und Tennis. Dabei konnten Dana und ihr Mann bei nationalen und internationalen Meisterschaften sogar einige gute Plätze belegen. Seit zwei Jahren steht das Tennisspielen für Dana aber noch mehr im Vordergrund, drei bis fünf Mal in der Woche trainiert sie.

Wenn Dana nicht gerade beim Joggen, Radfahren, Tennis oder Karate ist, dann kocht sie sehr gern und backt mit den Kindern jedes Wochenende leckere Kuchen. Allerdings ist die Zeit dafür gerade im Sommer eher knapp, denn sie haben auch noch ein Segelboot, mit dem sie bei schönem Wetter oft auch größere Touren auf den weiten Gewässern in und um Berlin machen. Und wenn ausnahmsweise mal nichts ansteht, pflegen sie ihren Garten oder chillen gemeinsam auf der Terrasse. Für Dana gibt es nichts Schöneres als das Familienleben.

Sich selbst beschreibt sie als sportlich, spontan, aktiv, lustig und ehrgeizig. Sie versucht, stets ihre Mitmenschen zu motivieren und das Beste aus ihnen herauszuholen – ob im Job oder privat. Marzahn bedeutet für sie eine angenehme, vertraute Umgebung und ein entspanntes Leben. Dana wünscht sich aber mehr Cafés, kleine Restaurants, mehr Konditoreien, gute Radwege und einen besseren Umgang der Menschen untereinander mit mehr Rücksicht und Empathie.

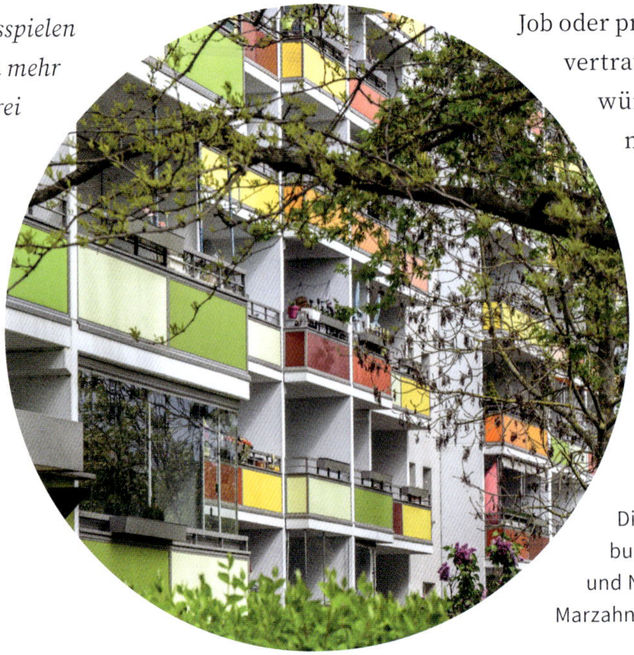

Die Kombination aus bunten Plattenbauten und Natur macht Marzahns Charme aus.

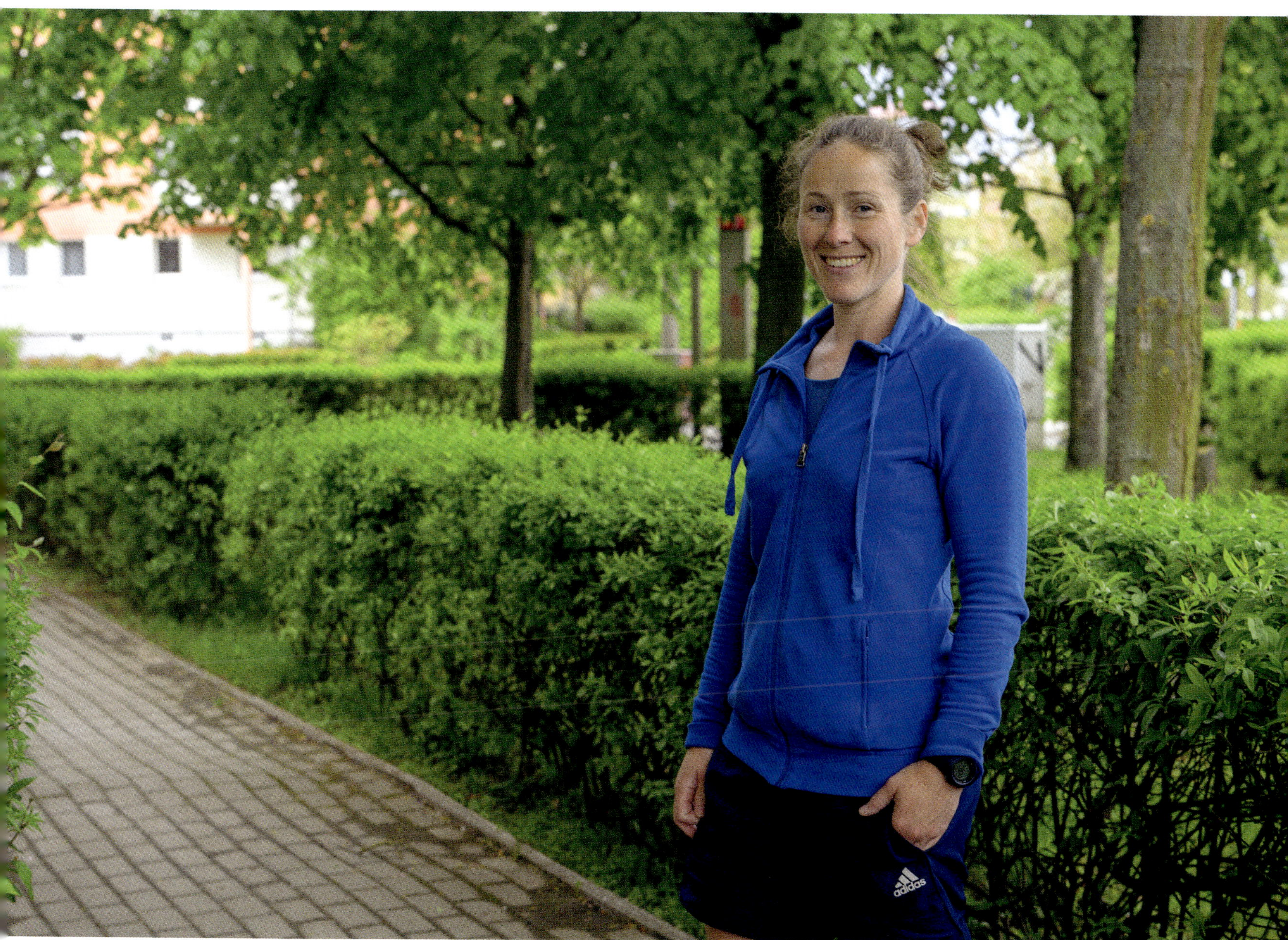

Dana liebt es, gemeinsam mit ihrer Familie Sport zu machen.

Tanzende Sonnenschirme

Gudrun

Ich treffe Gudrun zwischen den blühenden Kirschblüten, die sich perfekt von ihrem türkisfarbenen Pullover abheben. Sie ist selbst Autorin, was ich ihrer Ausdrucksweise direkt anmerke. Sie erzählt mir von einem besonderen Moment in Marzahn:

»Es ist Herbst. Fast frühlingshafte Temperaturen locken mich an die frische Luft. Es ist sonnig, aber auch sehr windig, sogar fast böig. Auf meinem Spaziergang erfreue ich mich an der noch schönen Natur, an dem bunten Laub der Bäume und den hier und da noch blühenden Blumen.

An einem Sportplatz angekommen bietet sich mir ein bizarres Schauspiel. Über das Fußballfeld rollen wild einige Sonnenschirme. Es sieht so aus, als ob sie im Wind tanzen oder jeden Moment vom Boden abheben wollen. Noch ungewöhnlicher ist aber, dass Rollstuhlfahrer hinter ihnen herjagen. Bei einem Treffen für Rollstuhlfahrer wurden die Gäste von der tiefstehenden Sonne geblendet, sodass die Mitarbeitenden in aller Eile die schon weggeräumten Sonnenschirme wieder aufstellten. Allerdings ohne eine Beschwerung, sodass ein kräftiger Windstoß die Sonnenschirme ergriffen hat und sie nun auf dem Sportplatz tanzen lässt.

Schnell werden die Schirme von den Rollstuhlfahrern wieder eingefangen. Dieser Zwischenfall wurde offensichtlich als willkommene sportliche Aktivität und Abwechslung genossen. Wer weiß, vielleicht entwickelt sich daraus eine neue paralympische Disziplin …«

Gudrun beschreibt sich selbst als optimistischen Menschen, der viel Freude am Leben hat und gerne und viel lacht. Sie ist sehr aktiv und engagiert sich im Bezirk auch ehrenamtlich. So organisiert sie die monatliche »Morgenlektüre« im Stadtteilzentrum in der Marzahner Promenade, geht ins Seniorenheim zum Vorlesen, leitet einen philosophischen Stammtisch und arbeitet im Redaktionsteam des neu gegründeten Magazins »Kosmos Ehrenamt«.

Als Gudrun mit ihrem Mann 1996 von Mitte nach Marzahn umzog, hatte sie ein wenig Bedenken, aber schon nach wenigen Tagen fühlte sie sich sehr wohl und hat den Umzug nie bereut. Marzahn war und ist für sie eine Zufluchtsstätte, weit weg vom Lärm der Stadt, den vielen Menschen und Autos. Hier leben sie in einer fast ländlichen Idylle und doch in Berlin.

Als ich sie frage, was in Marzahn besser sein könnte, antwortet sie: »Ich mag die Frage nicht. Alles könnte besser, größer, höher, schneller, schöner sein. Der Komparativ ist immer möglich, überall, in allen Lebensbereichen. Uns tut es aber auch gut, bescheiden zu bleiben und mit dem, was wir haben, zufriedener zu sein und nicht ständig rumzumeckern.«

Im Wesentlichen hat sie nur einen Traum und den nicht nur für Marzahn: Es wäre schön, wenn die Menschen ihre Probleme ohne Gewaltanwendung lösen und in Frieden miteinander leben würden.

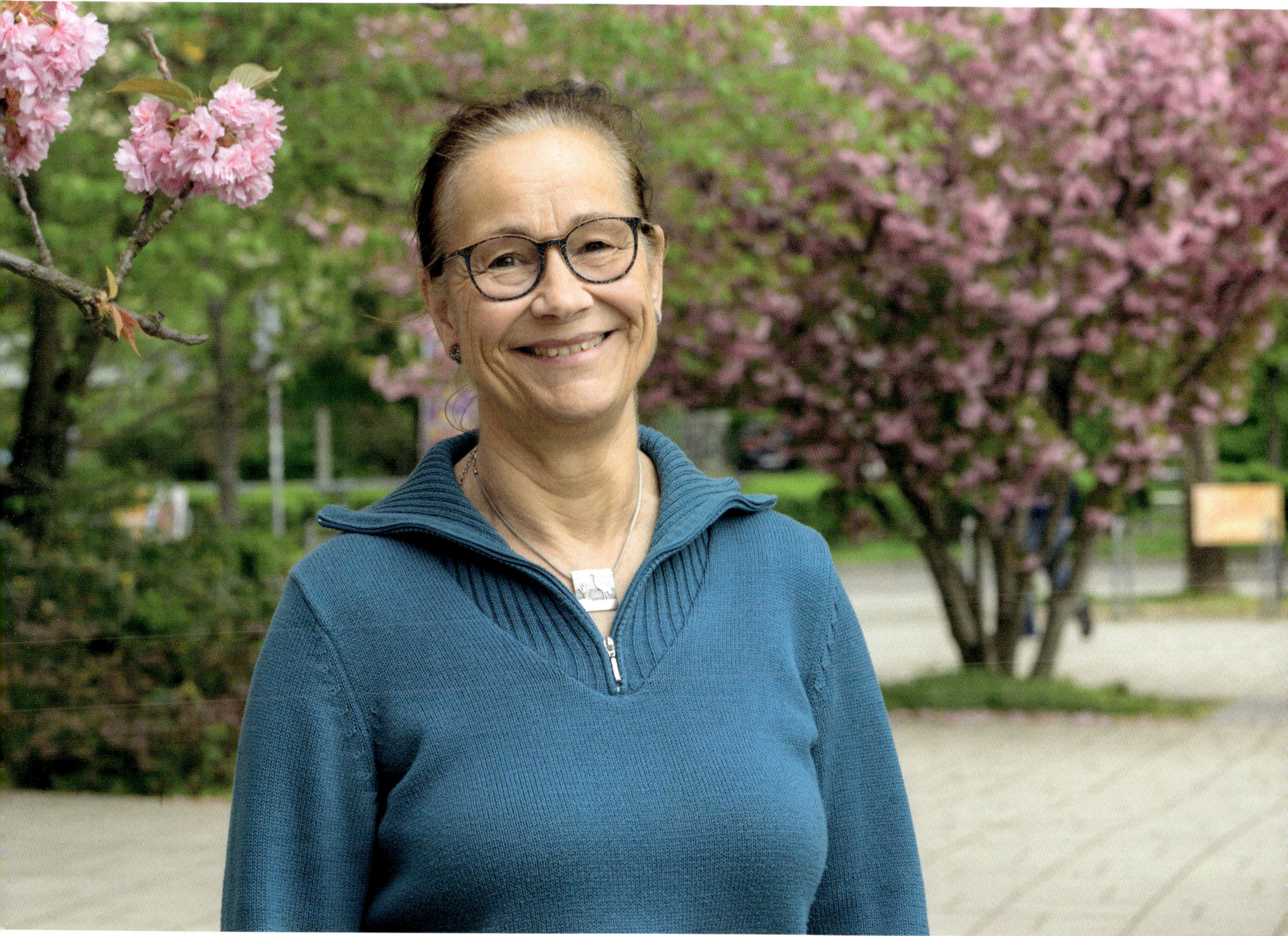

Gudrun zwischen den Marzahner Kirschblüten

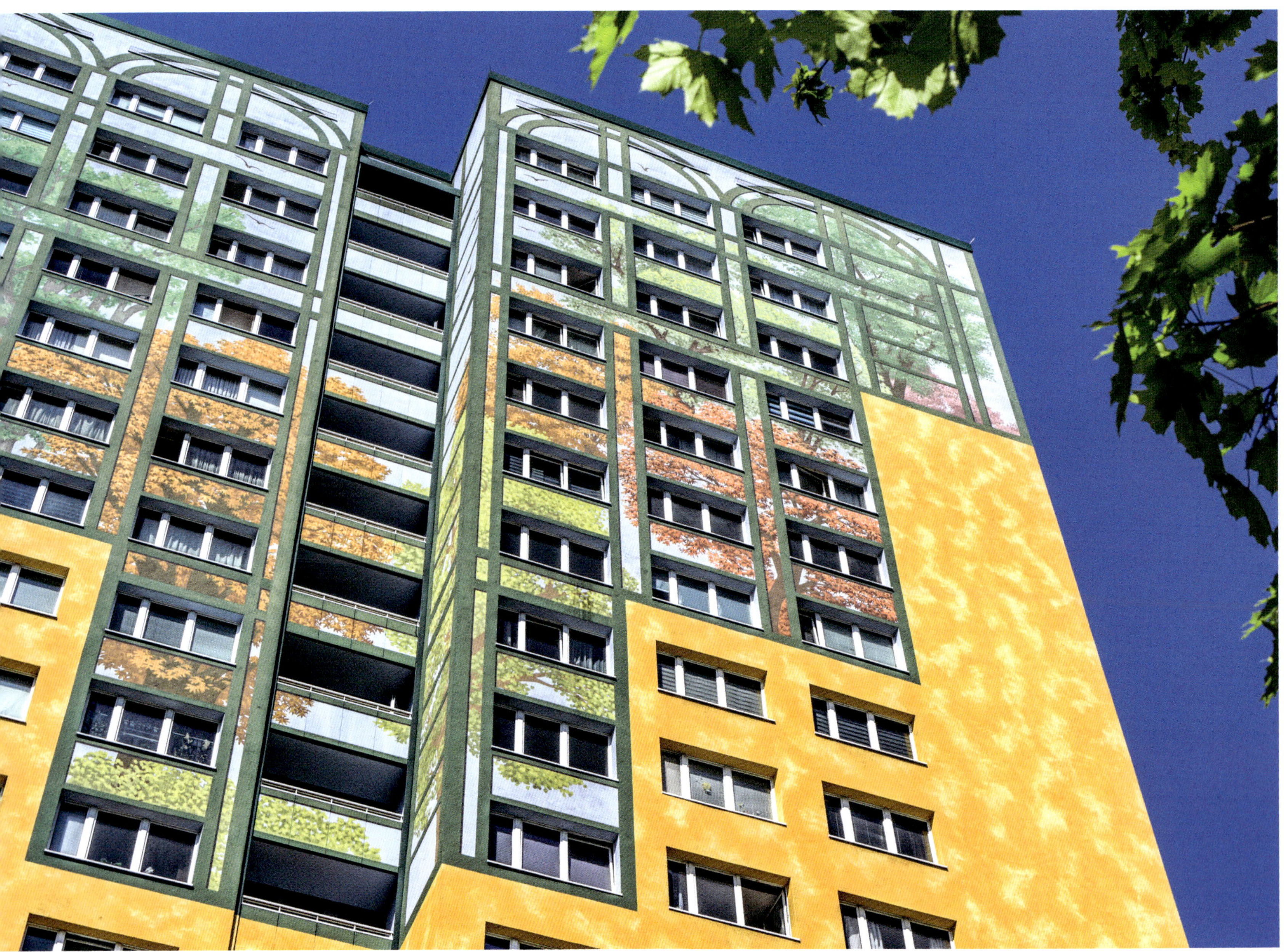

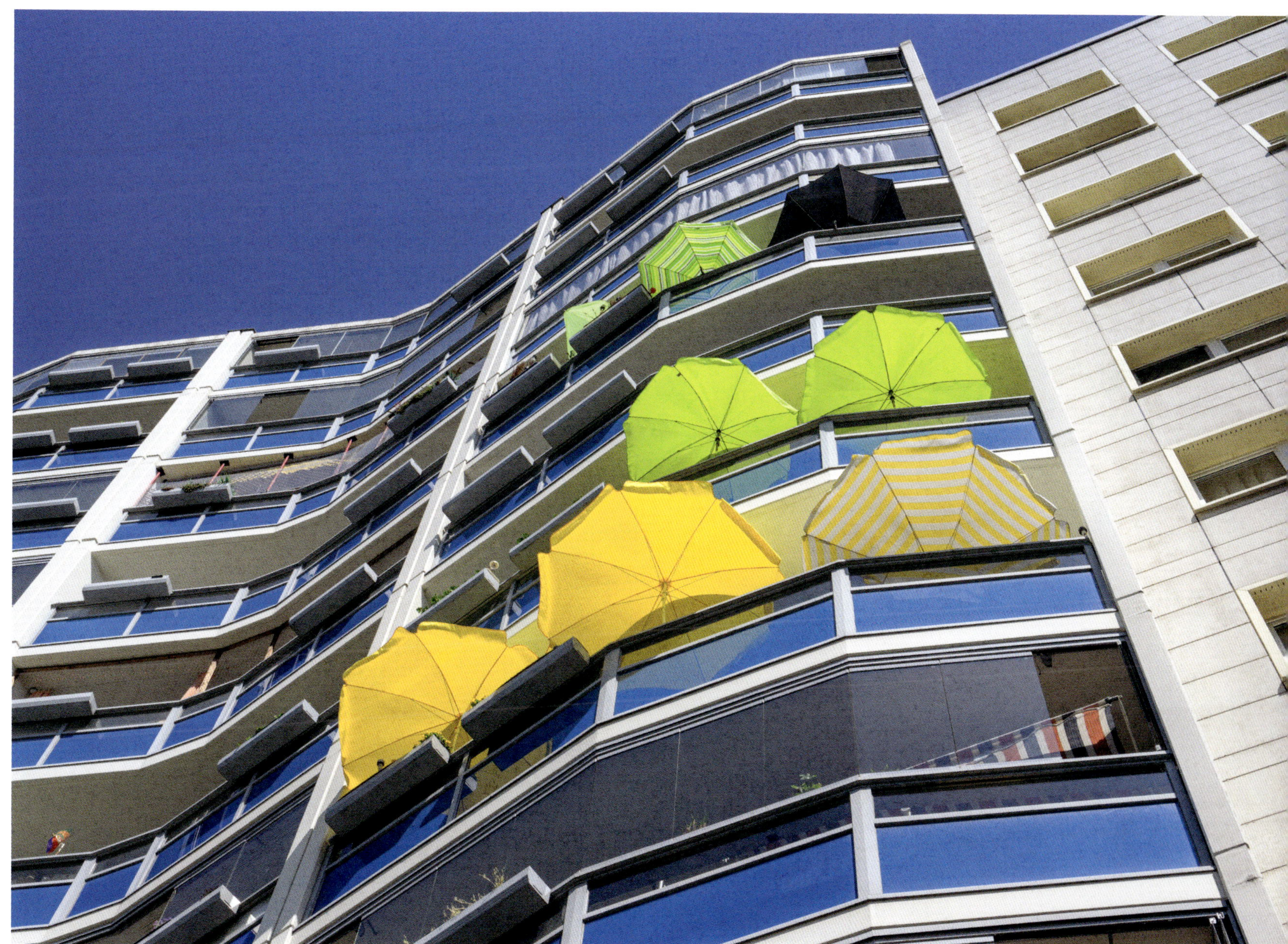

Spuren der Revolution

Kerstin

Am Eingangsgebäude in der Allee der Kosmonauten ist noch die schöne Emaille-Fassade in blau, rot, weiß und orange mit dem fünfeckigen Stern aus der Zeit zu sehen, als hier noch der Eingang zum VEB Stern-Radio Berlin war. Sie wurde von der Künstlerin Gertraude Pohl angefertigt und 1986 eingeweiht, im selben Jahr, in dem Kerstin eine Anstellung in der Fabrik bekam. Sie hatte im Kernkraftwerk Greifswald Bürokauffrau mit Stenografie gelernt und zog im Alter von 23 Jahren nach Marzahn. Damals wurde gerade der Betrieb Stern-Radio Berlin neu aufgebaut (unter dem Motto »wohnen und arbeiten im gleichen Bezirk«), und es wurden Arbeitskräfte aller Berufe aus der ganzen DDR gesucht. So hat Kerstin erst in der Produktion gearbeitet und sich dann Schritt für Schritt bis zur Direktionssekretärin hinaufgearbeitet. Ihre Wohnung wurde ihr durch den Betrieb vermittelt. Zu der Zeit hätte sie nie gedacht, dass sie heute immer noch hier leben würde.

An den Wochenenden besuchte sie in Greifswald die Eltern, die zu DDR-Zeiten einen Antrag auf Ausreise in den Westen gestellt hatten. Ihr Vater, der im Kernkraftwerk arbeitete, war über die Situation in der DDR und in den Volkseigenen Betrieben sehr frustriert und konnte es gar nicht glauben, was die Tochter aus Berlin und von ihrer Arbeitsstelle erzählte. Später besuchte sie den Vater im Gefängnis. Über den Gefängnisbesuch und andere Ereignisse vor und nach dem Mauerfall kann man in ihrem Buch »Herbst im Osten« von Kerstin Supranowitz lesen. Über ihr Buch erzählt sie: »Im Herbst 1989, als die revolutionären Unruhen im Lande losgingen, habe ich begonnen, Tagebuch zu schreiben. Damals habe ich geschworen: Über alles, was ich hier zurzeit erlebe und durchmache, werde ich mal ein Buch schreiben. Ich glaube schon, dass die Revolution Spuren hinterlassen hat, nicht nur bei mir selbst, denn es hatte Auswirkungen auf meine ganze Familie. Und jetzt habe ich als Hobby-Autorin eine ganz neue berufliche Perspektive für mich entdeckt.«

Sich selbst beschreibt Kerstin als kreativ, neugierig und eigenwillig. Außerdem liebt sie gute Musik (Blues, Soul, Rock, auch Klassik). Ihr Motto ist: »Am Morgen ein guter Sound und der Tag ist mein Freund!« Sehr aufschlussreich fand sie auch ihre Arbeit als Schreibkraft im Deutschen Bundestag oder als Datenerfasserin in einem Pharmabetrieb. Dadurch weiß sie, wie sich Medikamente zusammensetzen.

Kerstin findet, dass sich Marzahn im Laufe der Jahre von einer Großbaustelle zu einem lebenswerten Wohngebiet verändert hat. Aus ihrem Fenster sieht sie viele Bäume und kann die vier Jahreszeiten ganz genau beobachten. Sie wünscht sich, dass die Welt ihre Vorurteile und Klischees über Marzahn und insbesondere die Menschen aus der ehemaligen DDR ablegen würde.

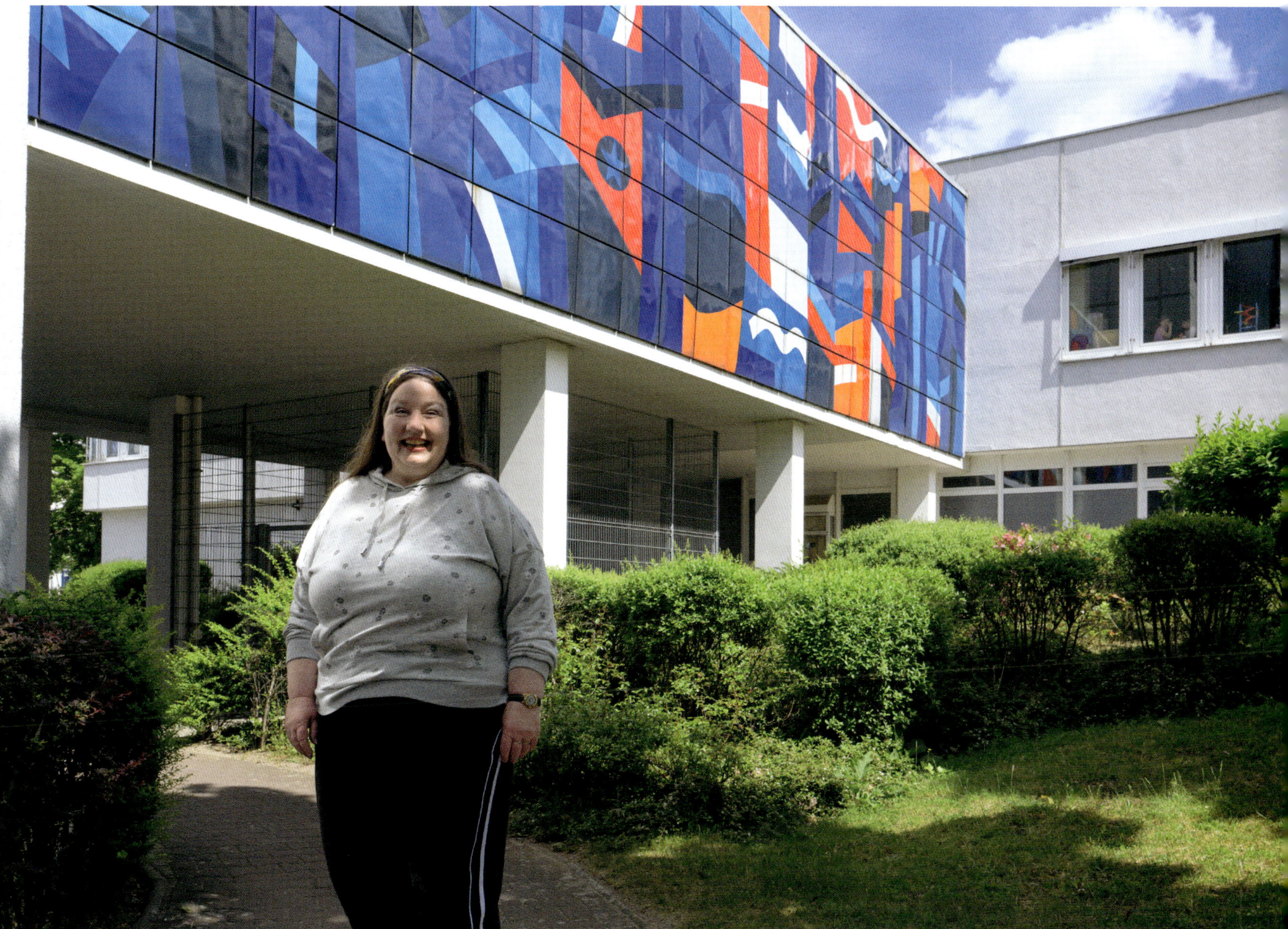

Kerstin zeigt mir die farbenfrohe Fassade des ehemaligen Stern-Radios Berlin.

Performance Art in Marzahn

Kirsten

Während unseres Gesprächs erzählt mir Kirsten, dass sie sich in ihrer Zeit in Marzahn besonders gern an die verschiedenen Projekte erinnert, an denen sie teilgenommen hat. So war sie 2017 Teil der Gruppe »Anspiel« bei der internationalen Gartenausstellung. Gemeinsam führten sie zehn Performances in den »Gärten der Welt« auf. Sie endeten immer auf der großen Wiese, auf der sie dann ein Picknick veranstalteten und mit den Leuten, die ihrer Performance folgten, sehr schöne und interessante Gespräche führen konnten. Einige kamen sogar mehrmals, weil es ihnen so gut gefiel. 2019 wiederum nahm sie an dem Projekt »Die Marzahner Promenade spricht« teil. Hier sprach sie mit den Bewohnern auf der Promenade und machte einige Fotos von den Personen und der Straße.

Kirsten beschreibt sich selbst als kontaktfreudigen, kunstinteressierten Menschen, der immer noch Neues dazulernen möchte und jetzt die Zeit dafür hat. Sie liebt ihre Familie und in ihrer Freizeit fotografiert und liest sie viel und gern. Neuerdings hat sie auch das Malen und Zeichnen für sich entdeckt. Mit ihren Freunden und Freundinnen fährt sie außerdem gerne Rad und unterhält sich über Kunst und Politik.

Kirsten zog 1985 nach Marzahn in eine große Wohnung, so grün wie heute war es allerdings noch nicht. In ihrer Erinnerung sticht besonders der Zusammenhalt in ihrer Hausgemeinschaft hervor. Nach der Wende ging der aber nach und nach auseinander und so zog sie schließlich mit ihrem Mann um und baute auf dem Grundstück ihrer Eltern ein eigenes Haus.

Sehr positiv findet sie an Marzahn, dass der Bezirk so grün ist. Es leben jetzt Menschen aus sehr vielen verschiedenen Ländern hier. Einige haben ihre eigenen kleinen Geschäfte eröffnet und bereichern damit den Stadtteil. Das Beste an Marzahn ist für sie persönlich der Kontakt zu ihrer Fotogruppe, Malgruppe, Sportgruppe und Performancegruppe. Außerdem besucht sie gerne die Ausstellungen im Schloss Biesdorf oder fährt nach Hellersdorf in das Kino »Die Kiste«.

Außenstehende sollten Marzahn nicht nur als Plattenbauproblembezirk sehen, sondern auch das viele Grün in den Gärten und Siedlungsgebieten zur Kenntnis nehmen und sich über die kulturellen Möglichkeiten hier informieren und sie nutzen.

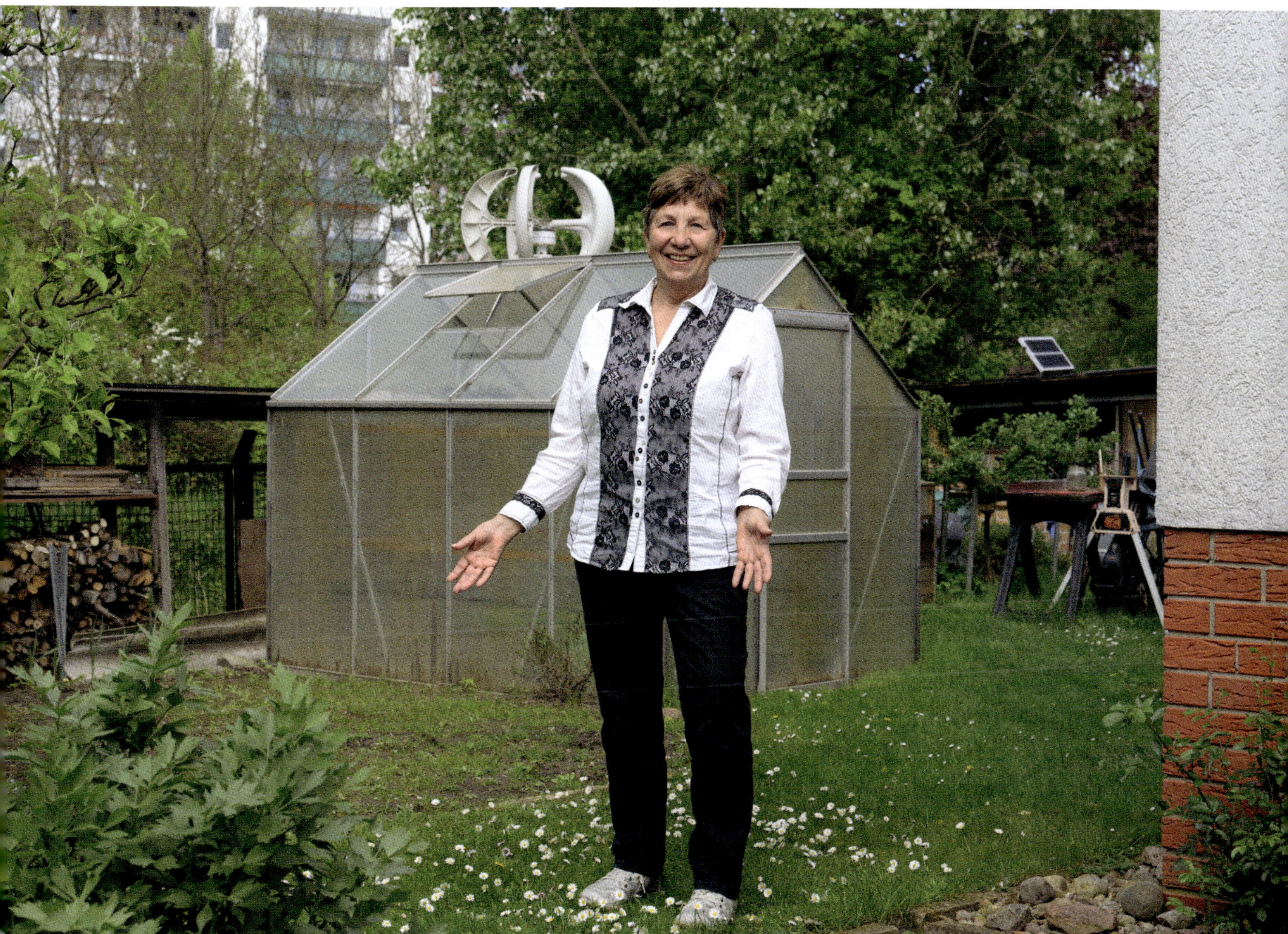

Kirsten ist Teil verschiedenster Freizeitgruppen in Marzahn.

Musikalische Innovationen

Brian, Lena und Samantha

Es ist ein sonniger Donnerstagvormittag. An der Paavo-Nurmi-Grundschule sind Brian, Lena und Samantha gerade dabei, den Refrain für das Lied aufzunehmen, das die Klasse 6b in einem neuen Musikprojekt selbst geschrieben hat. Der Text zum Lied wird dabei improvisiert:

»Nach der Schule will ich nur … chillen, schlafen, Freunde treffen … chillen, schlafen, Freunde treffen … ja ja.« –

»Neue Klasse, neue Leute, neue Freunde, neue Fächer, neue Lehrer, neue Hefte, neue Schule.«

Das Lied ist ein Frage-Antwort-Lied, bei dem jemand aus der Klasse eine Frage stellt und die anderen antworten:

»Werde ich meine Freunde vermissen?«

»Vielleicht, vielleicht, vielleicht.«

Ihr Lehrer Tino erzählt: »Die Kinder sind an allen Schritten der Musikproduktion beteiligt, spielen selbst Sounds ein und singen. Sie bestimmen am Anfang den Puls des Songs, nehmen Instrumente in die Hand und texten selbst wild los. Wir nutzen alle Möglichkeiten, das beste Ergebnis zu erarbeiten, damit am Ende frische Songs entstehen. Die Kinder erleben, dass ihre Ideen etwas wert sind und sie sollen Lust bekommen, technische Hürden zu meistern oder Instrumente zu lernen.«

Tino und seine Schüler und Schülerinnen sind gerade dabei, mit Kindern und Jugendlichen aus ihrem Bezirk ein mobiles Audio-Studio in Flightcases zu bauen. Die Kisten passen in Kleintransporter und können hoch flexibel eingesetzt werden. Sie haben alle Popband-Instrumente wie Schlagzeug, Gitarre, Synthesizer und digitale Instrumente an Bord und können so mit wenigen Handgriffen ein Popup-Studio aufbauen. Mit ihren Blockbox-Songworkshops können sie mit Klassen Bandproben und kleine Konzerte veranstalten und nachhaltig auf Raum-, Equipment- und Finanzierungsmangel reagieren.

Tino ist sichtlich stolz auf das Projekt: »Das ist eine tolle Innovation aus unserem Bezirk, gefördert von der Europäischen Union, dem Land Berlin und der Hans-Werner-Henze Musikschule.«

Brian, Lena und Samantha überlegen, wie der Song weitergehen könnte: »Werde ich die Lehrer vermissen?«, schlägt Tino vor? Ein paar Kinder in der Klasse kichern. Schließlich einigen sie sich darauf, dass der Chor antwortet: *»Kann sein, kann sein, kann sein«.*

Als ich mich verabschiede und auf den Heimweg mache, habe ich das Lied immer noch im Ohr.

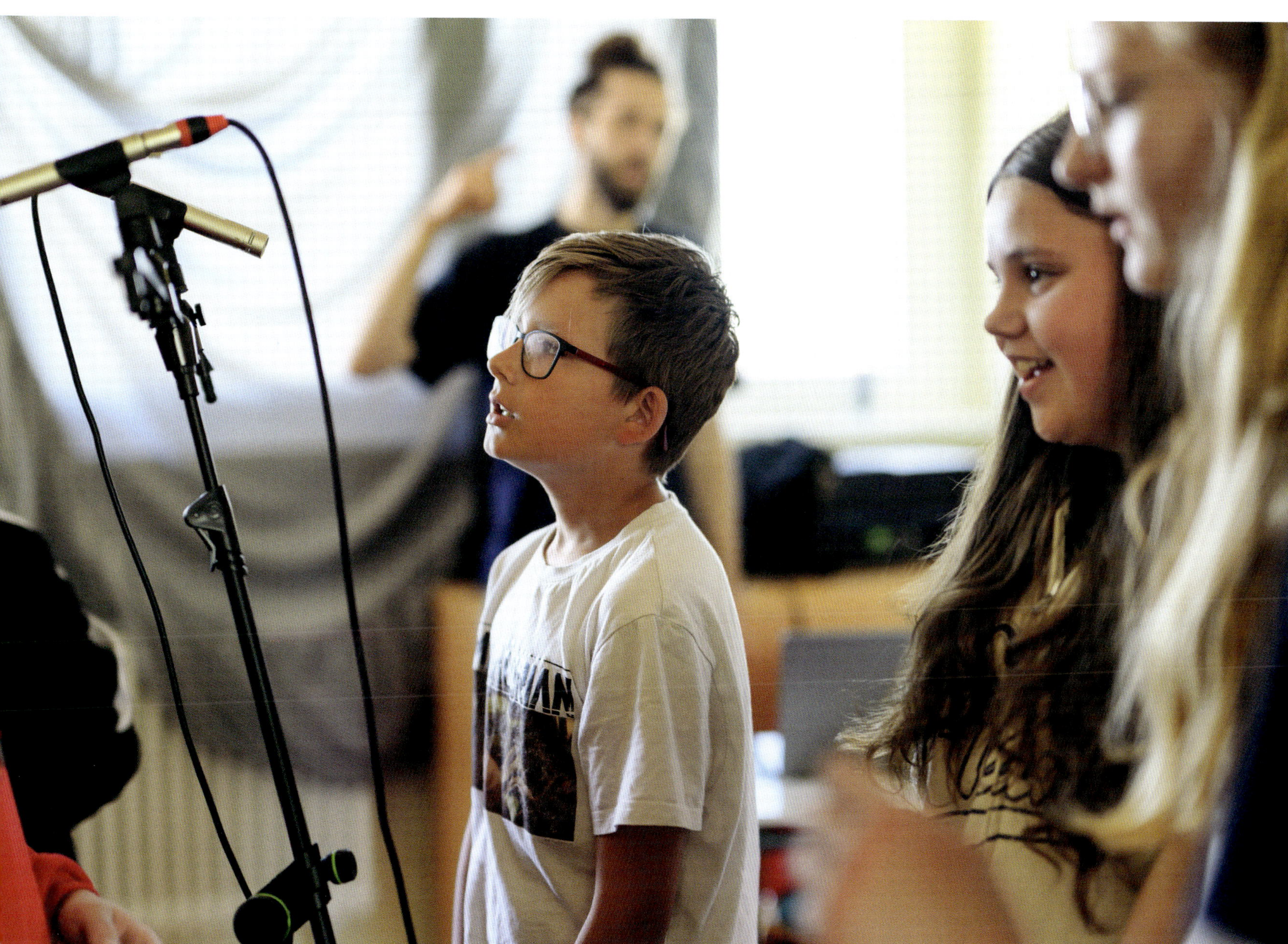

Brian, Lena und Samantha haben viel Spaß beim Improvisieren.

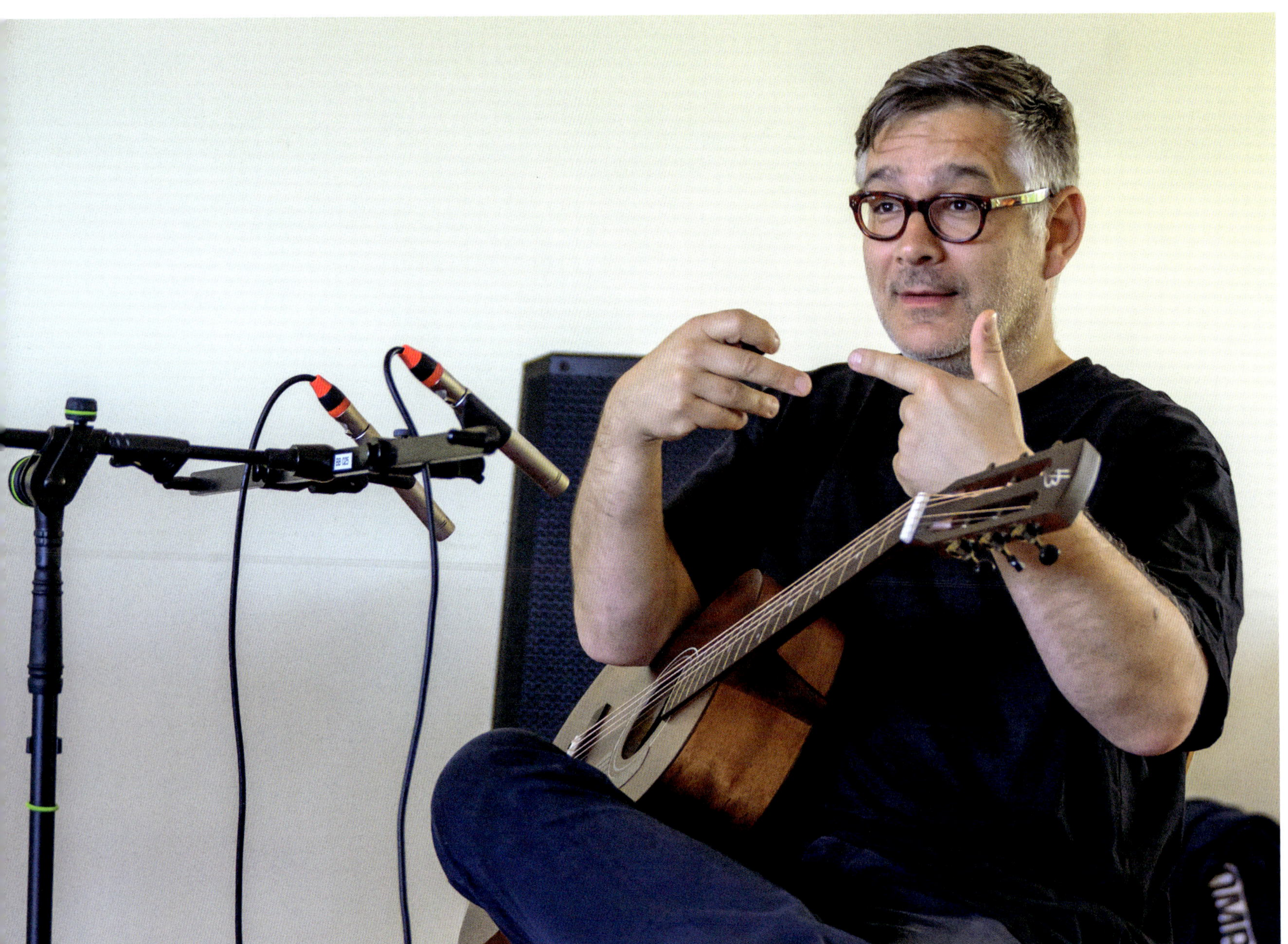

Tino unterstützt die Kinder dabei, eigene Songs zu entwickeln.

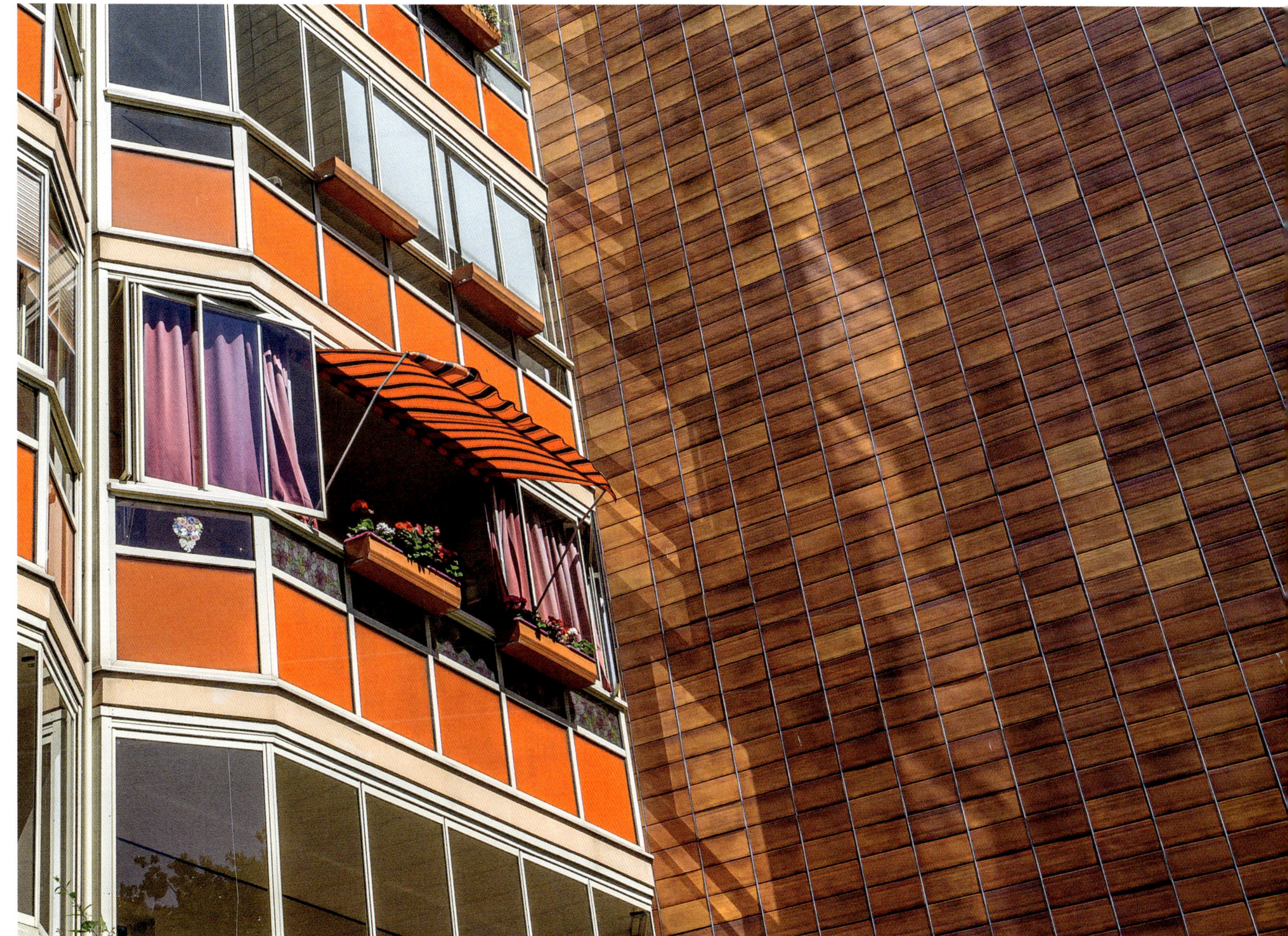

Eine singende Gemeinschaft

Dörthe

Ich treffe Dörthe in der Hans-Werner-Henze-Musikschule, in der sie als Musiklehrerin arbeitet. Tatsächlich hat sie mehrere Titel: Musikpädagogin, Sängerin, Fachgruppenleiterin. Sie unterrichtet klassischen Gesang und Ensemble als Ergänzungsfach und spielt selbst Querflöte, Klavier und Gitarre.

Wenn Dörthe über das Singen spricht, merke ich ihr direkt den Enthusiasmus an und werde von ihrer guten Energie angesteckt. Die meisten Menschen würden sie wohl ohne zu zögern als positiv, kreativ, engagiert und motivierend bezeichnen. »Eigentlich bin ich immer gut drauf. Pausen brauch ich nicht«, sagt sie. »Ich denke immer: Das probieren wir mal aus und dabei entsteht oft etwas Neues.«

Dörthe ist davon überzeugt, dass jeder singen kann. Denn Singen ist das Grundinstrument des Körpers und damit auch des Menschen. Sie erklärt mir, dass unser Leben mit dem Singen beginnt, wenn wir als Babys im Bett liegen und lallen: »laah leeh lääh«. Das ist ja eigentlich schon der Anfang, nur leider verlernen viele es später wieder, sagt sie. Und so gibt es einige, die denken, sie könnten nicht singen, aber als Musiklehrerin weiß Dörthe, wie leicht es ist, das Singen in uns wiederzufinden. Vor einigen Jahren übernahm sie die Leitung der Chorproben für den Mitarbeiterchor des Bezirksamts Marzahn. Zuerst kamen viele nicht, weil sie dachten, dass sie nicht singen könnten, aber nach anderthalb Stunden stellte sich heraus, dass das Gegenteil der Fall war.

Zu Dörthes Arbeit gehört auch der Einzelunterricht, von dem sie mir berichtet: »Wir erleben ab und zu, dass ein Schüler oder eine Schülerin zum ersten Mal singt und dann Gold aus dem Mund kommt, und sie wissen es oft selbst nicht. Es freut mich immer, wenn ich sie dabei unterstützen kann.«

Dörthe findet aber am wichtigsten, gemeinsam Musik zu machen: »Das Schöne am Singen ist, dass es Menschen zusammenbringen kann und man Menschen kennenlernt, mit denen man sonst keinen Kontakt hätte.« Das spürt sie auch bei der Arbeit mit ihrem Projektchor. Hier kommen einmal im Jahr Gesangsbegeisterte zusammen, die für drei Monate zusammen ein Programm erarbeiten und am Ende gemeinsam ein Konzert gestalten. Jemand kommt zum ersten Mal, dann immer wieder und nach einem halben Jahr ist er ein regelmäßiger Sänger, der der Gemeinschaft beitreten möchte. Andere machen Plakate für die Veranstaltungen. Dörthe freut sich darüber, dass sie sich wirklich engagieren wollen: »Der Projektchor bietet einen schönen Raum, in dem jeder willkommen ist. Das ist es ja, was Chorgesang kann: Menschen zusammenbringen.«

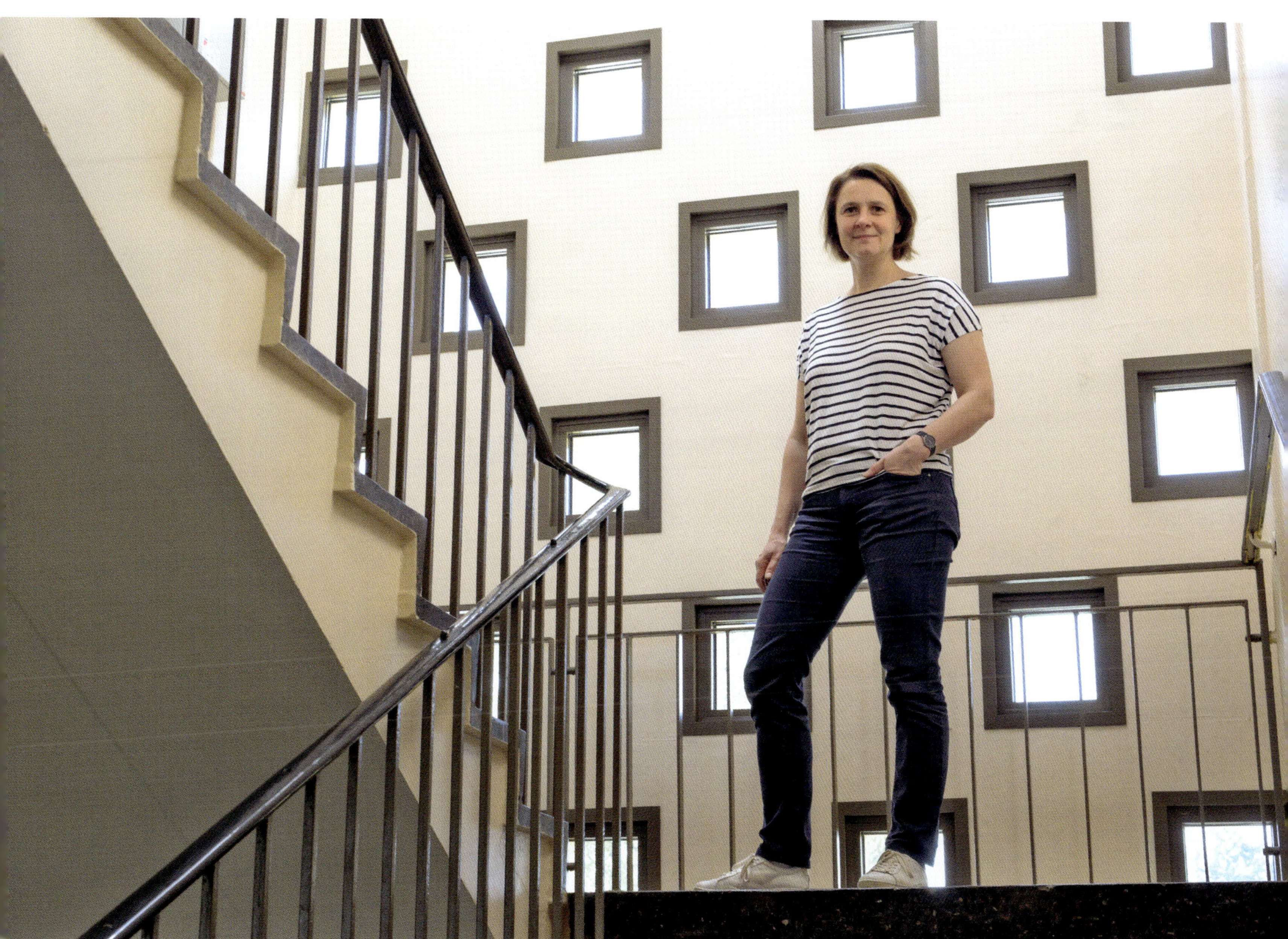

Dörthe macht am liebsten gemeinsam mit anderen Musik.

Karneval der Kulturen auf der Allee der Kosmonauten

Beate

»Ich bin Modedesignerin und würde gerne beim Buch über Marzahn dabei sein«, schreibt mir Beate in einer E-Mail.

Sie lädt mich zu sich nach Hause ein und wir unterhalten uns nett in der Küche. Ich rede über das Buchprojekt und Beate spricht über ihr Designlabel: »Seit ca. einem Jahr habe ich gemeinsam mit Freunden meines Sohnes das Label ›HUCCI CHAOS‹ gegründet«, erzählt sie. »Ich arbeite mit Jugendlichen, Schülerinnen, Künstlerinnen, Designerinnen*, Sozialarbeiterinnen und Psychologinnen an der Demokratisierung und der Selbstwirksamkeit von Randgruppen. Hierfür werden gemeinsam in Workshops Entwürfe entwickelt und umgesetzt. Unsere Mode propagiert eine unabhängige, konsumkritische, soziale und auf dem Gemeinwohl basierende Lebenswelt.«*

Mittlerweile haben wir den Kaffee ausgetrunken und mehrere Freunde und Freundinnen, die mit Beate zusammenarbeiten, sind dazugekommen, um für mein Foto ihre Mode zu präsentieren.

Beate liebt vor allem: die Liebe. Außerdem die Sonne, Natur, Kunst, Menschen, Familie, Farben, Schönheit, Wärme. Ihr Leben ist bestimmt von ihrem Beruf. Da sie noch im psychosozialen Bereich angestellt ist und zusätzlich ihren Leidenschaften, der Kunst und dem Design, nachgeht, ist ihr Leben ausgefüllt. Beate lebt in Marzahn mit ihrem erwachsenen Sohn Lino und seiner Freundin Celine. Sie selbst ist in einer Großfamilie aufgewachsen und liebt dieses Lebenskonzept. Sie findet, dass dieses Modell auch gesellschaftspolitisch sehr interessant werden könnte.

Hier in Marzahn, am grünen Rand der Stadt, kann Beate gut arbeiten, ohne abgelenkt zu werden. Außerdem mag sie die gut erhaltenen Relikte der DDR-Kultur. Sie sagt darüber: »Das kann manchmal auch schräg und eng sein. Hat aber auch etwas Positives, denn die Menschen helfen sich gegenseitig. Und die Gestaltung der Vorgärten ist sensationell!«

In den letzten Jahren ist der Stadtteil etwas jünger und lebendiger geworden, meint sie. Allerdings wünscht sie sich viel mehr kulturelle Angebote. Aus Verzweiflung über dieses Defizit, sagt sie lachend, nehme sie die Supermärkte im weitesten Sinne als kulturelles Angebot wahr. Marzahn könnte außerdem Menschen aus anderen Ländern mehr und besser miteinbeziehen.

Beates Traum für den Bezirk ist: »Ein Museum für moderne Kunst. Projekträume. Keine Nazis! No AfD! Viel mehr MultiKulti. Karneval der Kulturen auf der Allee der Kosmonauten. Das Jobcenter im Wald, in einem Baumhaus. Einen Jamaika-Garten, in den ›Gärten der Welt‹, mit einer Hanfplantage und Coffee-Shop mit Hash-Cookies und Live-Reggae-Bands. Das wäre mal ganz weit vorne im öffentlichen Landschafts- und Gartenbau.«

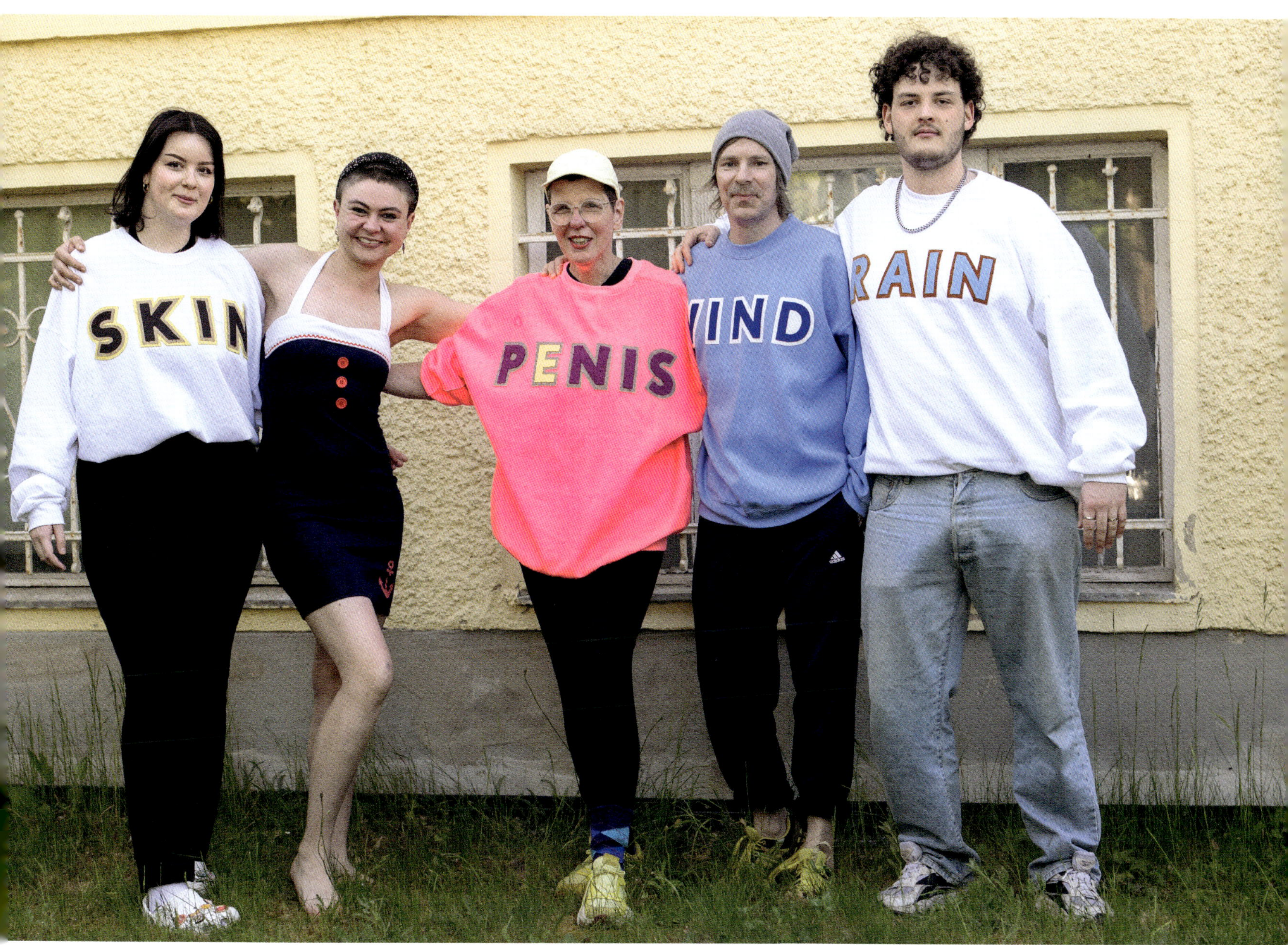

Beate (in der Mitte) und ihr Team, Celine, Mona, Stephan und Lino, präsentieren ihre Sweater-Kollektion.

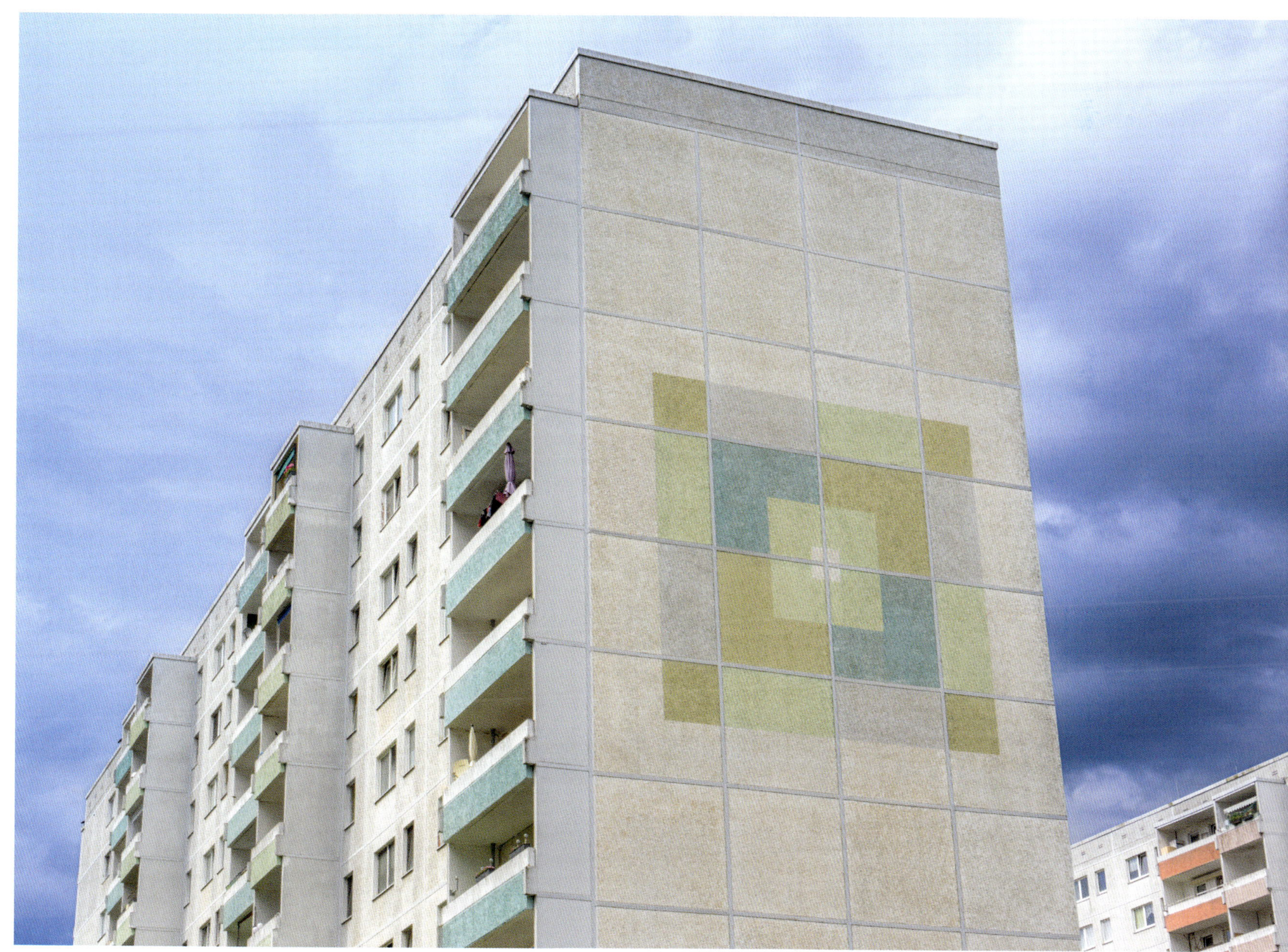

Familie über alles!

Andrea

Ich treffe Andrea inmitten der Marzahner Plattenbauten und sie erzählt mir, dass sie viel über deren Eigenheiten weiß. Denn sie arbeitet mittlerweile seit drei Jahren als Hausmeisterin in Marzahn und kümmert sich um die Gebäude und deren Bewohner und Bewohnerinnen. Sie beschreibt sich selbst als ehrlich, hilfsbereit und sagt, dass sie sich gerne für andere Menschen einsetzt. So hat Andrea nicht nur ein offenes Ohr für ihre Freunde und Familie, sondern auch für die Mieter, die sie betreut. Während ich sie für das Foto vor dem leuchtenden Grün der Bäume positioniere, berichtet sie mir, dass sie in ihrer Freizeit auch gerne Fotos macht, am liebsten von der Natur: »Hier, wo ich wohne, gibt es so viele schöne Motive!«

Andrea lebt seit 2000 mit ihrem Mann und ihrem Sohn in Marzahn und in dieser Zeit ist der Bezirk zu ihrer Heimat geworden. Sie genießt vor allem die viele Natur und das Grün in ihrer Umgebung und geht besonders gerne in den »Gärten der Welt« spazieren oder fährt mit dem Fahrrad durch die vielen Parks und Grünflächen. Außerdem liebt sie es, in der Vergangenheit zu forschen, um mehr über ihre Familie und deren Geschichte zu erfahren. Für die Zukunft wünscht sich Andrea vor allem, dass sie als Familie immer zusammenbleiben, denn die Familie ist für sie das Wichtigste.

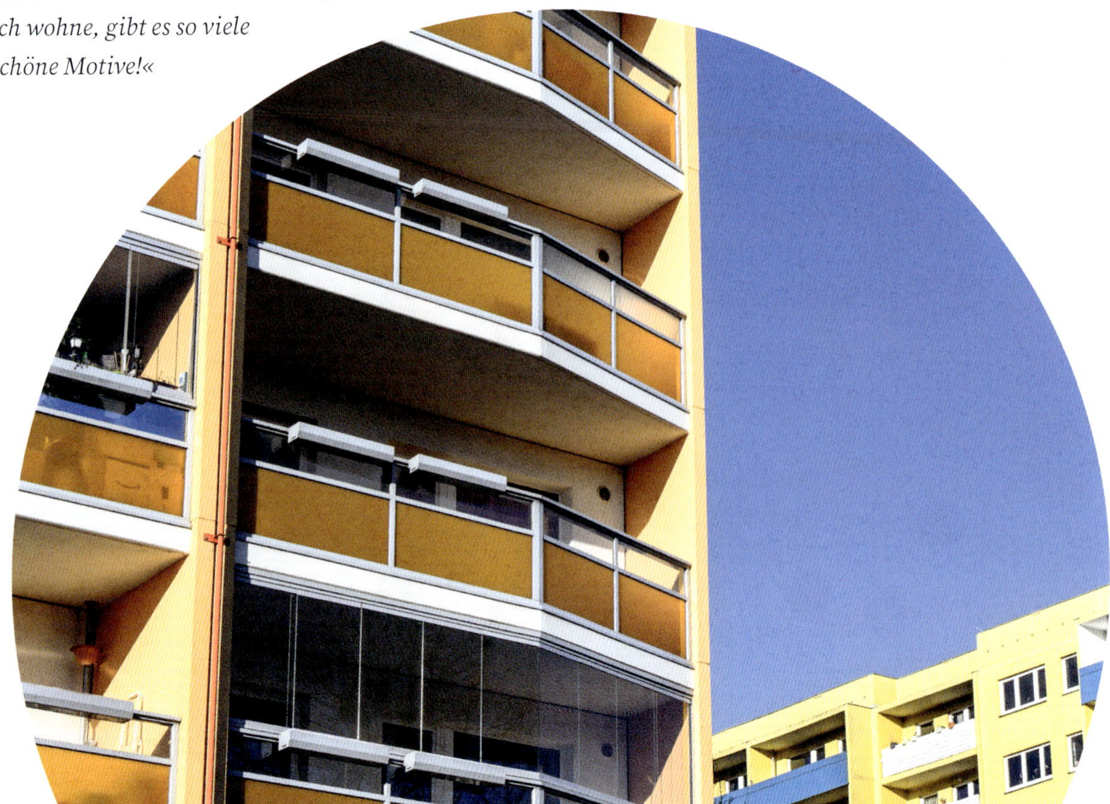

Als Hausmeisterin kennt sich Andrea gut aus mit den Gebäuden in Marzahn.

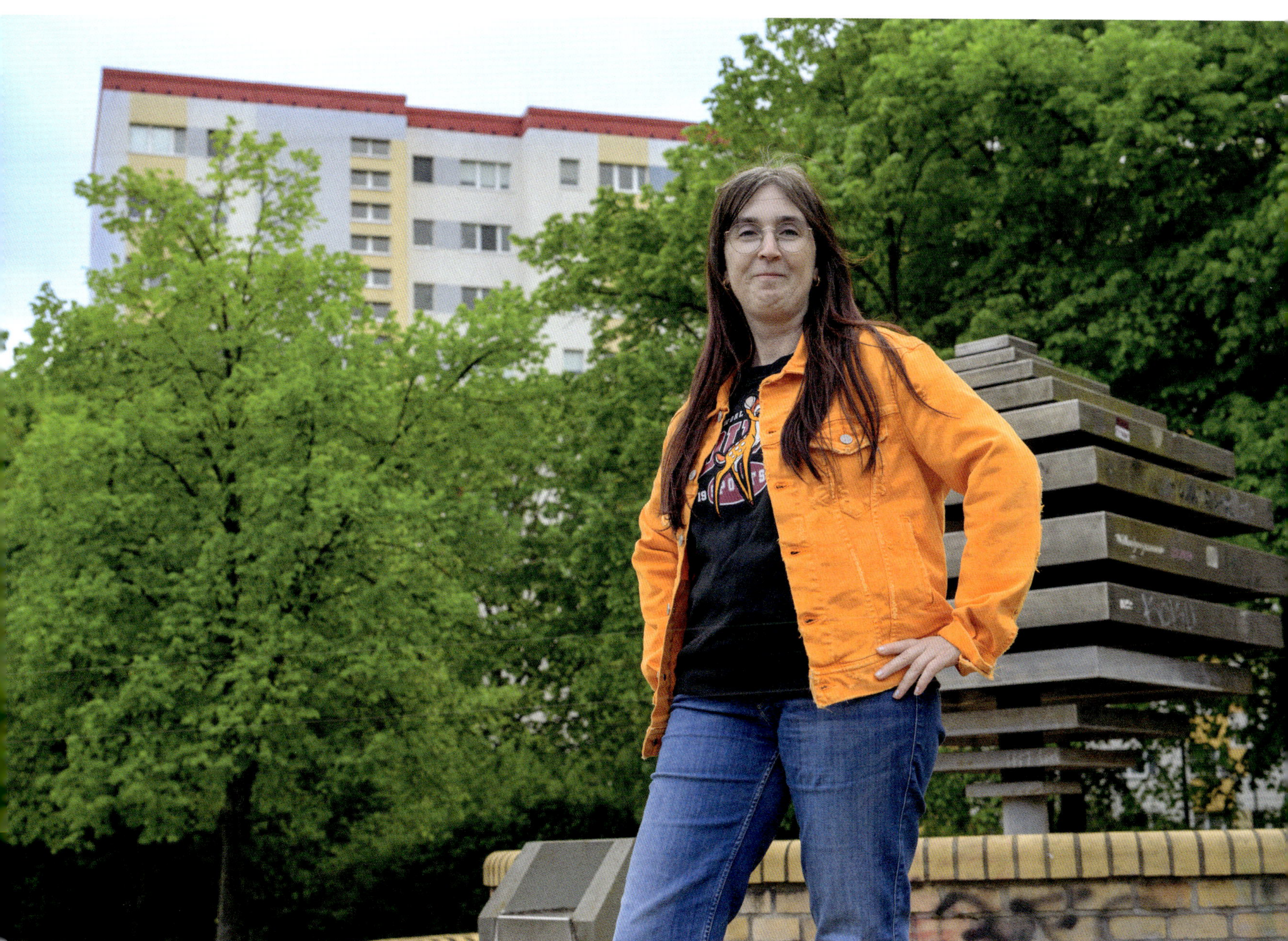

Andrea macht selbst gerne Fotos von schönen Marzahner Motiven.

Unbekannte Wege gehen

Christoph und Katinka

Wenn die meisten Menschen an Marzahn denken, denken sie an Hochhäuser, an Beton und an Plattenbau. Das dachte ich zuerst auch, wurde dann aber eines Besseren belehrt, als ich Christoph und Katinka kennenlernte, die in einem Einfamilienhaus in Marzahn-Süd wohnen. Tatsächlich lebt ein Drittel der Bewohner von Marzahn-Hellersdorf in den Einfamilien- oder Reihenhäusern der ehemaligen Dörfer Biesdorf, Mahlsdorf und Kaulsdorf. Es handelt sich um das größte zusammenhängende Siedlungsgebiet in Europa.

So eine Umgebung ist perfekt, um Kinder großzuziehen. Das finden auch Christoph und Katinka, die stolz ihre Zwillinge Liv und Thees, die gerade einmal sieben Wochen alt sind, im Arm halten.

Christoph und Katinka sind aus dem Ruhrpott zum Studieren nach Berlin gezogen. Marzahn stand zunächst nicht auf der Liste ihrer Lieblingsorte. »Um ehrlich zu sein«, sagt Christoph, »kannten wir es einfach nicht und haben uns von der schlechten Medienpräsenz leiten lassen.« Nach dem Studium hat sie der Wunsch nach einem eigenen Haus dann nach Marzahn geführt. Das hat ihre Einstellung nachhaltig und dauerhaft verändert und Marzahn ist zu ihrem Fixpunkt geworden. Hier genießen sie die Ruhe, das Grün und die vielen Spielplätze und Angebote für Kinder und Familien. Den richtigen Zugang zum kulturellen Leben haben sie allerdings noch nicht gefunden. Vor allem wünschen sie sich ein stärkeres Kiezleben mit Cafés, Eckkneipen und kleinen Läden.

Christoph erklärt mir, dass der Bezirk, wie ganz Berlin, seit einiger Zeit stark nachverdichtet wird. In vielen Freiräumen entstehen neue Wohnungen und so wird Marzahn immer bunter. Zunehmend junge Studierende ziehen hierher und auch viele Familien haben mittlerweile den Mehrwert Marzahns erkannt.

Christoph und Katinka lieben das Leben in so einem grünen Bezirk, in dem man hervorragend lange Spaziergänge machen oder joggen gehen kann. 2018 hat sich Christoph auf den Berlin-Marathon vorbereitet. Seine Laufstrecken führten ihn auf bekannten und unbekannten Wegen durch den ganzen Bezirk. So erkundete er viele neue und interessante Ecken und lernte seine Heimat immer besser kennen. Angeregt durch seine Entdeckungen hat er sich auch immer mehr für die Geschichte und Entstehung des Bezirks interessiert. Diesen Tipp möchte Christoph jedem mit auf den Weg geben: »Schuhe schnüren und unbekannte Wege gehen!« Seiner Meinung nach sollten alle Berliner einmal einen Ausflug nach Marzahn wagen und z. B. die Aussicht vom Kienberg genießen, die Geschichte im Bezirksmuseum erkunden oder ein tolles Barbecue an der Alten Börse genießen.

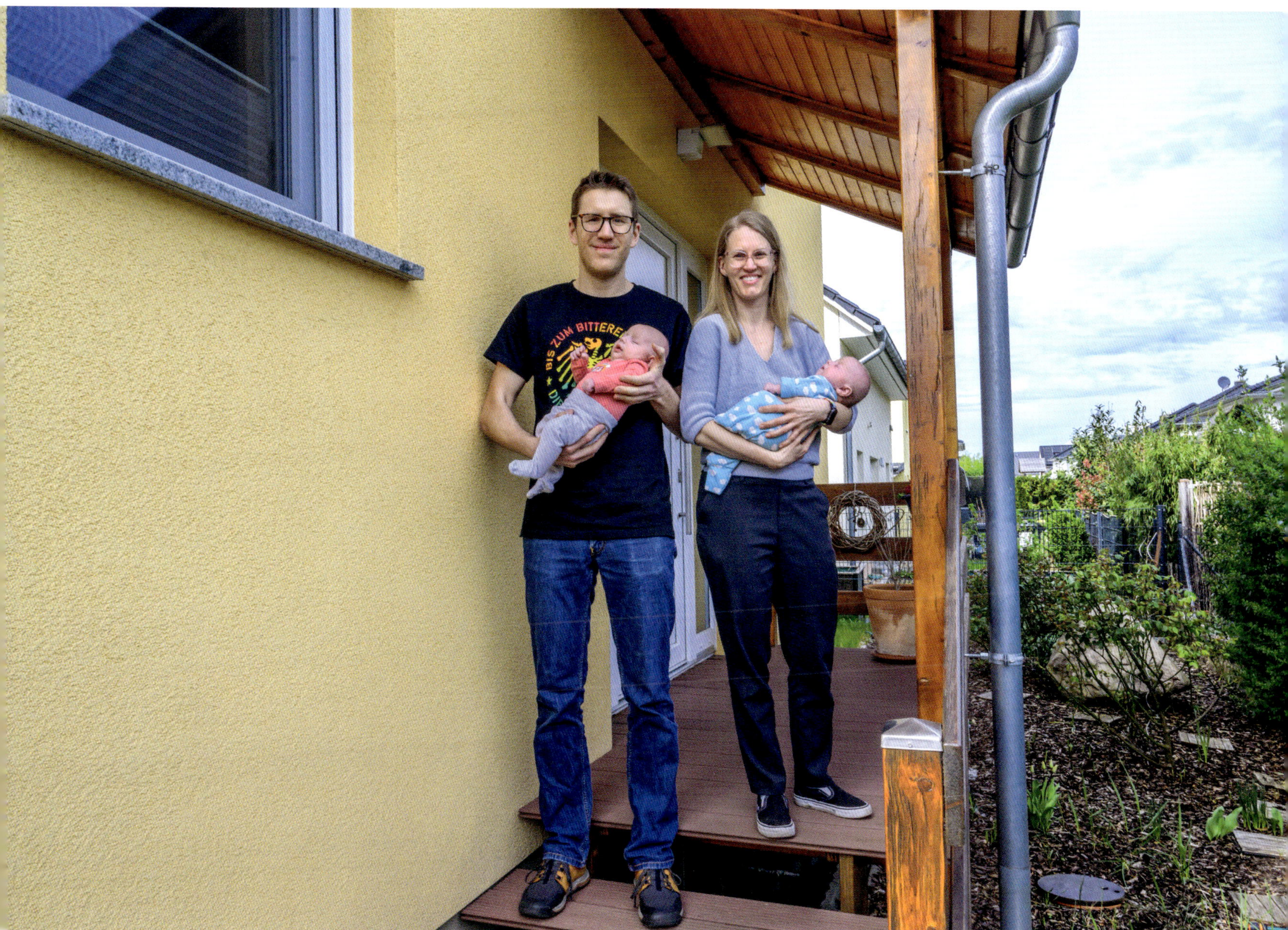

Die frischgebackenen Eltern Christoph und Katinka mit Liv und Thees.

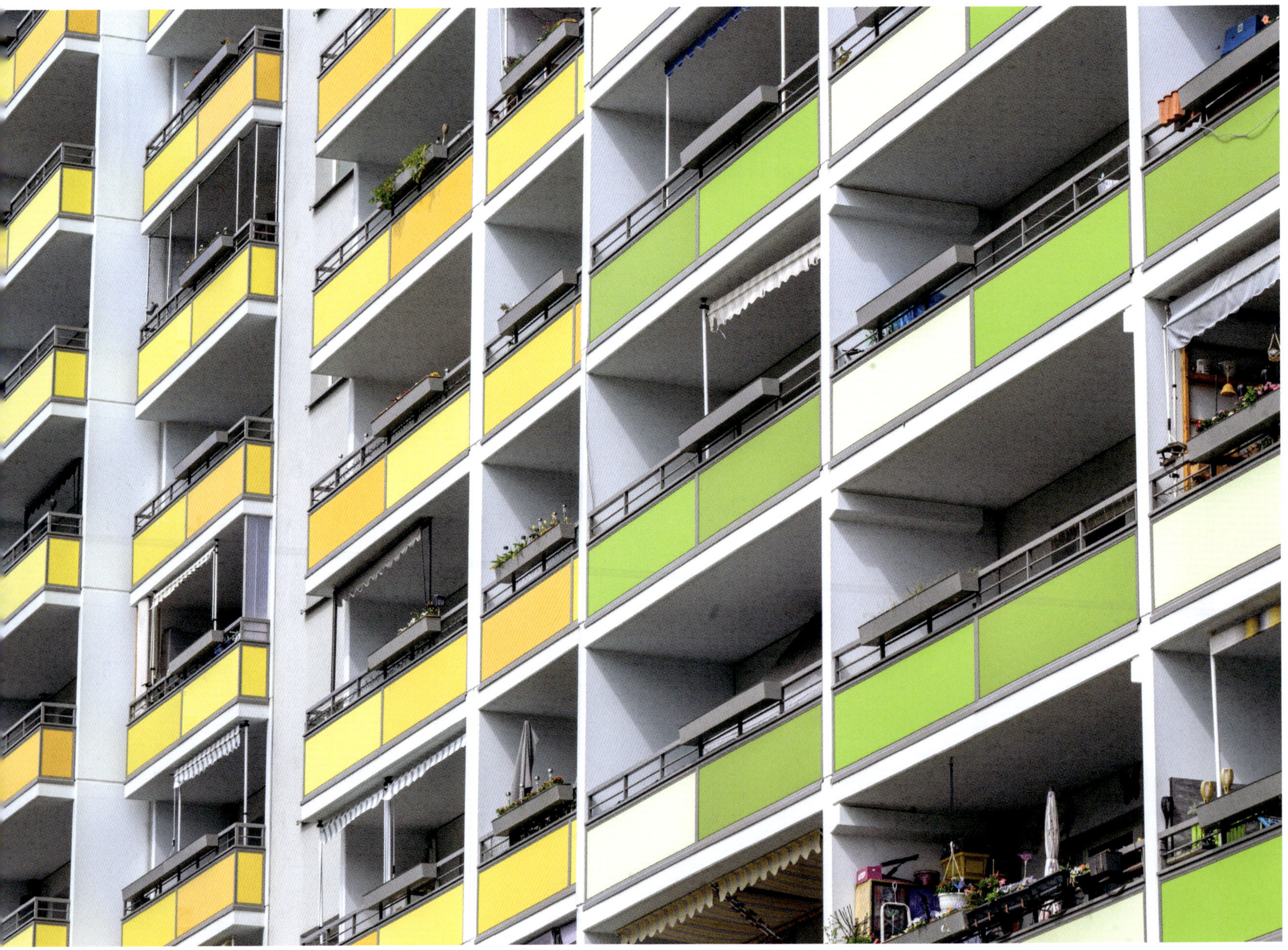

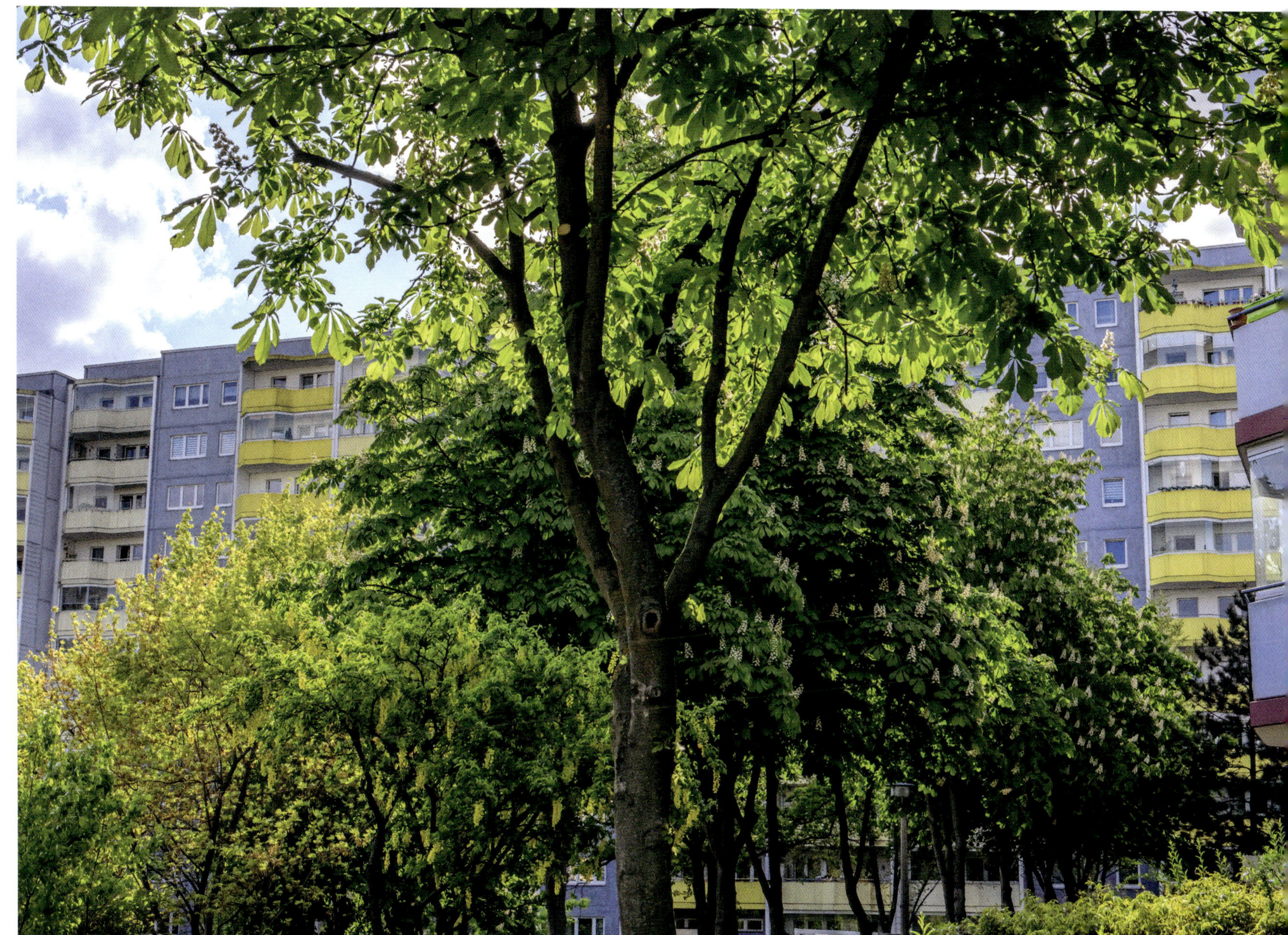

Marzahner fürs Leben!

Hildegard und Bernd

In der gemütlichen Wohnung werde ich vom Cocker Spaniel Wicky herzlich begrüßt. Die Wohnung ist mit vielen Erinnerungsstücken und Fotos versehen und man spürt, dass Hildegard und Bernd schon viele Jahre zusammen sind.

Die beiden lernten sich bei der Bahn kennen: Bernd war Wagenmeister und Hildegard Zugführerin. Später trat Bernd der Polizei bei, zunächst der Volkspolizei und nach der Wende der Landespolizei Berlin, wo er am Bahnhof Zoo und in Prenzlauer Berg Streife fuhr.

Nach der Rente sehnten sich beide nach einer neuen Aufgabe und zogen temporär mit Hund auf die brandenburgische Insel Töplitz, um sich der Arbeit und dem Leben als Hafenmeisterehepaar zu widmen. Bernd kümmerte sich um die Hafenarbeit und Hildegard um alles andere. Wenn sie über die Zeit nachdenkt, sagt sie: »Da war immer viel zu tun, aber es war auch eine schöne Zeit, in der wir zusammen sein konnten. Es gefiel uns, mit den Menschen im Hafen zusammen zu sein, und die Gäste kamen Jahr für Jahr wieder.« Beide genossen das Leben im Hafen und die Geselligkeit der Bootsinhaber.

Mit ihren zwei Söhnen und zwei Töchtern zogen Bernd und Hildegard 1988 nach Marzahn-West, einem Stadtteil, der kurz vor der Wende entstanden ist. Die Wohnung war ein Erstbezug und sie hatten sie aufgrund der Geburt ihres vierten Kindes bekommen. Mittlerweile sind beide im Rentenalter und drei der Kinder schon erwachsen und ausgezogen. Die Wohnung ist aber immer noch dieselbe und Hildegard und Bernd haben nicht vor, sie zu verlassen: Marzahner fürs Leben!

Jetzt im Alter hat Bernd gern seine Ruhe, er und Hildegard pendeln immer zwischen ihrem Bungalow bei Rheinsberg und ihrer Wohnung hin und her.

Gelegentlich verreisen sie auch: Im Sommer wird es mal wieder nach Dänemark gehen für 14 Tage, wohin wissen sie aber noch nicht: »Einfach mal sehen und das Internet durchforsten.« Anschließend leihen sie sich ein Wohnmobil aus und fahren mit den Kindern für drei Wochen nach Norwegen. Wenn alles klappt, wollen sie dort die Nordlichter sehen.

Über Marzahn erzählen mir die beiden: »Hier gibt es alles, was man zum Leben braucht, den ÖPNV haben wir direkt vor der Tür. Seit der Wende hat sich der Bezirk total verändert und das Klischee, dass es hier nur Plattenbauten gibt, gilt schon lange nicht mehr. Es wurde viel modernisiert oder auch neu gebaut. Als wir hergezogen sind, lebten hier vor allem viele Vietnamesen, jetzt sind wir noch mehr Multikulti geworden. Das Leben ist bunter in Marzahn.«

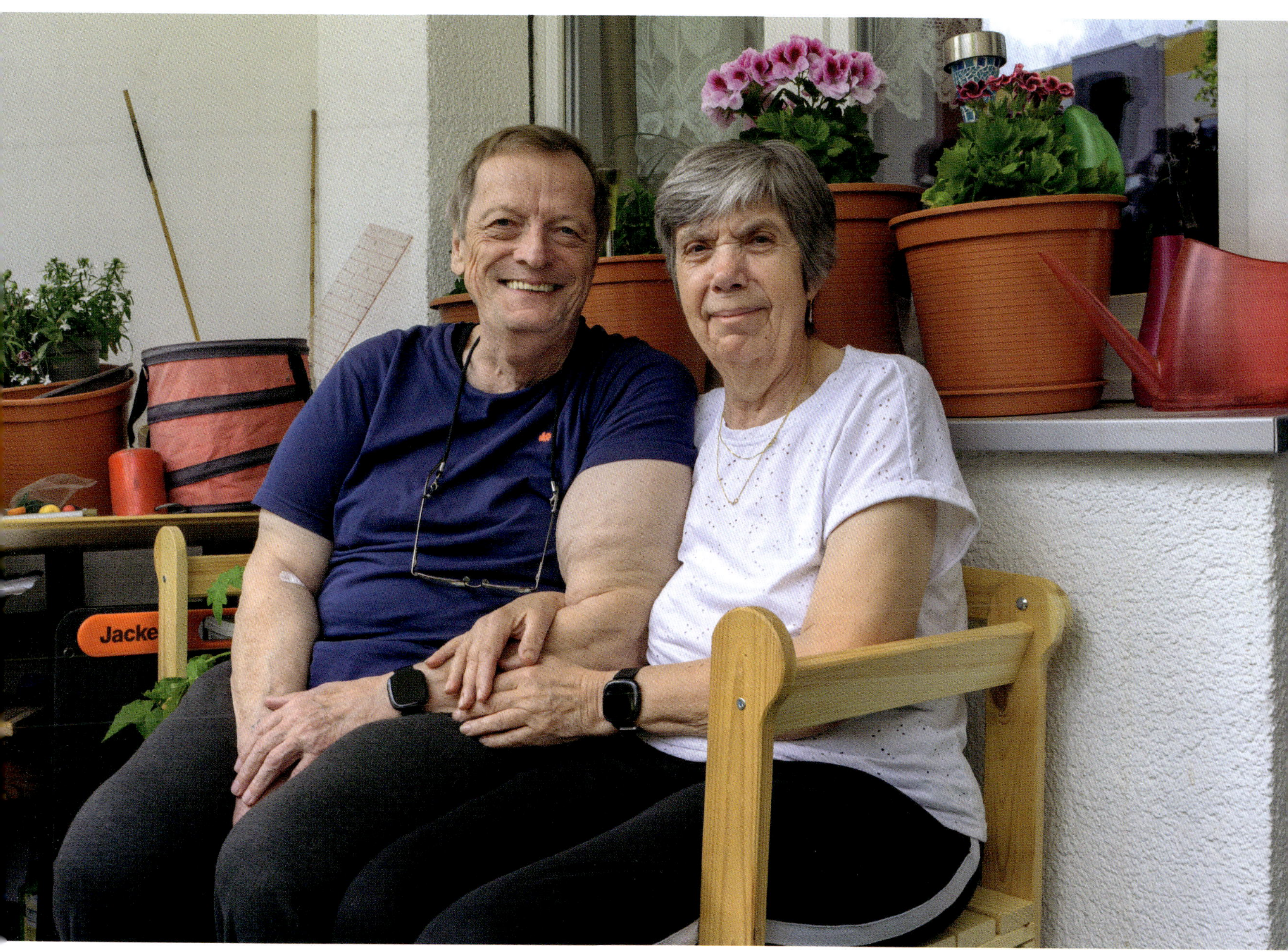

Bernd und Hildegard haben Marzahn vor und nach der Wende miterlebt.

Leben und Sterben in Würde

Carmen und Klaus-Jürgen

Carmen erzählt mir bei einer Tasse Kaffee in der Eastgate-Cafeteria, dass sie ehrenamtlich im Theodorus Hospiz Marzahn arbeitet und es ihr ein Anliegen ist, die Menschen dort so gut wie möglich zu unterstützen. Sie ist Rentnerin, hat drei Kinder und fünf Enkelkinder und ist eine glückliche Mutter. Dabei hat sie immer ein offenes Ohr für die Sorgen und Ängste der Anderen. Ihre Stimme hat eine besondere Wärme, während sie mir von ihrer ehrenamtlichen Arbeit erzählt: »Ich möchte, dass die Patienten ihr Leben bis zuletzt in Würde gestalten können. Für viele ist das vielleicht kurios, aber ich mache das sehr gerne. Ich will einfach nicht akzeptieren, dass eine kranke Person allein zu Hause sterben muss! Die Patienten sind dankbar und erzählen viel aus ihrem Leben in Marzahn. Der Bezirk wird dadurch noch liebenswerter und interessanter.«

Durch die Arbeit im Hospiz hat Carmen Klaus-Jürgen kennen gelernt. Er ist 68 Jahre alt und hat als Sozialarbeiter mit juristischen Kenntnissen und als Bezirksverordneter gearbeitet. Gemeinsam mit der Marzahner Bürgermeisterin, Dagmar Polle, hat er 2011 eine Beratungsstelle für Geflüchtete aufgebaut und sehr viel für die Nachbarschaft getan. Aufgrund einer schweren Erkrankung musste er jetzt aber in das Theodorus Hospiz umziehen.

Als wir den Kaffee ausgetrunken haben, beschließen wir, im Hospiz vorbeizuschauen, um Klaus-Jürgen zu besuchen. Wir setzen uns auf eine Bank im kleinen Park und er beginnt zu erzählen: »Ich bin sehr gut angenommen und das ganze Personal ist top – freundlich, kompetent und empathisch. Ich berate nach wie vor gerne Menschen, die Hilfe benötigen. Carmen achtet aber darauf, dass ich Pausen mache und mich nicht überlaste. Zu meinem Geburtstag hat sie sogar eine tolle Torte gebacken und eine sehr schöne Feier für mich organisiert. Es ist ein großes Geschenk, solche Leute an meiner Seite zu haben. Ich bin sehr dankbar!«

Nach unserem Besuch erzählt mir Carmen, wie dankbar sie darüber ist, hier ehrenamtlich helfen zu können: »Er ist ein sehr bescheidener Mensch, der mich beeindruckt, weil er trotz der schweren Erkrankung weiterhin Ratsuchenden zur Seite steht. Es ist für mich eine Ehre, ihn dabei zu begleiten und ich bin froh, dass ich ihm etwas zurückgeben kann.«

Das Treffen mit Carmen und Klaus-Jürgen war für mich trotz der Umstände sehr lebensbejahend. Gut zu spüren, dass es Menschen gibt, die Verantwortung übernehmen und sich gegenseitig helfen. Schließlich ist es das, worauf es ankommt.

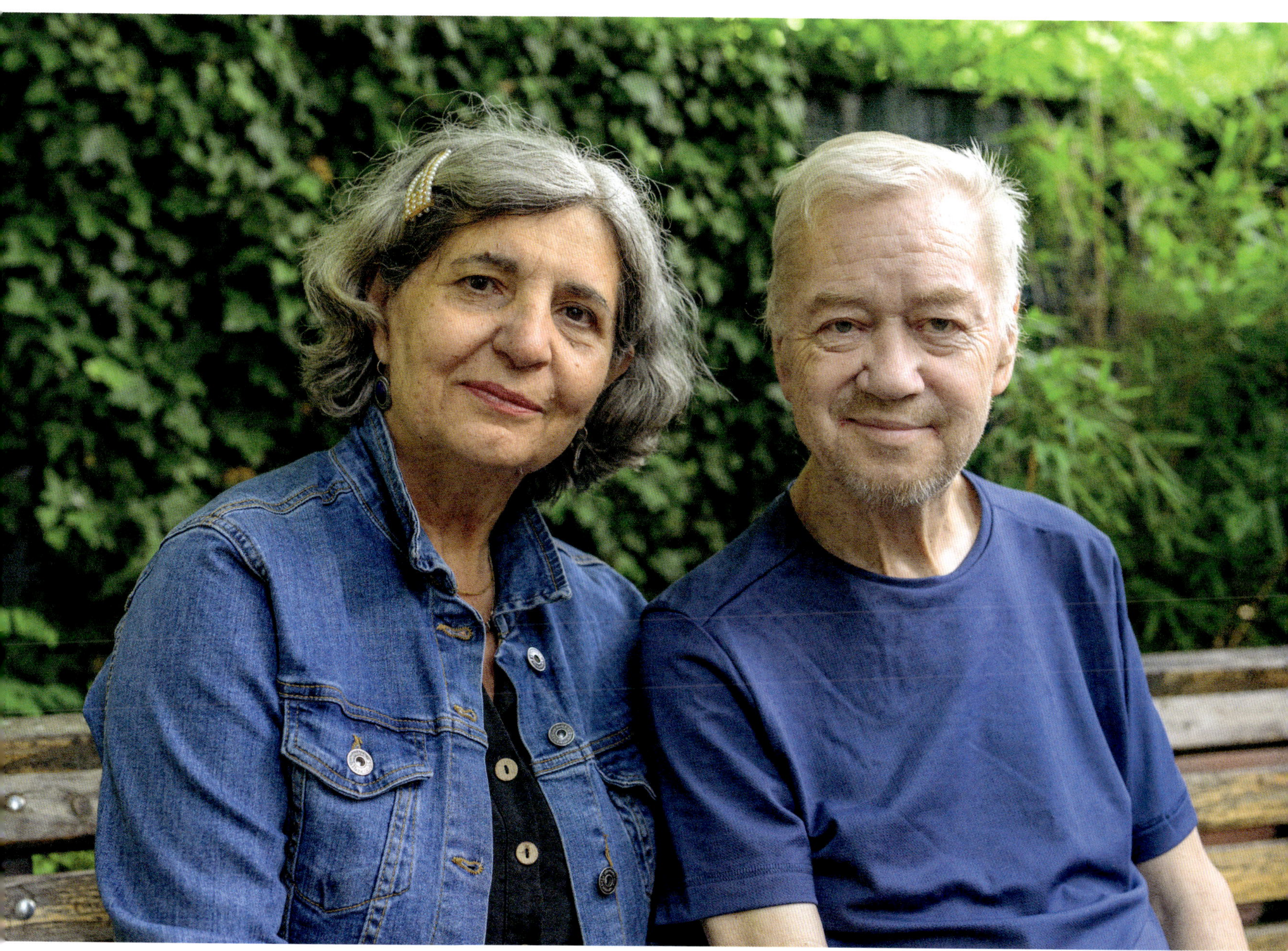

Carmen unterstützt Klaus-Jürgen im Theodorus Hospiz, wo sie ehrenamtlich arbeitet.

Mit Partyhüten gegen Negativität

Julia

Ich mache mit Julia einen Spaziergang rund um den Bürgerpark Marzahn. Unterwegs hält sie an, um ein Schaukelgerüst, bei dem eine Schaukel fehlt, zu fotografieren. »Ich halte das mal schnell fest, damit sich unsere Kollegen drum kümmern können«, erklärt sie mir. Als Sozialstadträtin ist Julia viel im Bezirk unterwegs. Sie berichtet mir stolz von den vielen professionellen Projekten, von der Kleiderstube bis zur sozialen Beratung, die sie ohne viel Bürokratie organisiert. Julia selbst sieht sich als liebevolle Beobachterin, die gern selbst mit anpackt, guten Kaffee trinkt und noch lieber unter kreativen, positiv denkenden Menschen ist. Wenn ihr Beruf es zulässt, liest sie Bücher von vorn bis hinten, arbeitet in ihrem Gemeinschaftsgarten oder fährt mit der Familie Fahrrad.

Wir kommen an einem neuen Hochhaus vorbei und Julia macht mich auf das Klingelschild aufmerksam: »Es ist immer interessant zu sehen, woher die Bewohner kommen.« Wir lesen slawische, vietnamesische, deutsche und arabische Namen. »Wie du siehst, leben hier viele verschiedene Nationalitäten friedlich Seite an Seite. Das ist es, was ich an Marzahn mag.«

Julia hat einen scharfen Blick für das Geschehen in der Nachbarschaft. Sie erzählt mir, dass sich in Marzahn in den letzten Jahren viel verändert hat. Der Bau des neuen Stadtbezirks hatte viele Hoffnung auf gutes Wohnen und moderne Infrastruktur geweckt. Marzahn war eine Vision, die mit der politischen Wende gestoppt wurde. Stillstand, Rückbau, Verlust von Nachbarn und Arbeit – bei vielen entstand eine große Phase der Traurigkeit und Enttäuschung. Manches davon ist hängen geblieben.

Aber gemessen am Jahr 2010 hat sich auch viel verändert: »Statt Leerstand gibt es nun Vollvermietung und viel mehr junge Leute. Der Zuzug von vielen Menschen aus Vietnam, dem osteuropäischen Raum und aus Kriegsgebieten ist ganz klar eine Herausforderung, aber auch eine Bereicherung. Viele von ihnen sind inzwischen selbst unternehmerisch tätig, sie fühlen sich hier wohl, zuhause und das ist wirklich eine gute Sache.« Während in Marzahn noch viele Senioren aus der Generation leben, die den Bezirk aufgebaut hat, wächst mittendrin schon die nächste Generation heran, die den Bezirk prägen wird.

Julia wünscht sich, dass wir unsere Aufmerksamkeit wieder mehr auf die ermutigenden Dinge richten: »Die Security bei unseren Ämtern am Eingang müsste eigentlich bunte Hüte tragen und alle herzlich mit einem Lächeln begrüßen. Wenn hier die jungen Familien im Gras sitzen und sich gegenseitig Tipps geben zu Wohnung, Mode, Arbeit, dann gibt mir das Kraft und ich freue mich umgekehrt, auch anderen Kraft zu geben.« Mir wird schnell klar, dass Julia echtes Interesse daran hat, was in der Nachbarschaft passiert und daran, wie sich die Menschen im Bezirk fühlen.

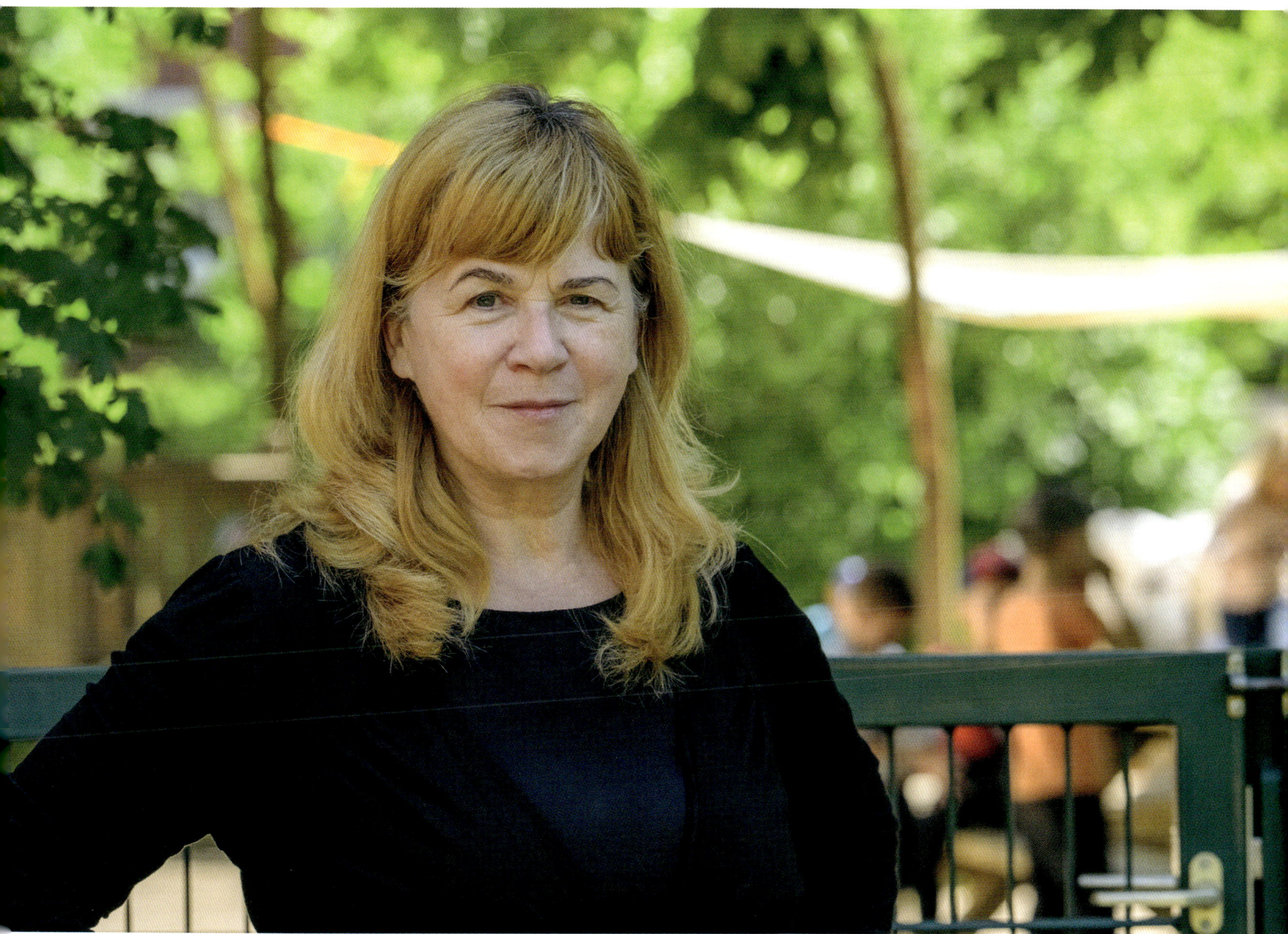

Stadträtin Julia ist gerne in Marzahn unterwegs.

Aber Haare könnse!

Mädels ohne Abitur

»Jetzt ruft Dänemark an«, höre ich die Stimme am Telefon. Ich habe dem Friseursalon mit dem großartigen Namen »Mädels ohne Abitur … aber Haare könnse!« geschrieben und jetzt übernimmt Ivonne das Telefon: »Ja, das ist völlig in Ordnung, wir würden gerne für dein Buch fotografiert werden. Wie wäre es mit Donnerstag nächste Woche? Bis dann, tschüühüüss.«

Den Friseursalon habe ich zufällig auf einem meiner vielen Streifzüge durch den Bezirk entdeckt. Ich habe mich immer darüber gewundert, welche lustigen Namen Friseursalons haben können, wie zum Beispiel: »Die Vier Haareszeiten«, »Drumhairum« oder »Haarkuna Ma Tata«. In Dänemark ist es genauso. Aber dieses Schild hat eine schöne Selbstironie, die ich sonst nirgendwo gesehen habe. Als ich Ivonne nach der Geschichte hinter dem Namen frage, antwortet sie, dass er schon auf den Vorbesitzer zurückgeht. »Wir kennen die Geschichte dahinter nicht genau, aber es ist sehr praktisch, da sich jeder direkt an uns erinnern kann.«

Ich habe die Idee, dass die Mädels für das Foto als Rock'n'Roll-Band auftreten sollten, mit Friseurwerkzeugen statt Gitarren und Trommelstöcken. Alle sind von der Idee begeistert und besorgen sofort Scheren, Kämme, Rasierer und Haartrockner, damit sie mit der richtigen Girlband-Attitüde posieren können.

Im Salon der »Mädels« arbeiten Ivonne und Simone, die Friseurinnen sind, mit Conny, die als Fußpflegerin arbeitet, und Diana, einer Nagelexpertin, zusammen. Die Umgangsformen im Friseursalon sind herrlich locker. Man sieht den vier Frauen den Spaß an, den sie bei ihrer Arbeit haben, und wird direkt von der guten Stimmung angesteckt. Ich habe das Gefühl, dass die Mädels sich gut kennen und frage, ob sie sich auch in ihrer Freizeit treffen: »Nicht wirklich, wir sind ja fast jeden Tag acht Stunden zusammen.«

Die vier Frauen sind waschechte Marzahnerinnen, die schon seit Jahrzehnten im Kiez verwurzelt sind. Sie erzählen, dass sie gerne im Bezirk arbeiten, da es hier sehr liebe und bodenständige Menschen gibt, mit denen man schnell ins Gespräch kommt. Als ich sie nach besondern Orten in Marzahn frage, erzählt mir Ivonne von der Marzahner Mühle, in der sie ihren Mann geheiratet hat. Alle sind sich einig, dass es hier viele grüne Oasen gibt, wo man sich gut zurückziehen kann, um zu entschleunigen. Sie finden, dass Marzahn in den letzten Jahren kultureller, weltoffener, schnelllebiger und hektischer geworden ist. »Marzahn ist die perfekte Mischung aus Entspannung, Shoppen und Kultur!«

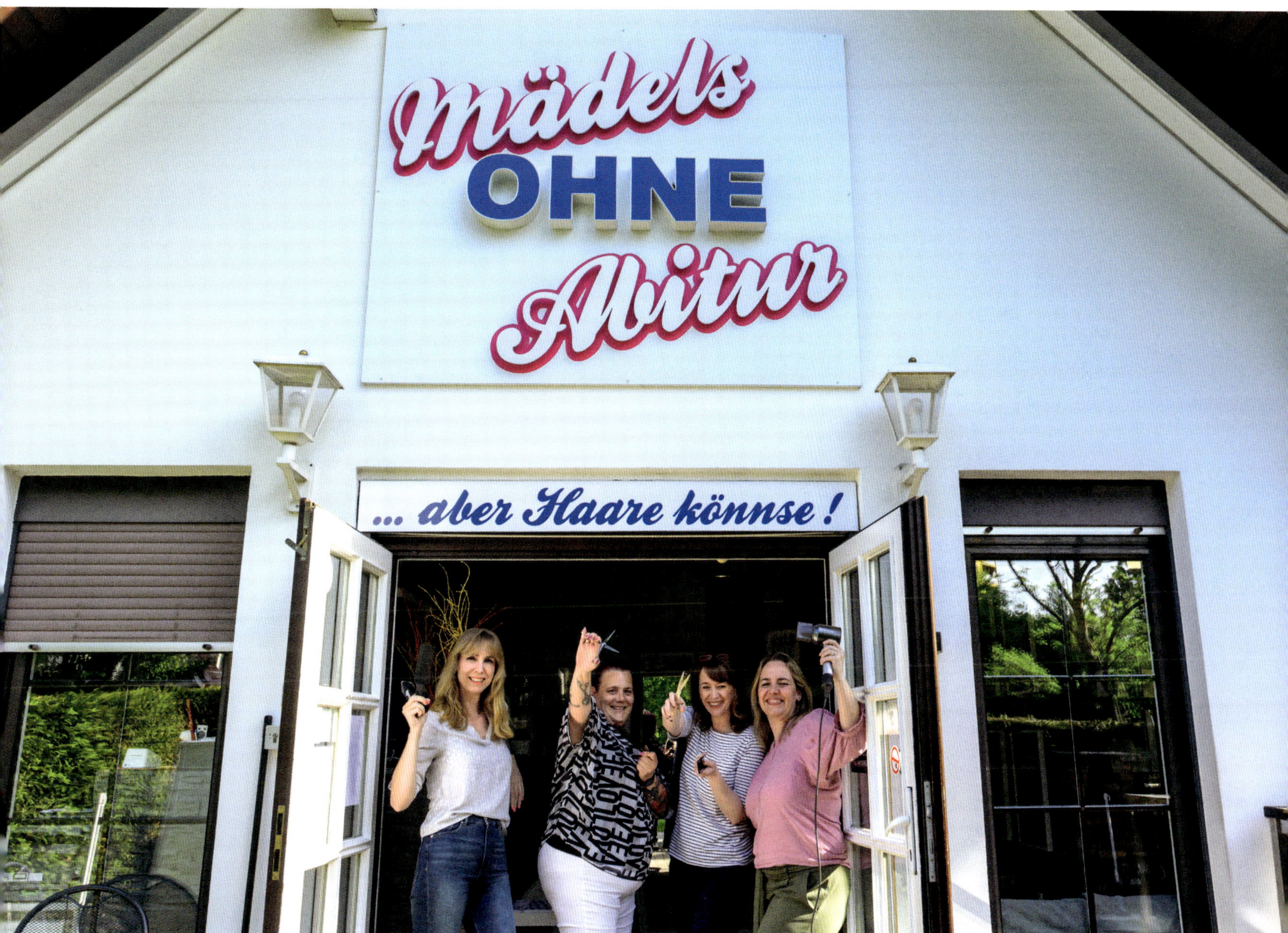

Conny, Simone, Ivonne und Diana haben viel Spaß miteinander.

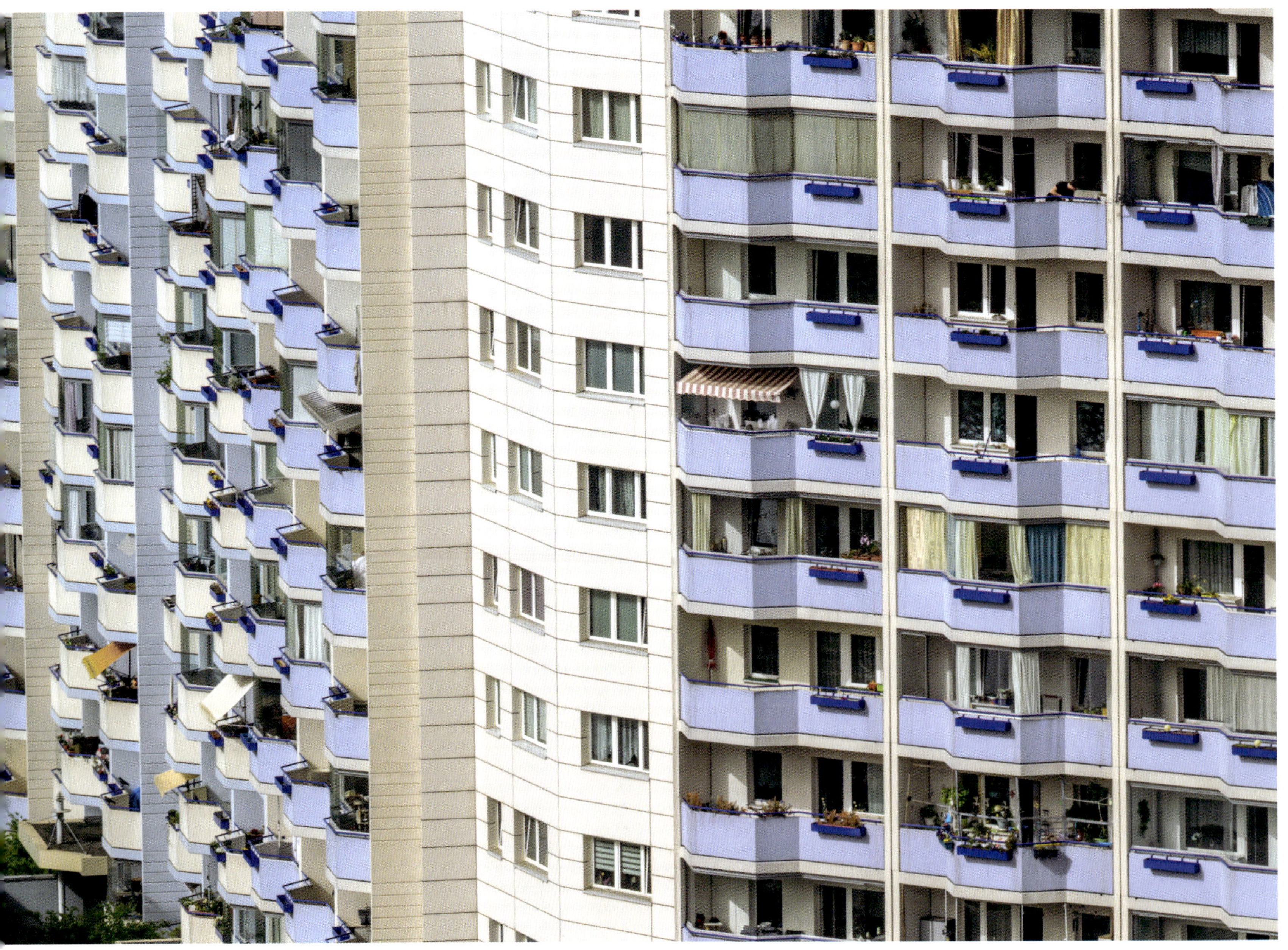

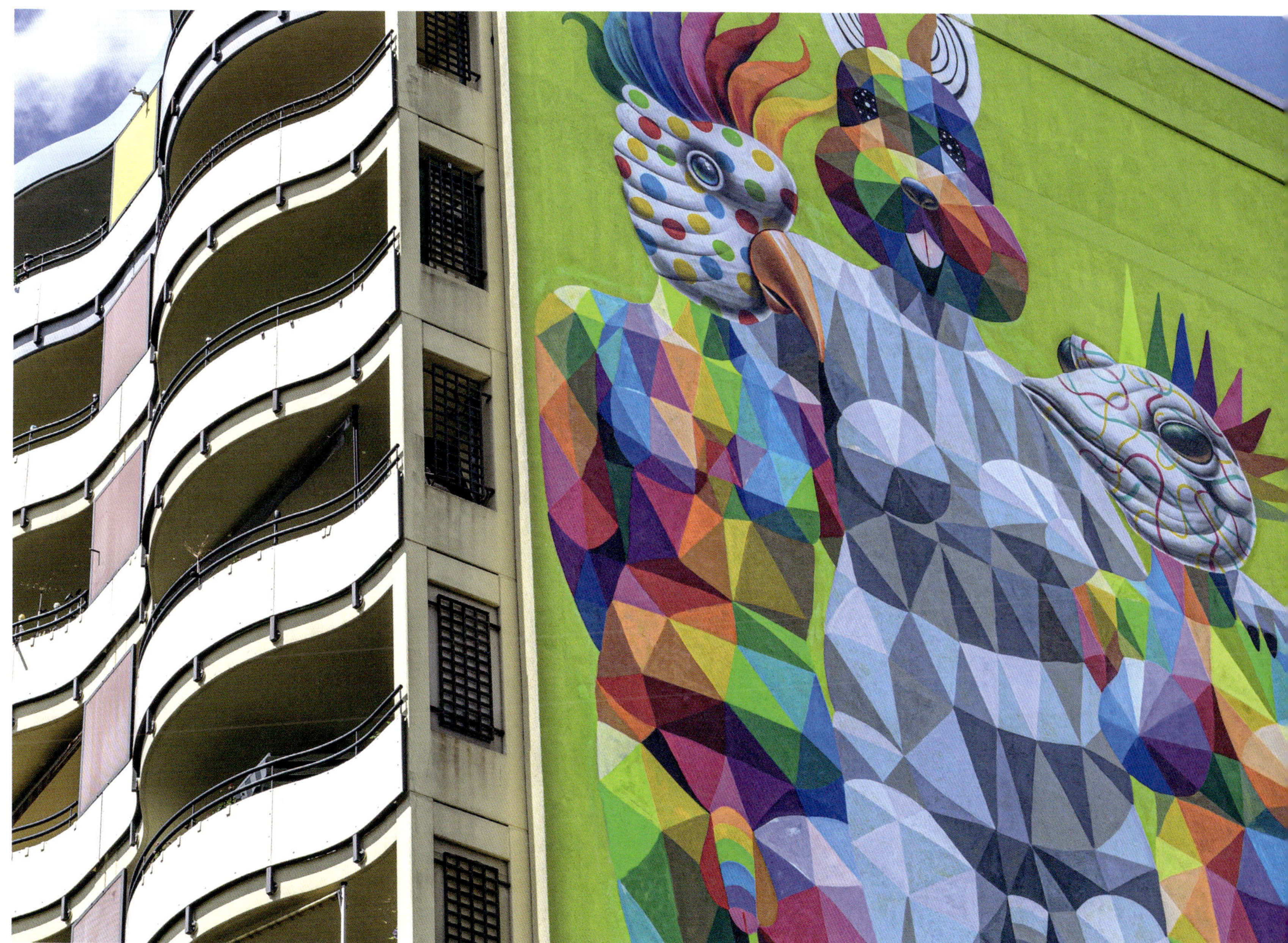

Marzahns Vorzeigestadtplanung

Karin und Andreas

Ich bin von Karin und Andreas in ihre Wohnung eingeladen worden. Sie sind beide Rentner und leben seit 1979 in Marzahn. Sie zogen damals zusammen mit ihren beiden kleinen Söhnen ein. Karin erinnert sich an die Zeit: »Der ›Große‹, damals gerade mal zwei Jahre alt, half schon mit, den Mutterboden in den Vorgärten zu verteilen. So konnten schnell Sträucher und Blumen gepflanzt werden. Die wenigen Bäume waren bei den Bauarbeiten weitgehend belassen worden und wurden nun durch schnell wachsende Pappeln und andere Bäume ergänzt. Von Süden nach Norden wuchs mit den Wohngebieten ein Grüngürtel – von der Plansche über den Springpfuhlpark und den Sonnengarten zum Dorf Marzahn. Die Spielplatzlandschaft ist heute vielfältiger geworden und nach ›Wanderungen‹ leben auch unsere Söhne mit ihren Familien (wieder) im Bezirk.«

Andreas war über 40 Jahre in der Wasser- und Schifffahrtsverwaltung tätig und Karin als Architektin bei der Bauakademie der DDR im Institut für Wohnungs- und Gesellschaftsbau. Ich frage Karin, ob sie heute durch die Stadt gehen und sich Gebäude ansehen kann, an deren Entstehung sie mitgewirkt hat. Sie antwortet, dass sie in der DDR an den Grundlagen für barrierefreies Bauen und Gemeinbedarfseinrichtungen gearbeitet und nach der Wende im eigenen Planungsbüro überwiegend im Bestand (weiter- und um-)gebaut hat. Wichtig ist dabei laut Karin, dass es für alle Kinder wohnortnahe Kitas und Schulen mit genügend Erziehern und Lehrern gibt und ausreichend Ärzte im Bezirk praktizieren. Sie bemängelt, dass die früheren Polikliniken, in denen man wohnortnah in einem Haus alle wichtigen Fachärzte, Labors und Radiologen fand, zerschlagen worden sind, sodass man heute weite Wege hat.

Marzahn war damals sehr nachhaltig als »Stadt der kurzen Wege« konzipiert und gebaut worden, erklärt sie mir. »Diese komplexe, wirtschaftliche und klimagerechte Planung war so offenbar nur im Sozialismus mit dem gesellschaftlichen Eigentum an Grund und Boden sowie an den wesentlichen Produktionskapazitäten möglich. Heute verteidigen wir mit vielen anderen Bürgern diese Qualitäten so gut es geht. Das betrifft auch die notwendige Instandhaltung und Instandsetzung der Wohnhäuser – zu DDR-Zeiten aus Kapazitätsgründen vernachlässigt, siegt heute oft die Profitgier der Eigentümer. Besser wirtschaften da die Genossenschaften. Die Gemeinwesenorientierung, wie sie z. B. in Wien vorgelebt wird, wäre auch in Berlin notwendig.«

Ich kann es mir nicht verkneifen, sie zu fragen, ob sie die DDR vermisst? »Wir haben für sie gebrannt, vermissen sie nicht im Ganzen, aber doch Etliches aus der Zeit. Wir hätten sie gern umgestaltet, weiterentwickelt, langfristig auch in einem gemeinsamen (föderalen) Deutschland. Was uns heute am meisten stört, ist das Salonfähigmachen von Kriegen, das weitgehende Ignorieren des Klimawandels und die wachsende Kluft zwischen Arm und Reich.«

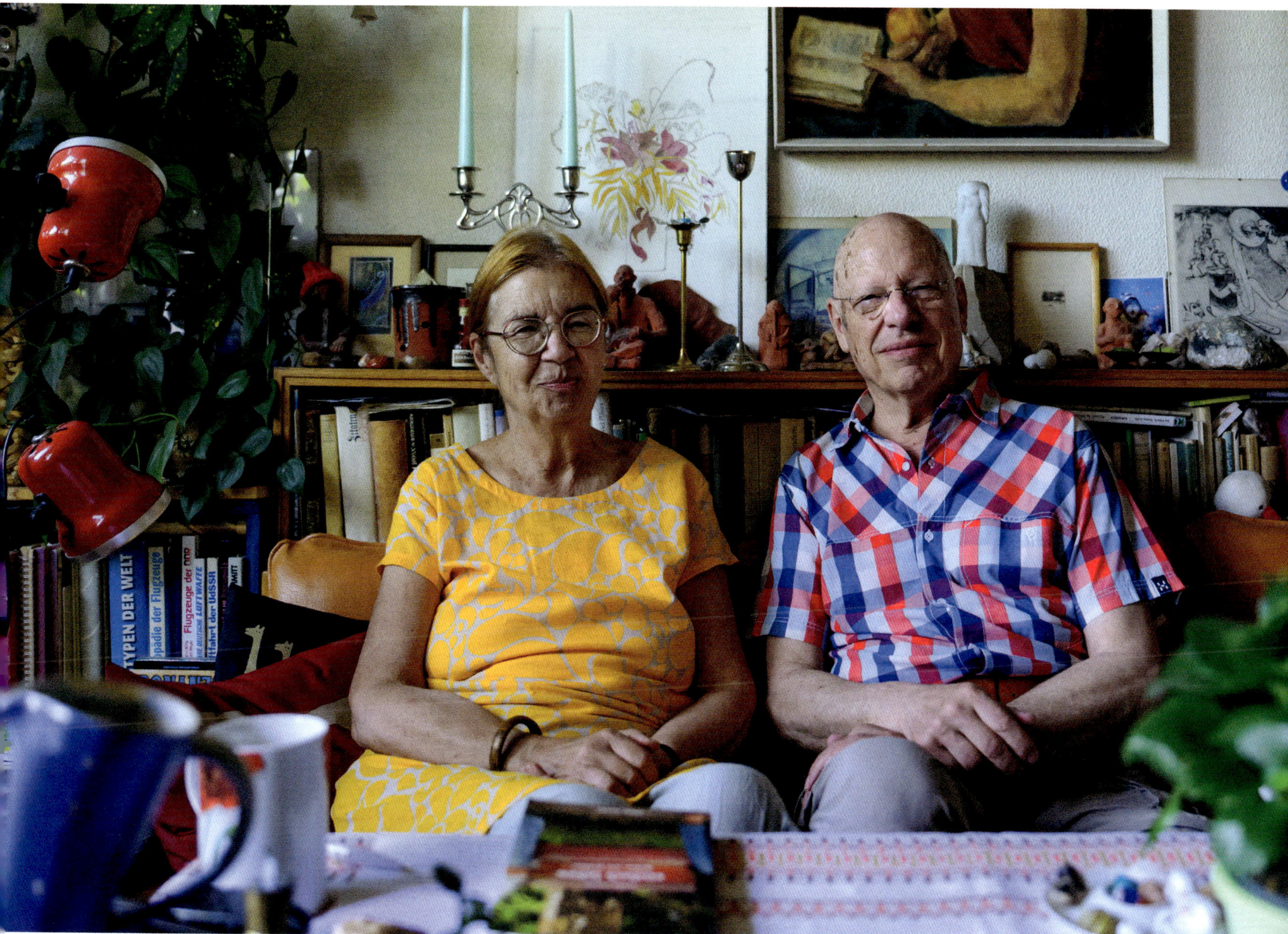

Karin und Andreas laden mich ein in ihre gemütliche Wohnung.

Europäische Heimat

Mascha

Mascha ist 20 Jahre alt und besucht seit 2011 die Internationale Lomonossow-Schule in Marzahn. Wir treffen uns in dem grünen Garten vor dem Hauptgebäude zusammen mit ihren beiden Mitschülern Alexander und Julia. Alle drei absolvieren gerade die letzten Abitur-Prüfungen und müssen daher nach dem Fotoshooting schnell wieder los, um zu lernen.

Die bilinguale Schule gab Mascha die Möglichkeit, sowohl die deutsche Sprache und Kultur als auch die russische vertieft kennenzulernen. Dank der Schule hat sie ein großes Interesse für die Literatur beider Länder entwickelt.

Maschas Lieblingsfächer sind Mathematik und Sport. Daher hat sie sich auch dafür entschieden, Mathe noch vertiefter im Leistungskurs zu lernen. Die Entscheidung, was sie nach dem Abitur machen möchte, hat sie noch nicht getroffen. Sie erzählt: »Da ich eine fleißige Schülerin bin, sind mir die Türen in relativ unterschiedlichen Studiengebieten wie Jura, Medizin, Biotechnologie oder Theaterwissenschaft geöffnet. Es ist eine schöne und gleichzeitig schwierige Zeit des Abwägens, in der man sein Leben für die kommenden Jahre bestimmt.«

Mascha liebt an Marzahn vor allem, dass es so schön ruhig und friedlich ist, ganz anders als »das hektische Party-Berlin«, findet sie. Aber trotzdem stört sie die begrenzte Auswahl an Jugendangeboten hier: »Es gibt kaum Clubs oder Orte, an denen man als junger Mensch richtig auf seine Kosten kommt. Das ist echt schade und frustrierend. Manchmal fühle ich mich, als würde der Bezirk die Bedürfnisse der jungen Leute hier einfach übersehen. Es ist wichtig, dass es mehr Möglichkeiten gibt, sich auszuleben und gemeinsam Spaß zu haben. Ich hoffe nur, dass sich die Situation in Zukunft verbessert.«

In ihrer Freizeit liest Mascha gerne oder beschäftigt sich mit Musik, Kunst und Theater. Sie besucht häufig die kulturellen Einrichtungen Marzahns. Außerdem treibt sie viel Sport, im Sommer sind die Parks Marzahns ideal für ihr Ausdauertraining, erklärt sie mir. Am liebsten geht sie schwimmen. Diesen Sommer, nach dem Abi, möchte Mascha gerne Europa und seine vielen verschiedenen Kulturen näher erforschen, also viel reisen und neue Menschen kennenlernen: »Das bringt mich dieser Welt näher und macht Europa zu meiner Heimat.«

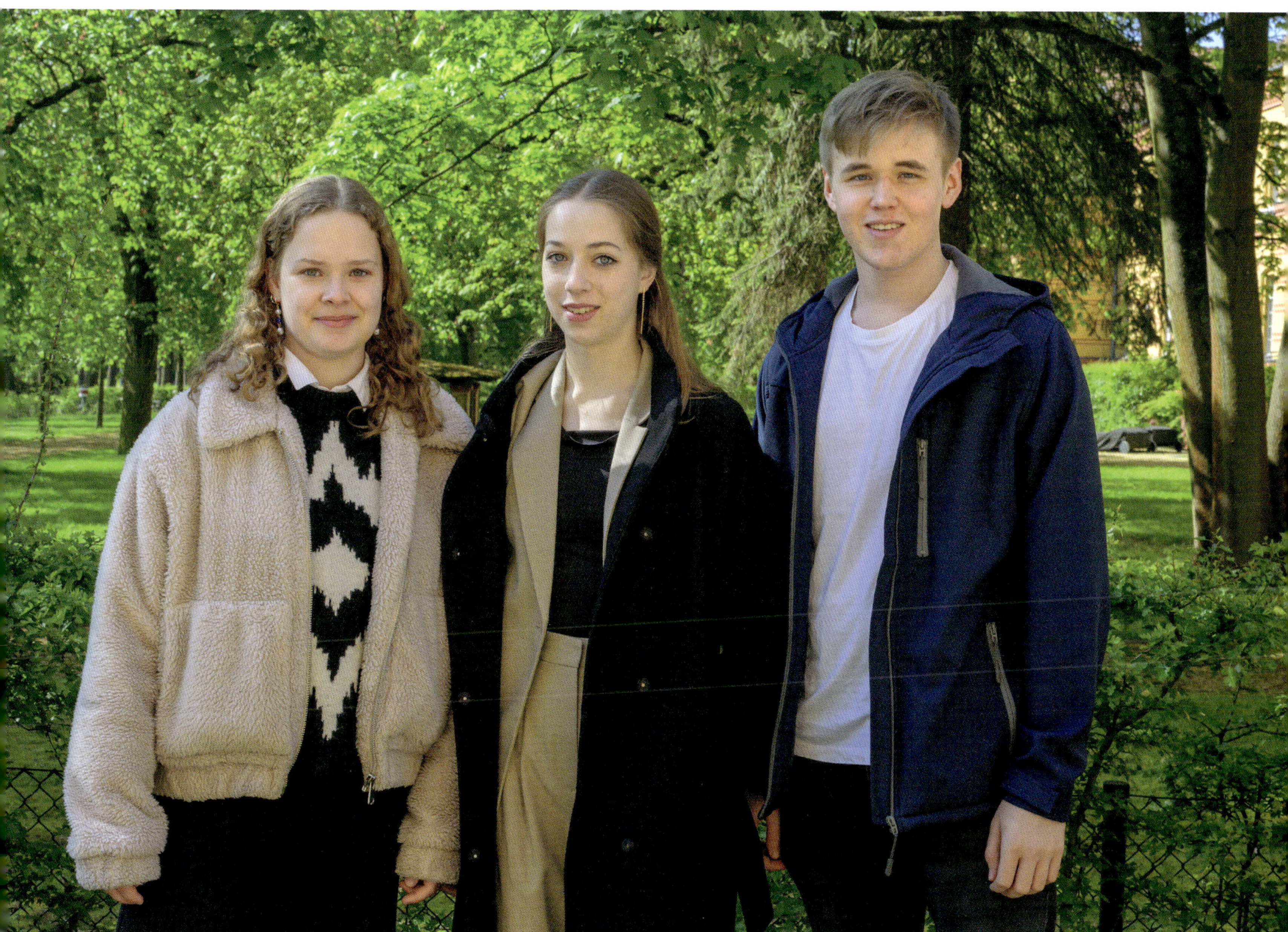

Mascha, Julia und Alexander lernen fleißig für das Abitur.

Mehr miteinander statt gegeneinander

Daniela

Daniela möchte mir die Ahrensfelder Berge zeigen, die nahe der Stadtgrenze zu Brandenburg liegen. Sie kommt oft hierher, um die Natur zu genießen. Der Weg den Hügel hinauf ist ganz schön anstrengend, aber es lohnt sich: Die Aussicht über die Stadt ist fantastisch.

Oben angekommen können wir einen Raubvogel beobachten, der auf der Suche nach Mäusen in der Luft kreist. Daniela erzählt mir, dass es hier draußen viele verschiedene Tiere gibt, z. B. ein Wildschweinpärchen, das sie schon mehrfach gesehen hat. Sie weiß auch viel darüber, was sich unter all dem schönen Grünen verbirgt, vom Küchenabfall bis zum Dach der Turnhalle ihrer ehemaligen Schule, denn der Berg ist aus einer ehemaligen Bauschuttkippe entstanden. Daniela hat diese Entwicklung aus nächster Nähe mitverfolgen können, da sie direkt neben den Ahrensfelder Bergen aufgewachsen ist.

»Leben bedeutet Veränderung. Veränderungen des Systems, der Regeln und auch in der Umgebung«, sagt sie. Als Kind spielte sie oft auf der Müllkippe im Dreck und Abfall, der aus der Innenstadt herangefahren wurde. Heute ist diese Müllkippe ein Erholungsgebiet mit Aussichtsplattform und bietet unzähligen Tieren eine Heimat. Im Sommer bringt sie oft ihren Schlafsack mit nach oben, um sich dort hinzulegen und den nächtlichen Sternenhimmel zu genießen.

Daniela lebt in Marzahn seit der Zeit, als es noch keine Straßen gab und die Straßen und Wege nur aus Matsch bestanden. Damals trugen alle im Bezirk Gummistiefel: »Für uns Kinder ein großer Spaß«, erinnert sie sich lächelnd. Sie ist in Marzahn aufgewachsen und verwurzelt, aber eines Tages hatte sie doch das Gefühl, von dem Grau der Hochhausschluchten erdrückt zu werden, und zog in das benachbarte Kaulsdorf. Es dauerte gerade mal zwei Jahre und sie zog wieder zurück in ihren Kiez, »nach Hause«. Sie sagt, dass man in Marzahn die meisten Ur-Berliner antrifft, von denen es nur noch wenige gibt, hier kann man noch so richtig Berlinerisch sprechen.

Dank ihres grünen Bezirks ist Daniela sehr naturverbunden und tierlieb geworden. Sie kümmert sich oft um Tiere, die kein Zuhause haben, und sagt von sich, dass sie mit den Tieren besser zurechtkommt als mit unserer aktuellen Gesellschaft. Denn genau wie die Umgebung verändern sich auch die Menschen, sie nimmt in den letzten Jahren immer mehr Egoismus, Intoleranz und zu viel Hass wahr: »Ich wünschte, wir wären besser für einander da. Das fängt beim Nachbarn an, mal zu fragen, wie es denen geht oder ob man behilflich sein darf. Ein altes Sprichwort besagt: ›Um ein Kind zu erziehen, bedarf es eines ganzen Dorfes.‹ Das sind Werte, die aktuell in Vergessenheit geraten. Mein Traum für Marzahn wäre: mehr miteinander statt gegeneinander.«

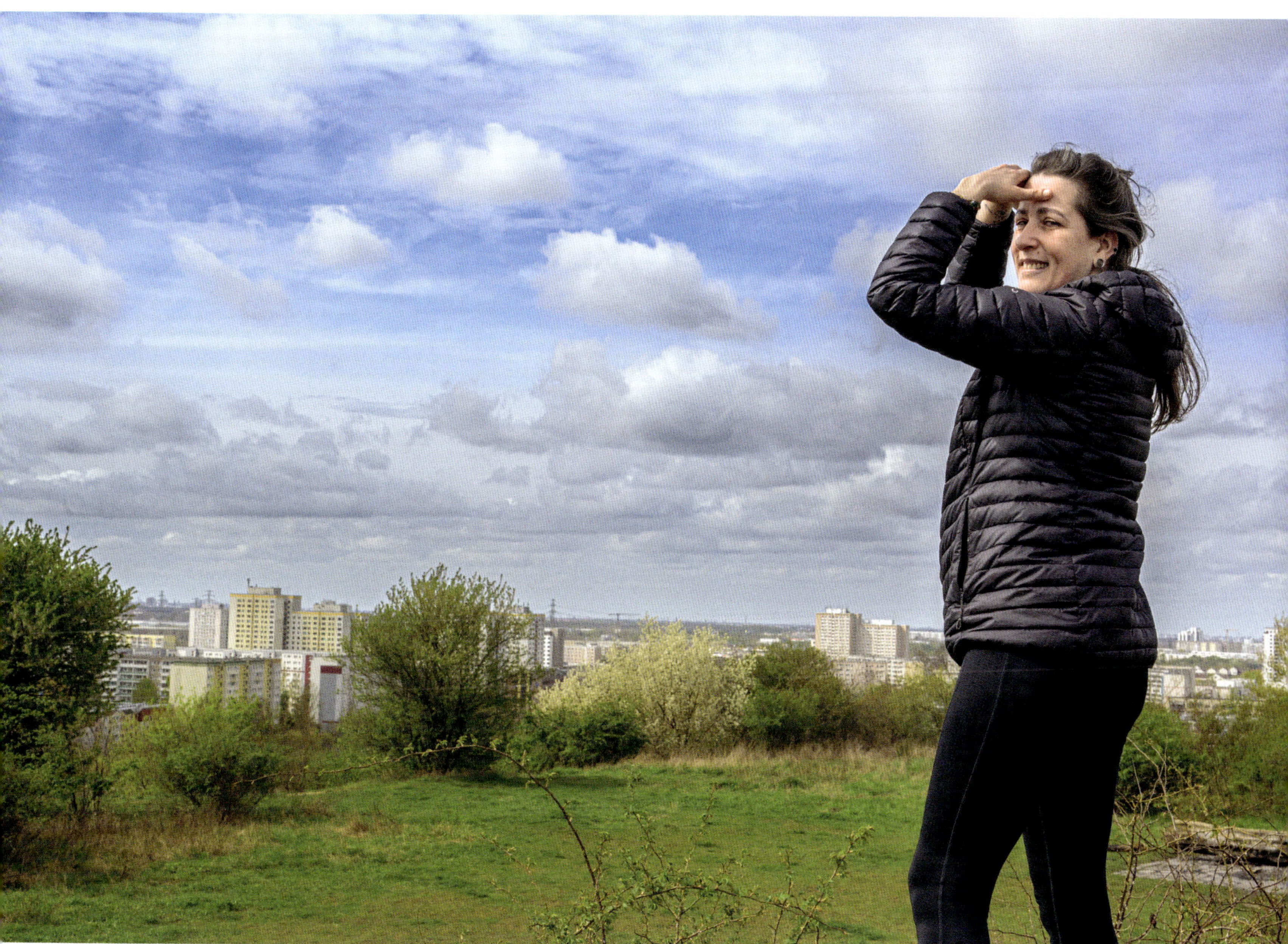

Daniela beobachtet gerne die Tiere in den Ahrensfelder Bergen.

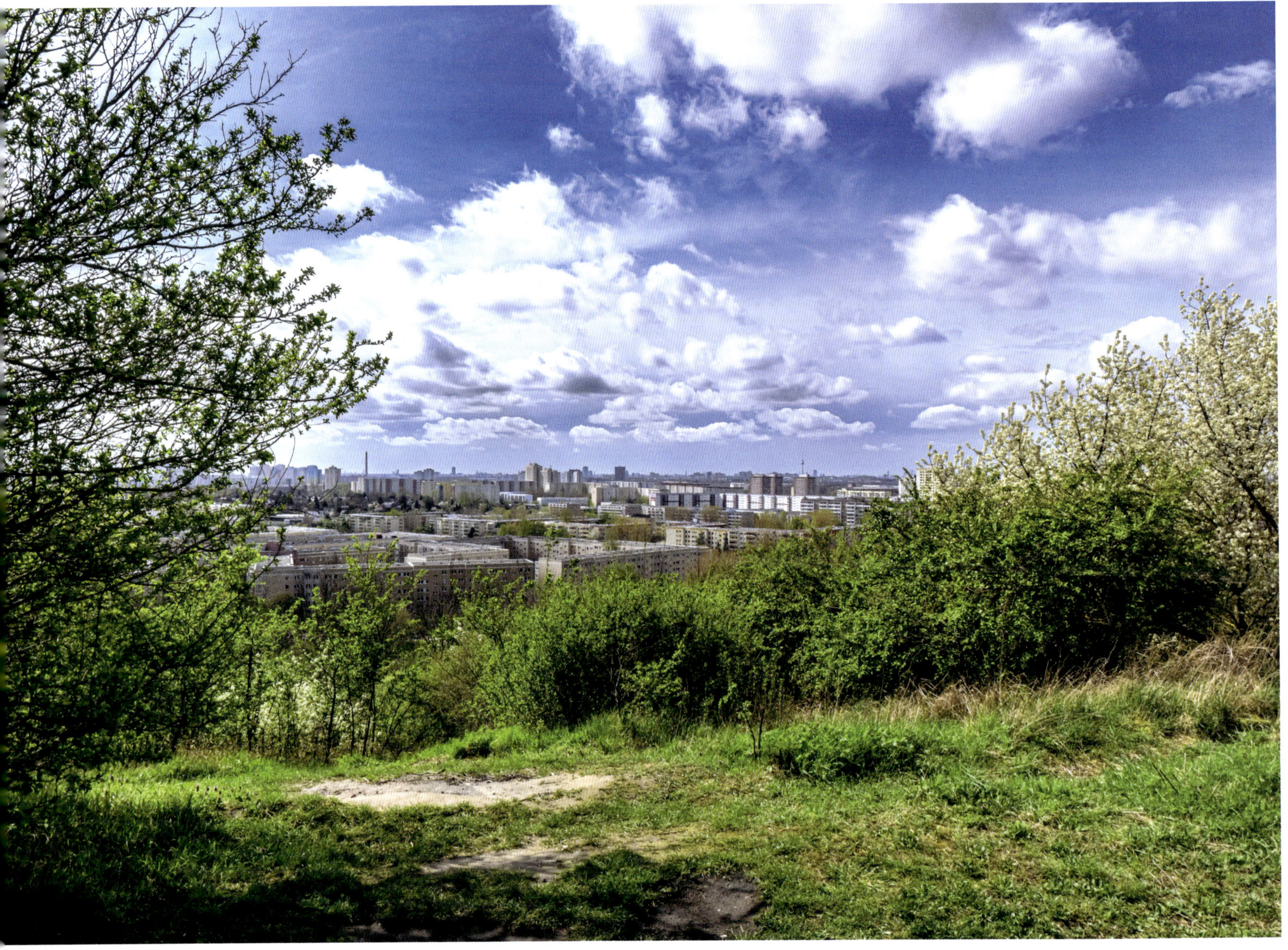

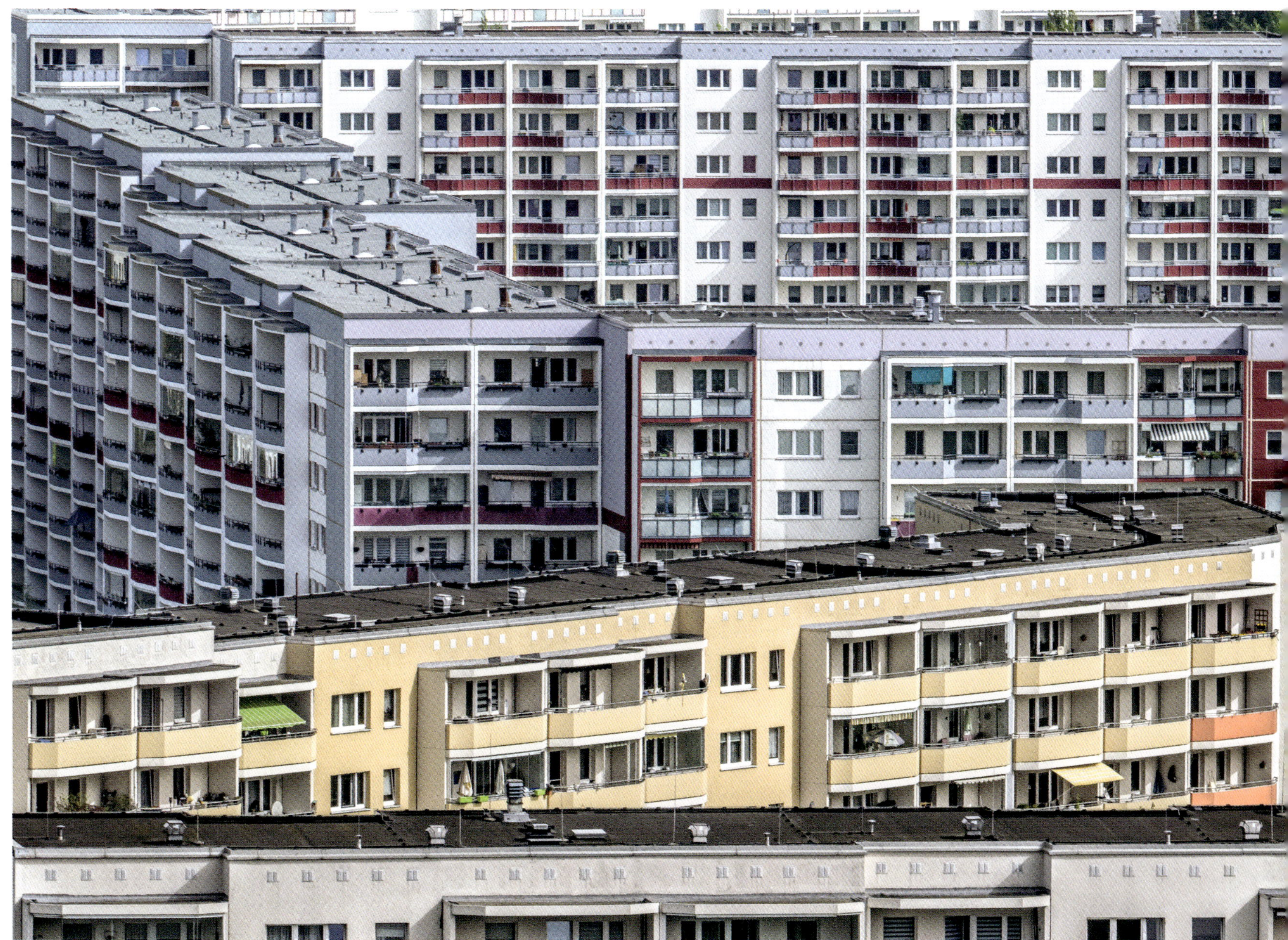

DDR-Alltag in Marzahn

Juliane

Juliane ist die Kuratorin und Aufbauerin der Ausstellung »Das andere Land in Deutschland«, eine Ausstellung über das Leben in der DDR, die sie privat finanziert hat und die für alle Besucher kostenlos ist. Die 100 Quadratmeter große Ausstellungsfläche im Talcenter Marzahn ist wie eine authentische WBS 70-Dreiraumwohnung aufgebaut, mit sämtlichen Möbeln und Gegenständen aus der ehemaligen DDR. Juliane erzählt, dass es eine Menge Arbeit war, all diese Dinge zu sammeln. In der Ausstellung sind die Gäste eingeladen, Schränke zu öffnen und Dinge anzufassen. Juliane erklärt mir, dass die Ausstellung auch als aktive Gedächtniswerkstatt fungiert, insbesondere für ältere Bewohner. Wenn man einen vertrauten Gegenstand in der Hand hält, wird die Erinnerung unterstützt. Sie findet: »Für Marzahn-Hellersdorf lohnt sich diese Ausstellung allein schon für sein Image. Die Ausstellung ist vor allem für demenzkranke Menschen und Senioren, aber auch Schüler und jüngere Menschen können hier mehr über die DDR und den ganz normalen Alltag zu der Zeit erfahren.«

Juliane ist Unternehmerin und ergreift oft die Initiative für Veranstaltungen in der Nachbarschaft. Sie engagierte sich ehrenamtlich in vielen Vereinen und arbeitet zurzeit in der Sozialkommission Mahlsdorf Nord. Als Künstlerin hat sie schon einen Fotoausstellungspreis und den ersten Platz des Betonfuchses in der Galerie M gewonnen. Außerdem wurde ihr 2022 der Kiezmacher-Award in der Kategorie Kulturhelden verliehen und zusätzlich erhielt sie von der BVV eine Ehrenamtsmedaille.

Im Marzahn der DDR verbrachte sie ihre Kindheit, war Pionierin, FDJlerin und ihre Familie arbeitete bei Stern-Radio Berlin. Im Kino Sojus feierte sie ihre Jugendweihe und in der Poliklinik in der heutigen Havemannstraße half sie 1987 als Schülerin bei den Aufbau- und Aufräumarbeiten mit. Juliane ist der Meinung, dass sich Marzahn mit den Jahren stark verändert hat, manches zum Vorteil, manches zum Nachteil. Zu DDR-Zeiten gab es jede Menge Plattenbauten, Schulen und Kindergärten, Gaststätten und Jugendklubs. Die Nachbarschaftsbeziehungen waren gut, nicht nur im Haus, sondern in der gesamten Straße, man hielt zusammen und half sich gegenseitig. Heute kennt kaum noch jemand seinen Nachbarn, es gibt keine Jugendklubs mehr und zu viele Autos. Früher lebte man ruhiger, es gab kaum Stress und es war sauberer.

Sie bemängelt auch, dass dem Bezirk Gelder für seine Anwohner, Freizeitbeschäftigungen für Kinder und Jugendliche und vor allem Freizeitangebote und Räumlichkeiten für die Senioren fehlen. »Es gibt es zwar Stadtteilzentren mit Angeboten, nur leider sind die Gruppen begrenzt und man wartet ewig auf einen freien Platz. Leider bekommen die Obdachlosen hier nicht immer die Unterstützung, die sie benötigen.«

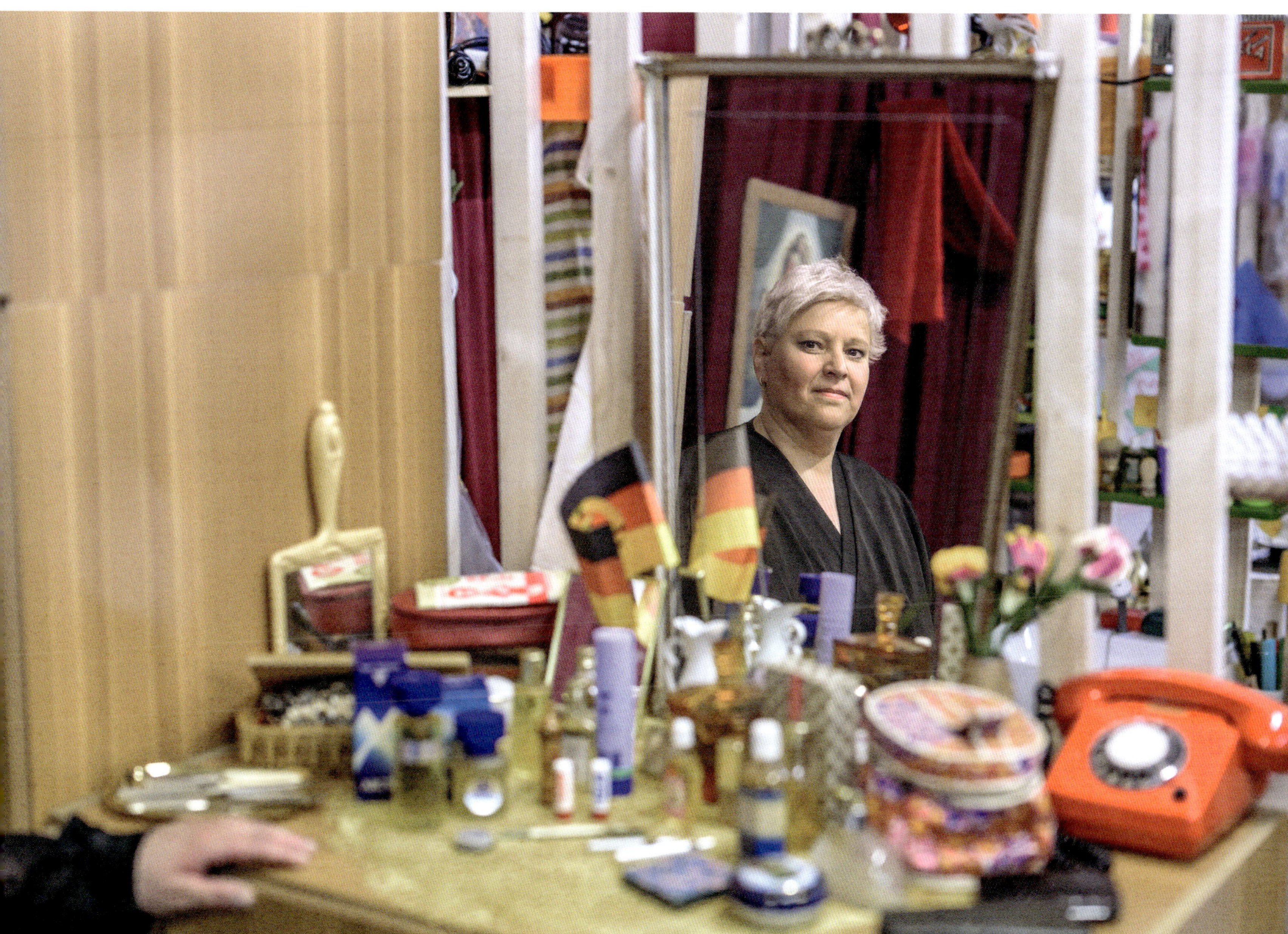

Juliane in der DDR-Ausstellung »Das andere Land in Deutschland«

Vom Schmuddelbezirk zur grünen Oase

Christoph

Ich treffe Christoph zu einem langen Spaziergang im Bürgerpark und anschließend setzen wir uns in ein Café. Wie im Flug vergehen die zwei Stunden, in denen wir uns über verschiedene Bands aus unserer Jugend, Rammsteins doppeldeutige Texte und die Unterschiede zwischen dem Aufwachsen im Osten und im Westen unterhalten.

Außerdem gibt er mir ganz neue Einblicke in die Veränderungen des Bezirks und ich höre ihm gebannt zu. Christoph ist der Meinung, dass Marzahn die Metamorphose vom »Schmuddelkind« unter den Berliner Bezirken hin zum vielgesichtigen Hingucker-Bezirk äußerst gut gelungen ist. Marzahn hat viele Facetten, die es für Berliner und Nicht-Berliner zu entdecken gilt. Also fordert er auf: »Die Stiefel geschnürt und Marzahn erkunden! Auch rund um die ›Platte‹.«

Christoph beschreibt sich selbst als humorvollen, weltoffenen Menschen mit großem Interesse an Politik, Gesellschaft und Kunst. Allem voran aber an Musik. Außerdem entdeckt er liebend gerne seine eigene Stadt: Berlin ist so groß, dass man es kaum schafft, überall einmal gewesen zu sein.

1979 zog er als knapp 14-Jähriger mit seinen Eltern nach Marzahn. Er erinnert sich gut an die Zeit: »Das war ganz am Anfang der Geschichte des Plattenbaubezirks, als um unser Haus herum nur Schlamm und Baustelle war und es die Straßenbahn gerade ein paar Tage gab. Streckenweise habe ich nicht gerne hier gelebt, weil alles sehr uniform wirkte. Marzahn war uncool. Skurrilerweise hat sich in meinem Leben alles so gefügt, dass ich durch meine Arbeit in der Musikbibliothek nach Jahrzehnten ›auf Wanderschaft‹ wieder nach Marzahn zurückgekommen bin und hier meine private ›Marzahn – mon amour‹ gefunden habe. Und wenn es das Leben noch gut mit uns meint, werden wir zusammen alt.«

Christoph findet, dass sich der Bezirk sehr zum Positiven verändert hat. Natürlich gibt es immer noch die uniformen Plattenbauten, aber diese sind zum Teil architektonisch aufgepeppt worden und der Stadtteil ist wahnsinnig grün geworden, sodass es eine tolle Mischung aus Altem und Neuem ist. Menschen aus vielen unterschiedlichen Kulturen leben hier miteinander und prägen so das Bild des Bezirks nachhaltig und positiv. Zusammen mit den Marzahner »Ureinwohnern« und den Neuhinzugezogenen gestalten sie das tägliche Leben, welches durch alle gleichermaßen an Farbe gewinnt.

Er bemängelt aber wie viele andere, dass ein größeres Angebot für die kulturellen Freizeitgestaltungen fehlt. Durch seine Arbeit in der Bibliothek versucht Christoph, dem etwas mit den vielseitigen Angeboten entgegenzusetzen, damit die Menschen auch vor Ort anspruchsvolle Kultur erleben können. Er wünscht sich, dass Marzahn sich so weiterentwickelt, dass die Menschen weiterhin gerne hier leben und nicht nur zum Schlafen herkommen.

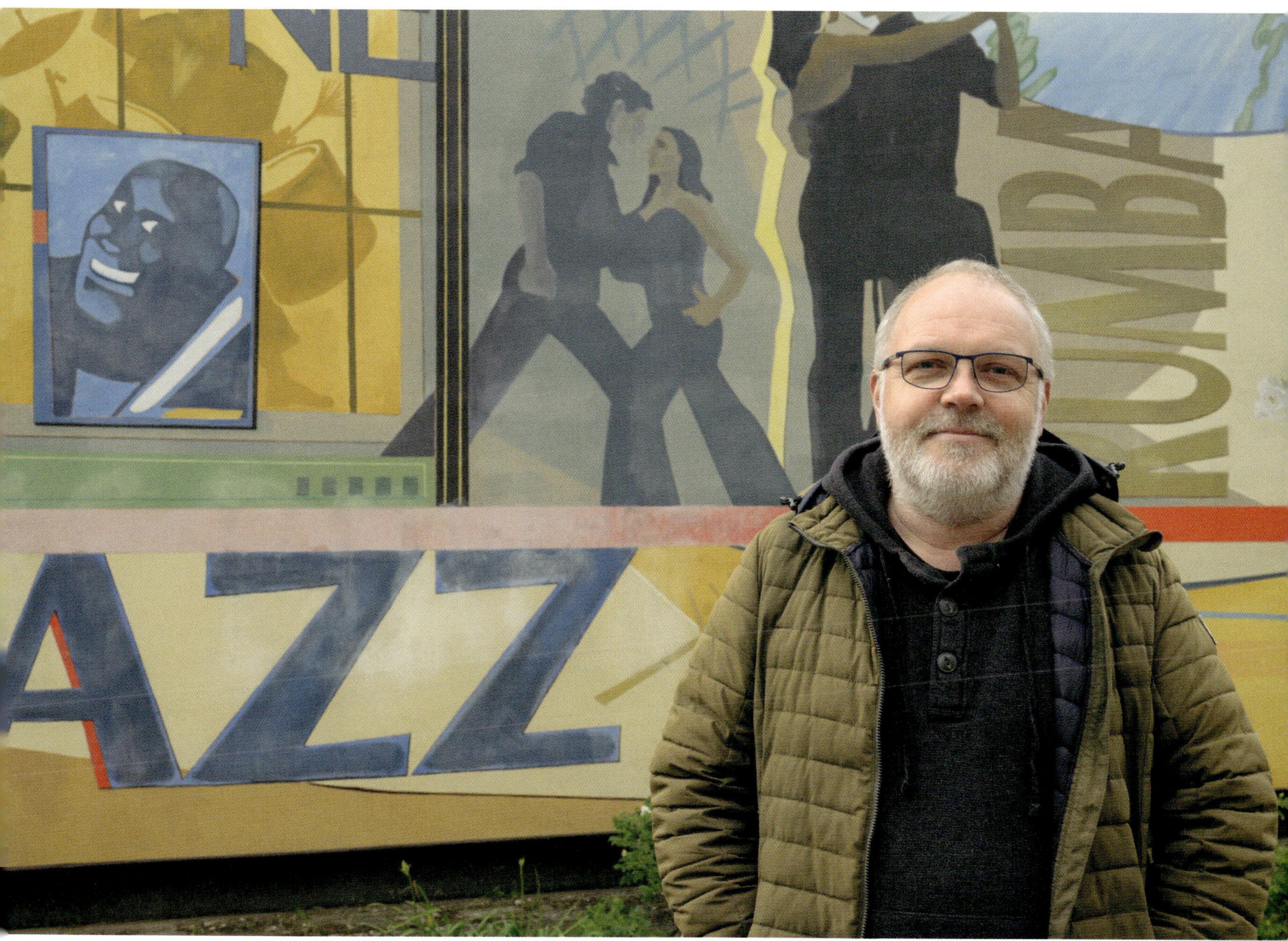

Christoph liebt es, Berlin neu zu entdecken.

Die lauteste Platte Berlins

Maurice und Ronald

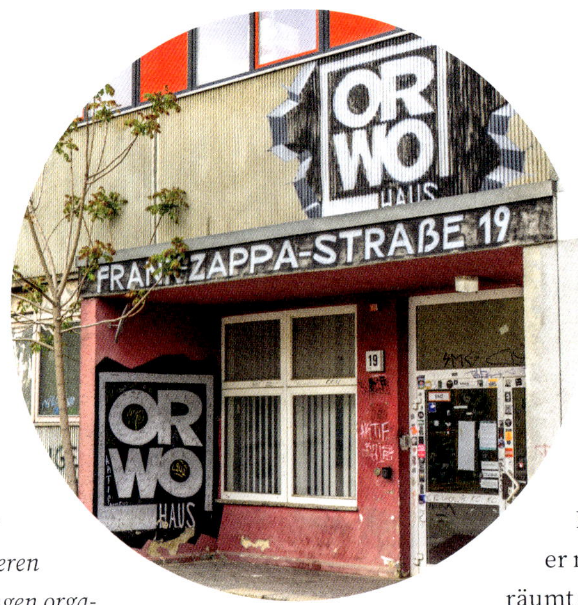

Das ORWOhaus ist eine Institution in der Berliner Musikszene.

Maurice hat zwei große Schlüsselbunde, mit welchen er herumrasselt, während er mir die vielen verschiedenen Einrichtungen des ORWOhauses zeigt. Das ORWOhaus liegt mitten im Industriegebiet Marzahns und ist der größte selbstverwaltete Proberaumkomplex Europas. Es ist ein etablierter Ort der Berliner Musikszene, an dem gemeinsam mit anderen Kulturprojekten Konzerte, Festivals und Veranstaltungen organisiert werden.

Insbesondere Nachwuchskünstler und junge Menschen wie Maurice, auch »Maus« genannt, werden hier gefördert. Er ist gerade mal 22 Jahre alt und arbeitet hauptberuflich als Projektmanager der ORWOhalle. Als gelernte Fachkraft für Veranstaltungstechnik kann er hier seine Erfahrung und seine Expertise mit Liebe und Hingabe im beruflichen Alltag umsetzen. Zu langen Arbeitstagen kommt es vor allem dann, wenn in der Halle des ORWOhauses Veranstaltungen oder sogar Festivals stattfinden. Die Eventlocation im Erdgeschoss der alten »Platte« fasst bis zu 950 Personen, sodass jeder Platz hat, um Musik und Kulturveranstaltungen zu genießen.

Maurice erzählt mir, dass es im Haus eine Null-Toleranz-Politik gegenüber Rassismus und Homophobie gibt. Jeder, der sich hier engagiert, kennt diese Haltung vom Haus. Es ist der gemeinsame Ansatz, einen Ort des Austausches und des humanistischen Umgangs miteinander zu schaffen und zu halten. Oberstes Ziel ist es, dass sich jeder und jede in dem Haus wohlfühlt. Unterwegs entschuldigt sich Maurice dafür, dass die verschiedenen Proberäume, welche er mir zeigt, nicht aufgeräumt sind. Ich antworte ihm, dass ich nicht hierher gekommen bin, um herauszufinden, wie gut Musiker im Aufräumen sind. Schließlich handelt es sich ja um eine künstlerische »Werkstatt«, in welcher es an erster Stelle darum geht, Musik zu machen.

Eine gute Atmosphäre, die Verbindung mit den anderen Musikern und mit der Musik hat Vorrang in der lautesten Platte Berlins!

Ronald arbeitet seit 1999 als Tontechniker des Hauses. Sechs Jahre lang hatte er ein eigenes Tonstudio, in dem er diverse Bands aufgenommen hat – von Pop bis Stoner Rock. Er arbeitet für verschiedene Veranstaltungen in Berlin und tourt darüber hinaus auch europaweit. Außerdem gibt er Workshops für Kinder und Jugendliche in verschiedenen Jugendfreizeiteinrichtungen und hat eine Gitarrenwerkstatt im ORWOhaus, in der er Gitarren für verschiedene Musiker in Berlin repariert. Er selbst spielt Bass seit er 15 Jahre alt ist: Sein Leben ist also auf allen Ebenen verwoben mit der Musik.

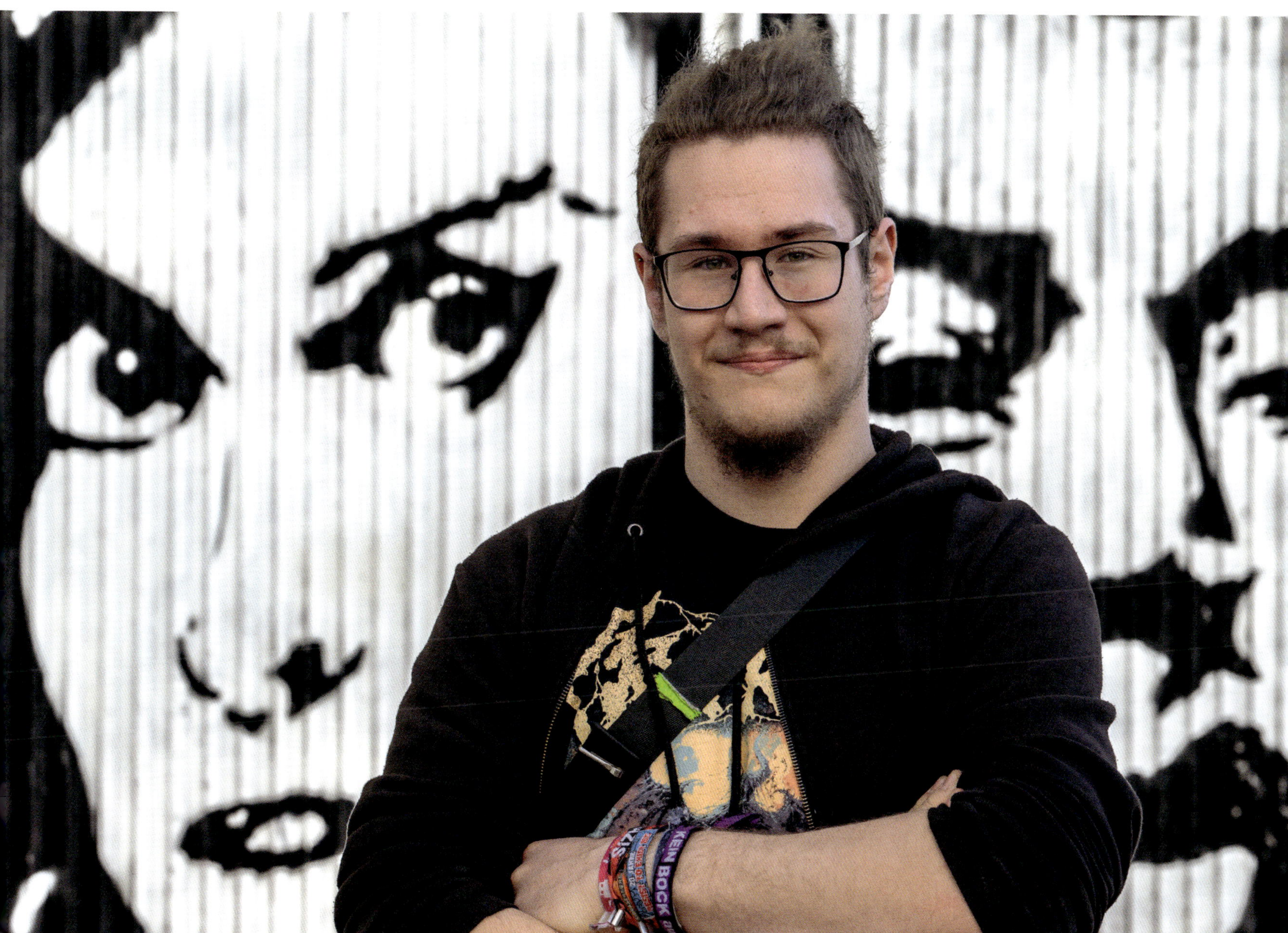

Maurice organisiert als Projektmanager die Veranstaltungen.

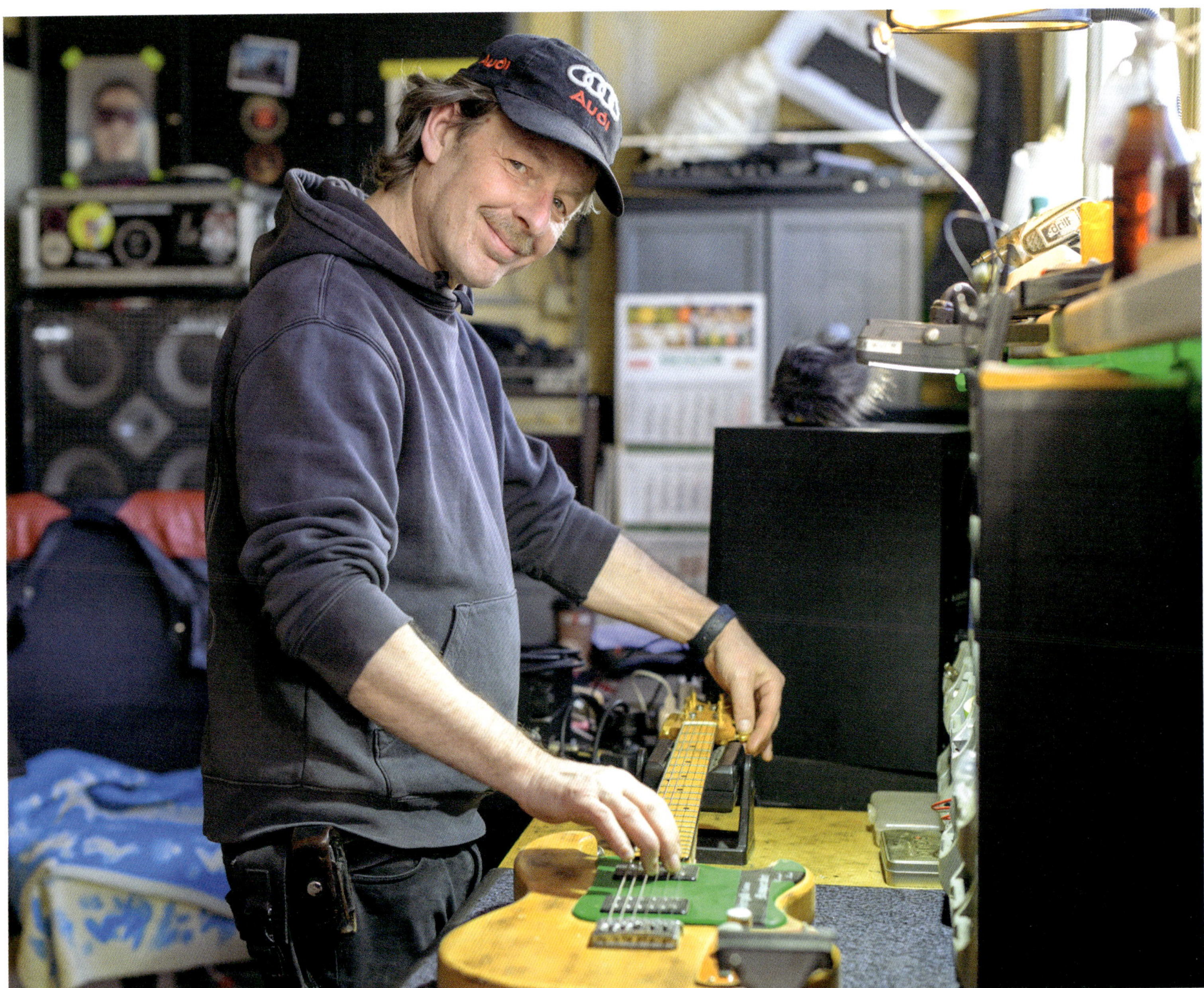

Ronald in seiner Gitarrenwerkstatt im ORWOhaus

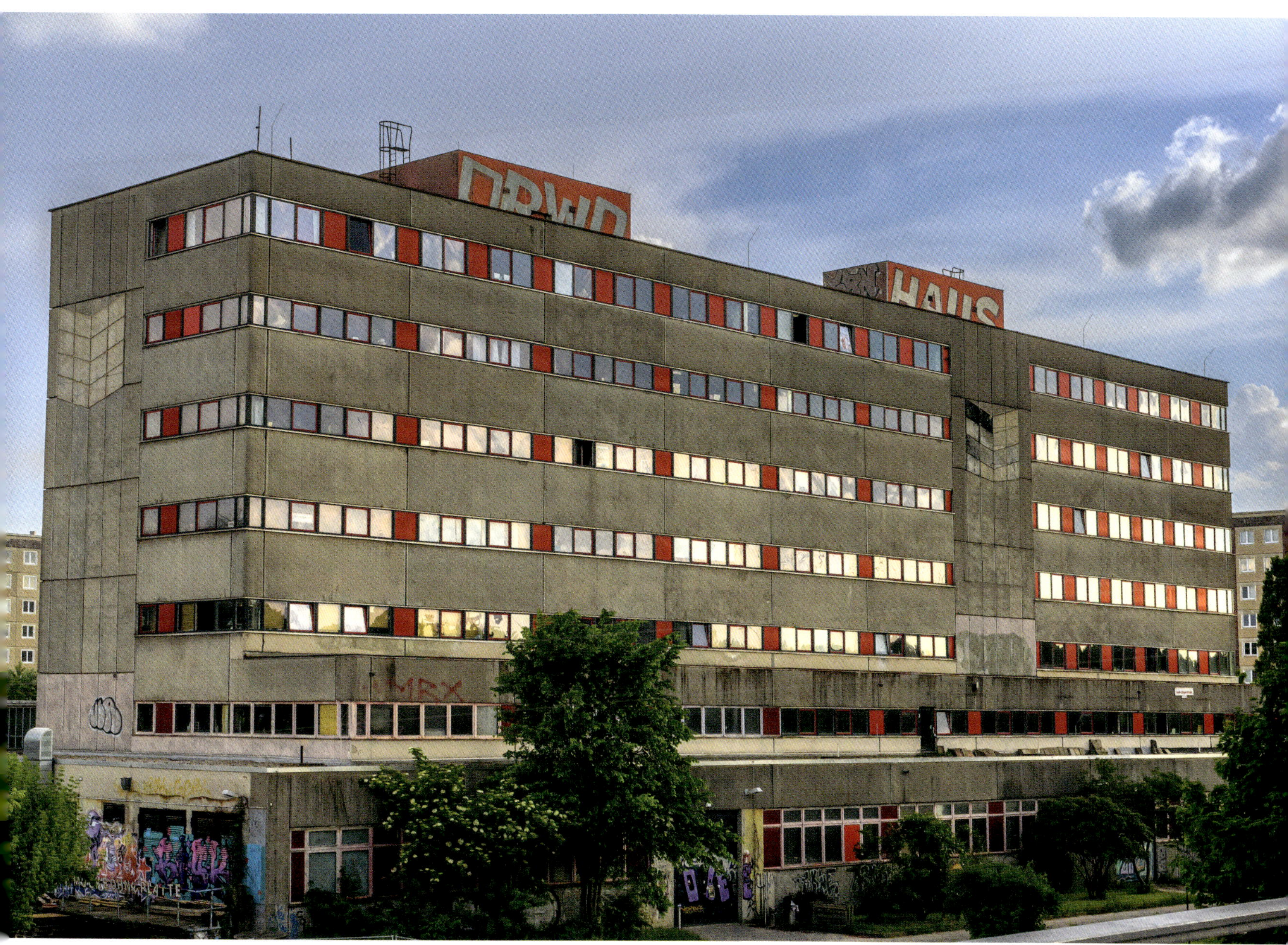

Marzahn voranbringen

Toni

An mehreren Mittwochnachmittagen im Monat lädt die SPD-Marzahn zum Kaffeeklatsch ein. Es ist eine kleine Gruppe, die sich regelmäßig trifft, um Kaffee zu trinken, Kuchen zu essen und sich in lockerer Atmosphäre über den Alltag zu unterhalten. Es kommen nicht nur SPD-Mitglieder, sondern auch viele andere der gemütlichen Gesellschaft zuliebe. Ich spüre, dass sie eine gute Zeit haben und sich gegenseitig helfen bei alltäglichen Problemen.

Toni ist einer von ihnen. Er lebt in Alt-Marzahn, ist 27 Jahre alt und SPD-Mitglied und Fitnesstrainer. »Ich engagiere mich in der SPD für einen lebenswerten Bezirk. Beispielsweise führen wir Bürgergespräche und beteiligen uns an Putzaktionen, wie im Springpfuhlpark, oder setzen uns für mehr Partizipation bei Neubauprojekten ein, wie zum Beispiel beim Schulneubau in der Bruno-Baum-Straße. Für mich ist die Parteiarbeit das Schönste, indem wir den Bezirk Stück für Stück voranbringen.«

Toni liebt es, sich zu bewegen, z. B. beim Joggen oder Krafttraining. Zudem liest er sehr viel zu Geopolitik, Geschichte, Gesundheit und aktuellen Entwicklungen oder hört wissenschaftliche Podcasts. Marzahn bedeutet für ihn eine hohe Lebensqualität. Der Bezirk ist für ihn eine grüne Oase fernab des Trubels der Innenstadt und bietet ihm viele Möglichkeiten, um seine Freizeit zu gestaltet. Er vergleicht Marzahn mit einem großen Dorf, in dem er gerne unterwegs ist und viele nette Leute kennenlernen kann, wie beispielsweise in der Bäckerei oder im Fitnessstudio.

Seit er hier wohnt, nimmt er die zunehmende Verdichtung von Wohnraum wahr. Das heißt, dass die Innenhöfe langsam zugebaut werden und das reichhaltige Grün immer weniger wird, was ihn sehr ärgert: »Grade weil wir so grün sind, sollten wir das schützen! Wir haben bisher keine stark verdichtete Bebauung und das lässt Platz zum Atmen.«

Toni hofft, dass Marzahn für junge Familien nicht nur im Bereich günstige Wohnungen attraktiv wird, sondern viele junge Leute auch mit besseren Jobangeboten lockt. Zudem wünscht er sich, dass Marzahn ein besseres Image berlinweit bekommt und nicht nur als »Platte« stigmatisiert wird.

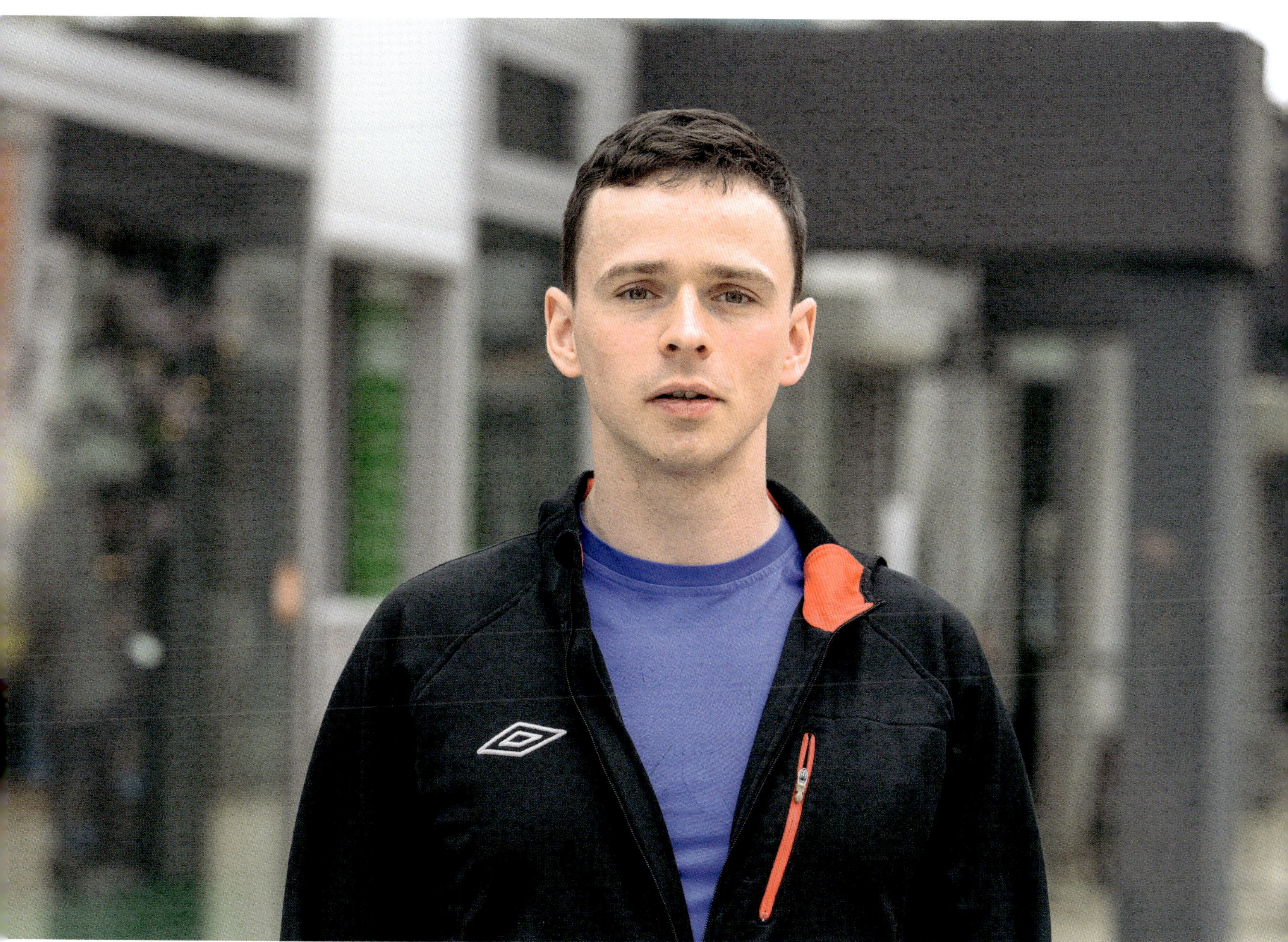

Toni ist es ein Anliegen, bessere Lebensbedingugnen in Marzahn zu schaffen.

Multikulti in der Cocktailbar

Susi

Ich treffe Susi an einem Sonntagnachmittag hinter dem Tresen in der Cocktailbar Laila, die Atmosphäre ist entspannt und offen, man neckt sich ein bisschen. »Möchtest du etwas trinken?«, fragt sie mich. Es ist ein sehr heißer Tag und ich hätte gerne ein kaltes Bier getrunken, aber da ich mit dem Auto hier bin, muss ich mich mit einer Cola begnügen. Die Bar ist ein sehr schöner Ort, an dem jeder jeden zu kennen scheint.

Susi erzählt mir von ihrer Arbeit hier: »Die Leute sind alle sehr lieb. Ich mag meinen Job sehr gerne, denn ich liebe es, mit den Leuten zu quatschen. Es fühlt sich hier an wie eine Familie, viele Stammgäste sind aus der Nachbarschaft und es ist immer nett mit ihnen.«

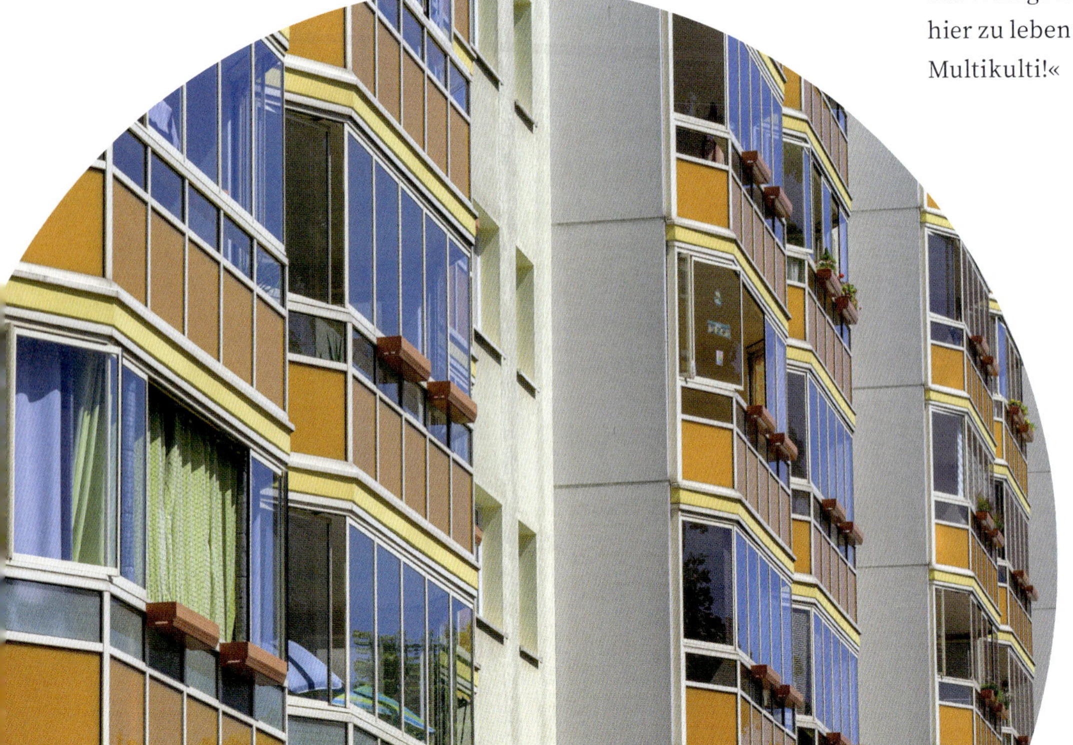

Susi erzählt mir, dass sie gerne mit Freunden essen geht oder mit ihnen gemeinsam kocht. Wenn gerade nicht so viel zu tun ist in der Bar, spielt sie auch gerne Dart mit ihren Gästen. So haben sich schon einige schöne Freundschaften entwickelt, seitdem sie im Laila arbeitet. Sie findet es einfach immer schön mit den Gästen: »Bei uns kommt Jung und Alt zusammen!«

Susi selbst hat keine Kinder, aber dafür drei Katzen, die all ihre Liebe bekommen. Sie schläft gerne aus und spielt und kuschelt mit den Katzen. Wenn sie frei hat, trifft sie sich mit Freunden oder mit der Familie oder sie chillt einfach mal den ganzen lieben Tag. Susi wohnt seit 18 Jahren in Marzahn, nur wenige Häuser von ihrer Arbeit entfernt, und liebt es, hier zu leben: »Es gibt viele tolle Menschen hier bei uns, alles Multikulti!«

Viele Stammgäste aus der Nachbarschaft kommen in die Cocktailbar Laila.

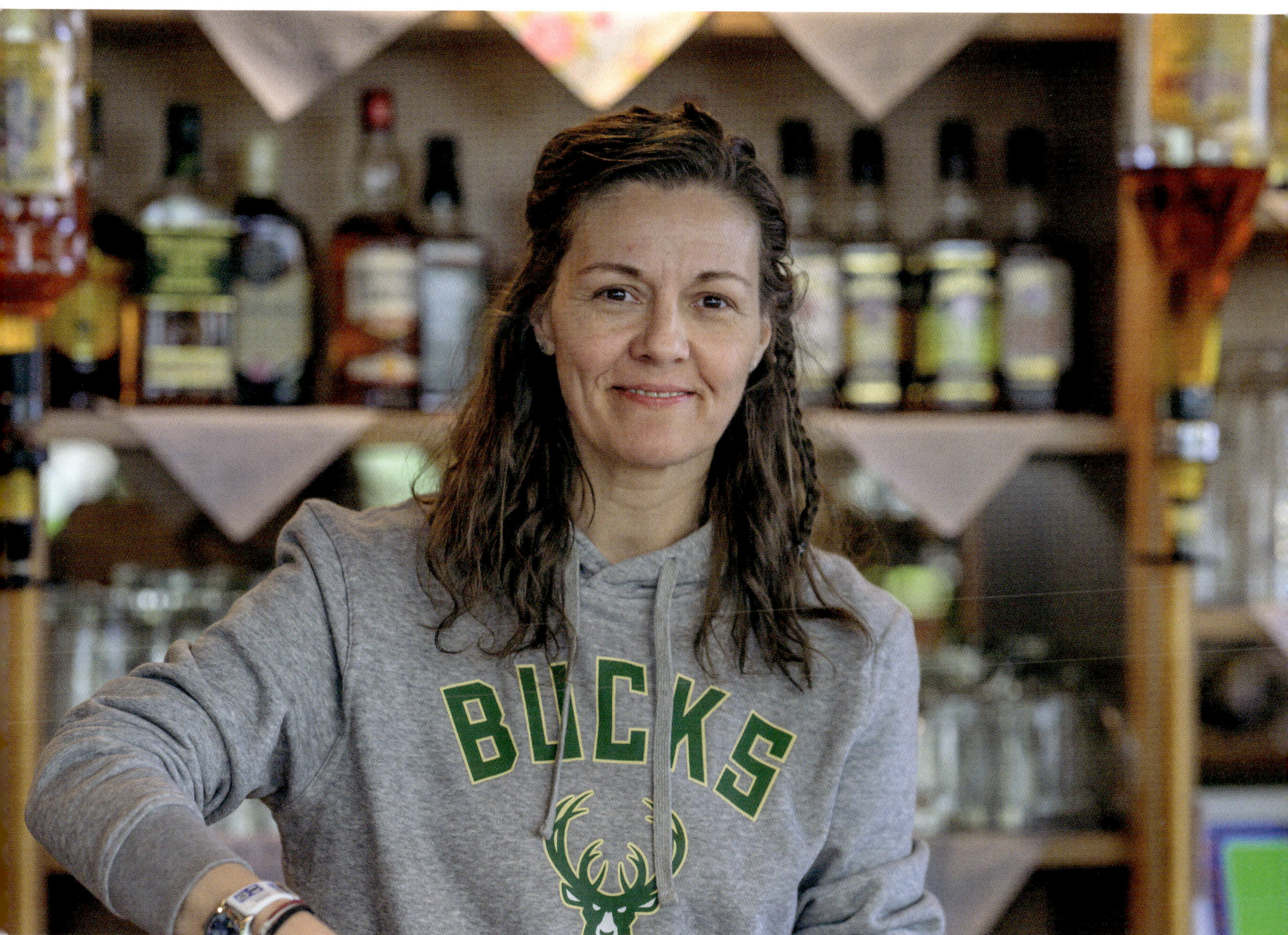

Susi liebt es, mit ihren Gästen ins Gespräch zu kommen.

Lebensoptimismus in jeder Situation

Roy

In der Bar, in der Susi arbeitet, komme ich mit Roy ins Gespräch. Er arbeitet für ein Unternehmen, das Orte, von denen die Bewohner aus verschiedenen Gründen vertrieben wurden, aufräumt und reinigt. Roy ist ein sehr positiver und einladender Mensch und lädt mich zu einer Cola von der Bar ein. Er sagt: »Ich liebe alle Menschen, aber im Moment kann ich wahrscheinlich sagen, dass mein Leben ganz durcheinander ist. Jetzt muss ich zur Ruhe kommen. Es wird gut für mich sein.«

Als ich nach dem Grund frage, antwortet er, dass sich seine Frau gerade von ihm getrennt hat und er daher im Moment keinen festen Wohnort hat: »Manchmal schlafe ich im Auto oder auf dem Sofa bei einem Freund. Ganz Berlin ist meine Heimat«, sagt er mit einem breiten Lächeln.

Roy erzählt mir, dass ihn die Situation mental ziemlich mitnimmt und er sich daher gerade sehr in seine Arbeit reinhängt, was ihm eigentlich ganz gut gefällt. Er arbeitet als Gebäudereiniger und zeigt mir stolz das Firmenlogo auf seiner Arbeitskleidung. Durch seine Arbeit trifft er auf verschiedenste Menschen, mit denen er oft ins Gespräch kommt. Darunter sind viele Obdachlose, deren Lebensgeschichten ihn besonders berühren: »Weil ich gerade selbst obdachlos bin, kann ich ihre Gefühle gut verstehen«, erklärt er mir.

Trotzdem merkt er, dass er wieder mehr Ruhe finden muss und wünscht sich dabei Hilfe: »Es ist alles ein Chaos, aber ich bin jemand, der immer anderen hilft, und jetzt brauche ich Hilfe für mich selbst. Ich scheine immer alles von mir zu geben und gerade könnte ich es gebrauchen, etwas mehr zurückzubekommen. Man könnte mich wohl als gutmütig bezeichnen.«

Zum Glück ist sein Chef sehr verständnisvoll und hilft, wo er kann. Er war für seine Wohnungssuche schon bei verschiedenen Ämtern und hofft, dass er bald eine eigene Wohnung bekommen kann, am liebsten hier in Marzahn, wo er sich gut auskennt und gerne lebt. Er erzählt mir, dass es gerade die Vielfalt der Menschen ist, die er an Marzahn so schätzt. In seinen Augen wird Marzahn immer schöner.

»Willst du noch eine Cola?«, fragt er, während ich ihm gegenübersitze und seinen Lebensoptimismus bewundere.

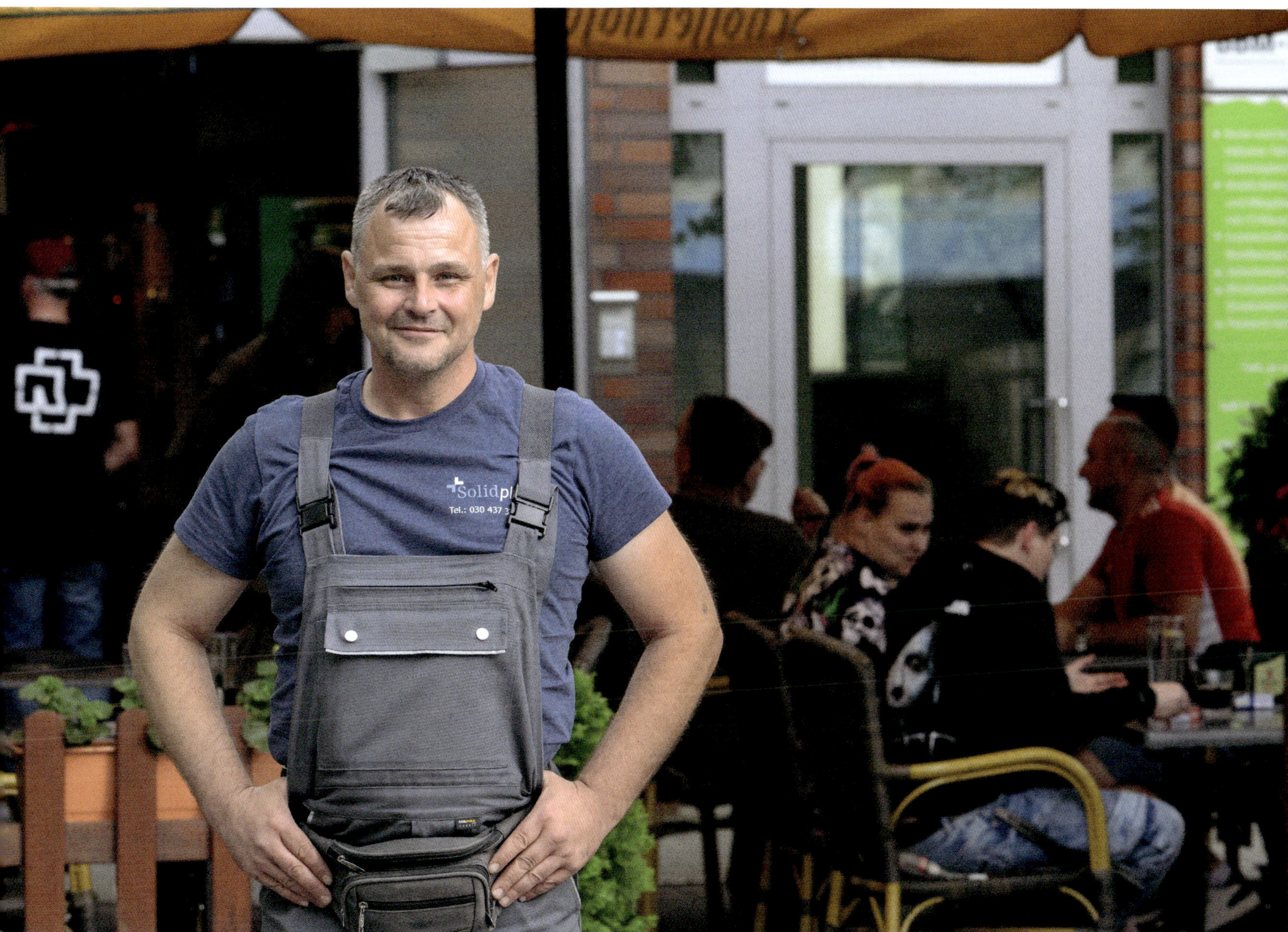

Roy trifft als Gebäudereiniger auf viele verschiedene Menschen.

Ein Ort der künstlerischen Freiräume

Marc

Als ich die gemütliche Galerie M betrete, fällt mir sofort auf, wie viel Herzblut hier drinsteckt. Marc und seine Lebensgefährtin Elena betreiben die zentral an der Marzahner Promenade gelegene Galerie seit 2018. Damit haben sie einen offenen Arbeitsort geschaffen, an dem regionale Künstler zusammenarbeiten, während Besucher ihnen bei der Arbeit über die Schulter sehen können. Zuletzt fand hier die Ausstellung »Beton Fuchs« statt, ein Wettbewerb für Bildende Kunst, bei dem alle Teilnehmenden zwei Quadratmeter Platz erhielten, auf dem sie alles und so viel ausstellten, wie sie unterbringen konnten. Alle Künstlerinnen und Künstler konnten ohne Vorauswahlverfahren teilnehmen und die Arbeiten wurden für die Abstimmung anonymisiert. Die Entscheidung, wer den Preis gewann, fällte dabei keine Fachjury, sondern die Besucher, die aus der Umgebung in der Galerie zusammenkamen.

Bei meinem Besuch sind die Werke des Wettbewerbs noch an den Wänden zu sehen und ich bin begeistert davon, wie die Vielfalt der Ergebnisse die Vielfalt Marzahns widerspiegelt.

Marzahn-Hellersdorf ist Marcs Lebensmittelpunkt. In seinen Augen ist es einer der wenigen Orte weltweit, an dem man politische Kunst und Kultur ohne Repressalien fördern und selbst gestalten kann, ohne negative Konsequenzen befürchten zu müssen. Leider ist das Ansehen des Bezirks aber nach wie vor begrenzt. Das zeigt sich sowohl an der Finanzierung von Kunst und Kultur als auch darin, dass das Potenzial der Räume und Menschen aufgrund von Vorurteilen nicht ausgeschöpft wird. Doch durch die Gentrifizierung und Kapitalisierung der Innenstadt wird der Stadtteil zunehmend attraktiver für alternative Kulturprogramme, was auch dazu führt, dass die Möglichkeiten, die Marzahn bietet, mehr gesehen werden. Besonders im Kulturbereich existieren hier zahlreiche Freiräume, die Wegbereitern viel Raum und Gelegenheiten bieten, an zukunftsweisenden Perspektiven zu arbeiten.

Wie überall müssen auch und besonders in Marzahn Vorurteile aus dem Weg geräumt und eine stärkere Gemeinschaft geschaffen werden, in der es wieder mehr um das Miteinander geht, erklärt Marc mit Überzeugung: »Eine solche Gemeinschaft wünschen wir uns für die Zukunft in einem belebten und aktiven Kiez!«

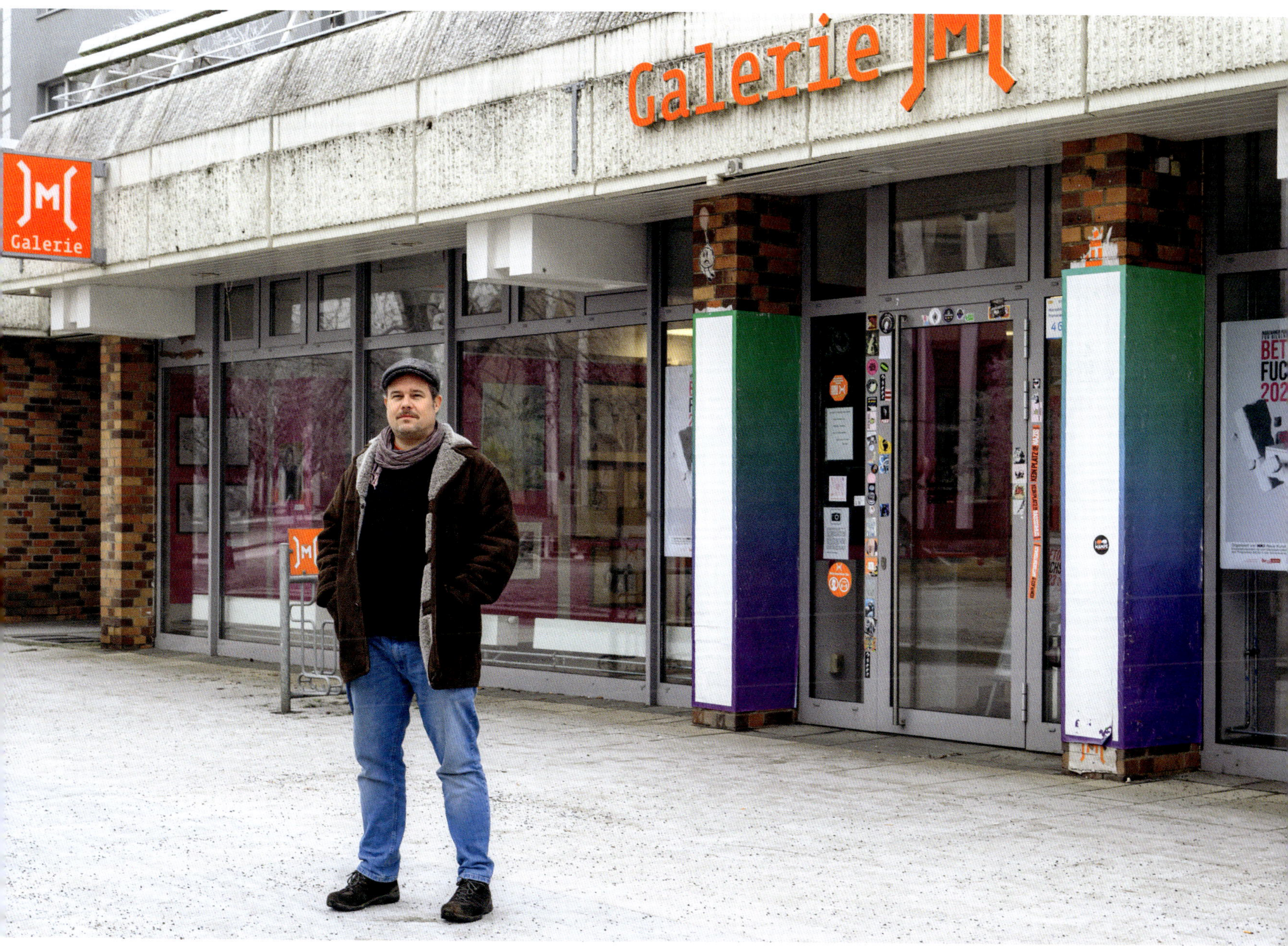

Marc liebt es, Kunstschaffende in seiner Galerie zusammenzubringen.

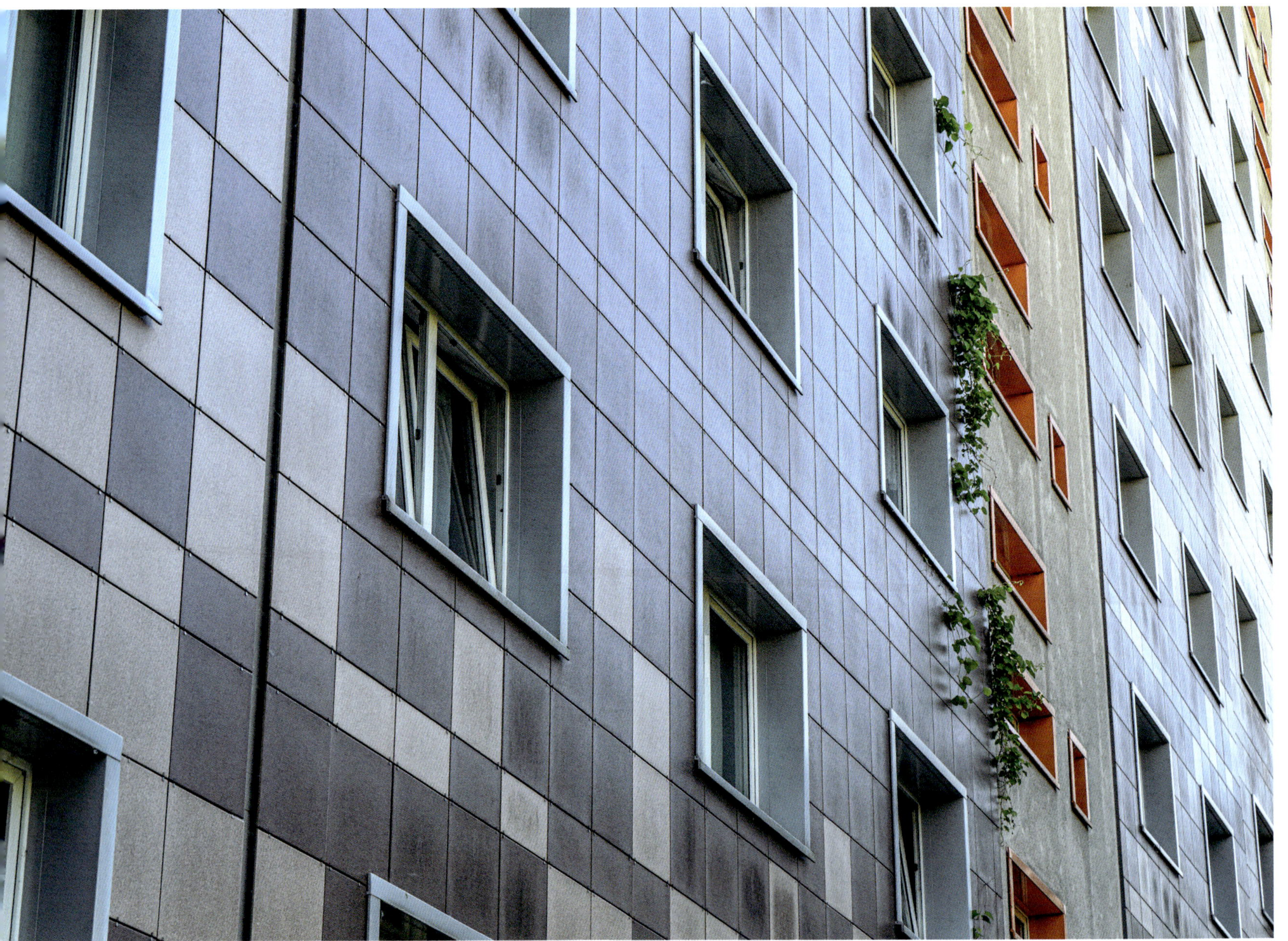

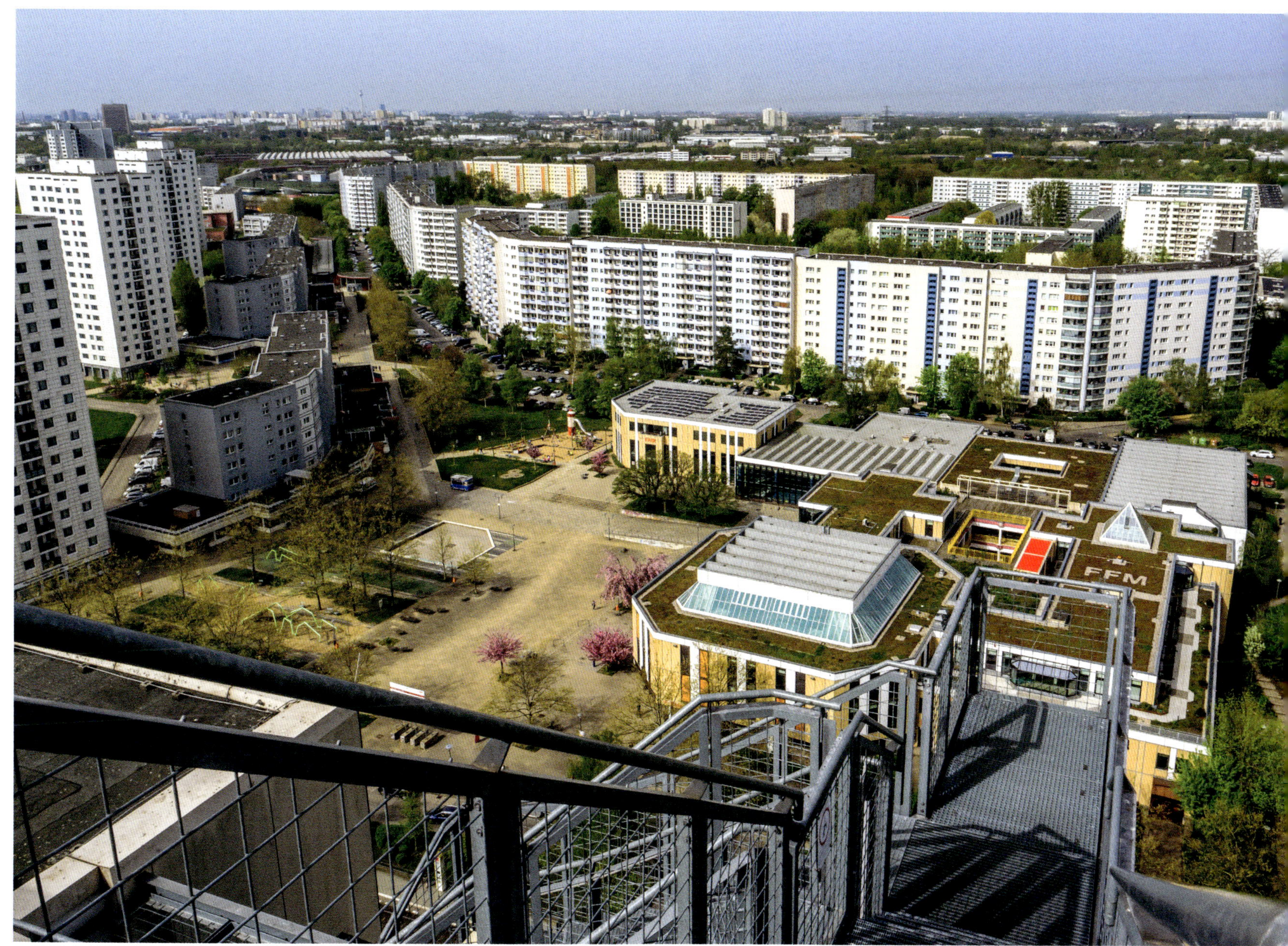
FFM

Ein ruhiger, friedlicher Ort

Thomas

Wir treffen uns an einem schönen Frühlingsvormittag und gehen in der Nähe von der Seilbahn, die zum Kienberg hinaufführt, spazieren. Während wir die grünen Wege entlanggehen, erzählt mir Thomas, dass ihn mehrere Freunde und seine Familie vor Marzahn gewarnt haben, da in ihrer Wahrnehmung Rechtsextremismus bzw. Rassismus in Marzahn häufiger vorkommen als in anderen Berliner Stadtteilen. Er persönlich hat in den letzten sechs Jahren hier aber keine negativen Erfahrungen gemacht: »Leider haben in den letzten Jahren nicht nur in Marzahn, sondern gefühlt auf der ganzen Welt Rechtsextreme und Rassisten mehr Einfluss gewonnen. Das stimmt mich traurig und macht mir zunehmend auch Angst. Insgesamt kann ich aber sagen, dass Marzahn (vor allem, wo ich wohne) ein ruhiger und friedlicher Ort ist und ich mich hier sehr wohlfühle.«

Thomas ist ein jung gebliebener gebürtiger Franke, der seit über sechs Jahren in Marzahn lebt und als Geschäftsführer einer Softwareentwicklungsfirma arbeitet. Er mag Städtereisen und war erst kürzlich in Dresden, um sich die wunderschöne Stadt anzusehen. In seiner Freizeit verbringt er Zeit mit seinem 11-jährigen Sohn und geht segeln. Seine Freunde sagen, er sei verrückt, nach Marzahn zu ziehen und auch dort zu bleiben.

Für Thomas ist Marzahn eine Übergangsstation. Als er nach Berlin zog, hat er sich für Marzahn entschieden, weil er nicht in die Innenstadt wollte: »Dort ist es laut, schmutzig und zu hektisch. In Marzahn fühle ich mich wohl und bin immer wieder verwundert, welchen schlechten Ruf es in Berlin hat. Wo ich wohne, ist es schön, ruhig, sauber und sicher. Ich habe alles, was ich brauche, um hier gut zu leben. In den Jahren hat sich hier wenig verändert und das ist auch, was ich an Marzahn (also meiner kleinen Hood), sehr mag. Es ist komplett unhektisch.«

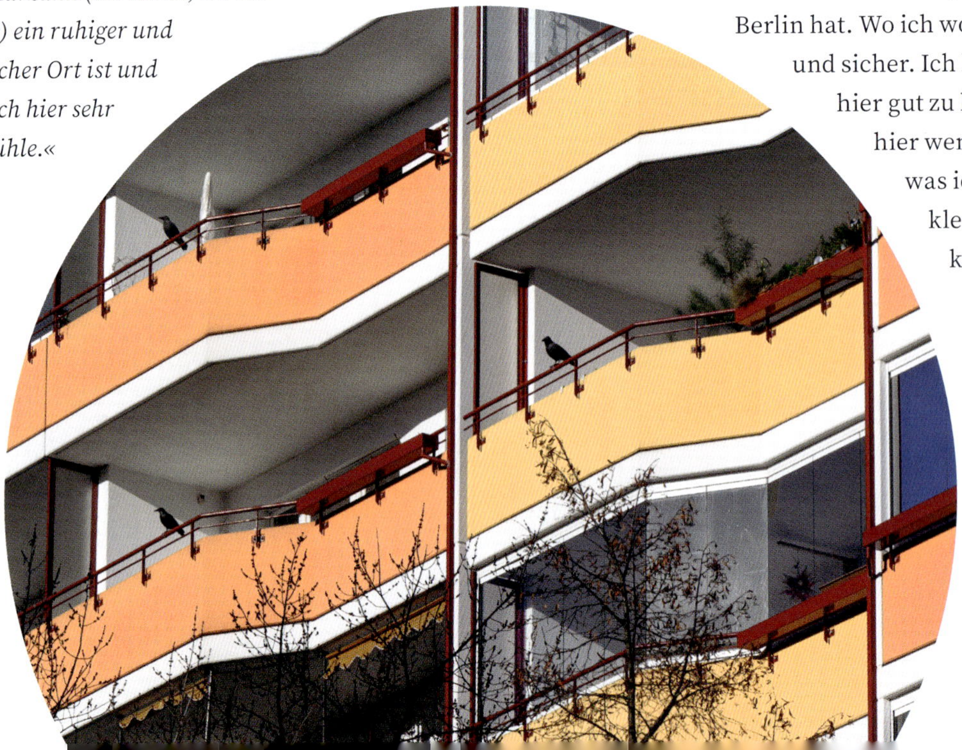

Thomas findet, dass die Vorurteile gegenüber Marzahn ungerechtfertigt sind.

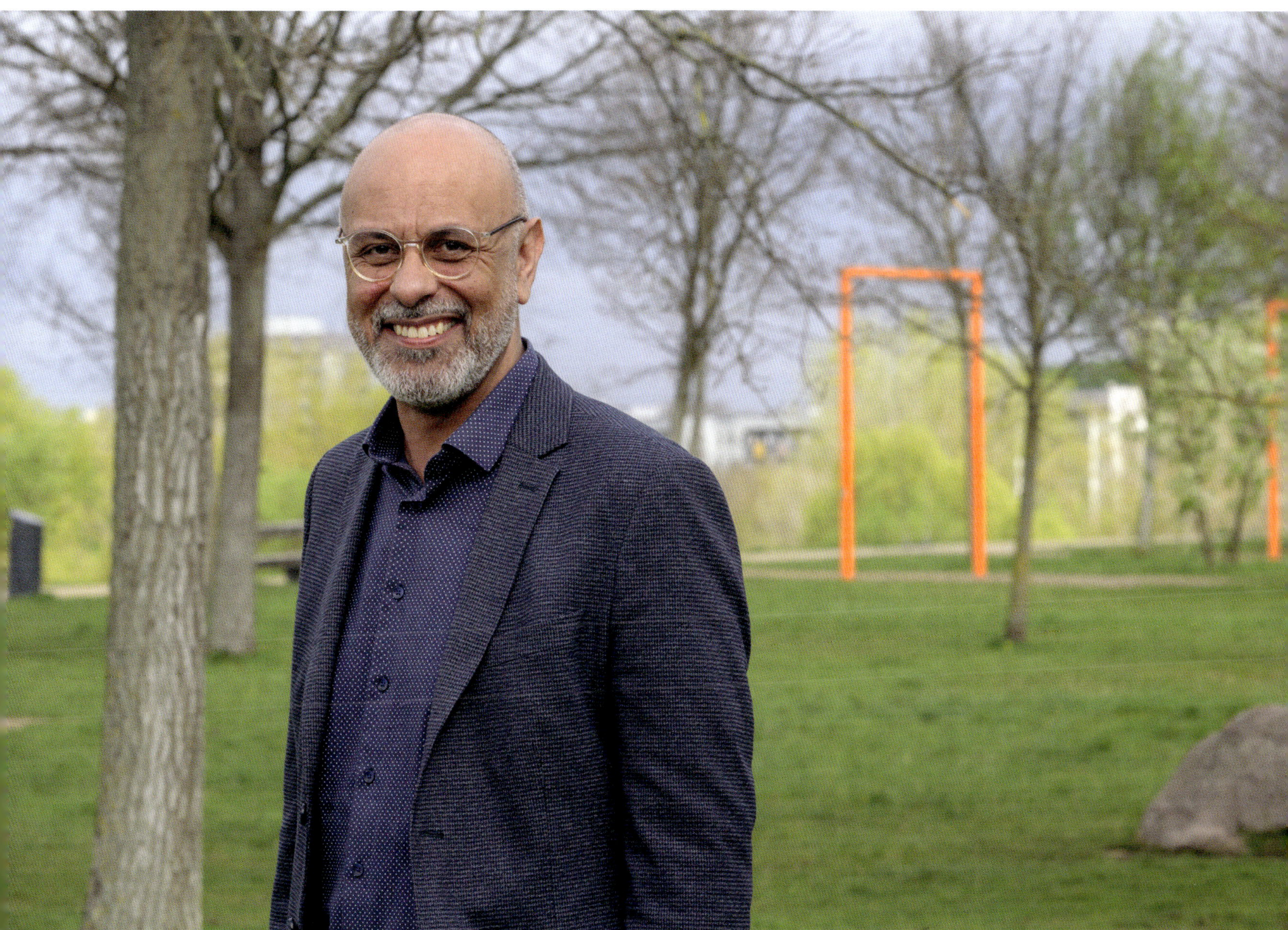

Thomas fühlt sich wohl im grünen Marzahn.

Nichts ist so stetig wie die Veränderung

Franz und Patrick

Ich erzähle Franz und Patrick, dass ich als Kind in Kopenhagen etwa 400 Meter von der Wohnung der Olsenbande entfernt gewohnt habe. Es stellt sich heraus, dass die beiden treue Olsenbanden-Fans sind, die schon mehrere Sommerferien mit der Familie in Dänemark verbracht haben, um Standorte der Olsenbande zu besuchen. Sie waren zum Beispiel in Albertslund im Vridsløselille-Gefängnis, wo Egon Olsen zu Beginn der Filme freigelassen wird. Patrick erzählt, dass er mit den Olsenbanden-Filmen aufgewachsen ist und die Darsteller noch selbst kennenlernen konnte. Als die Filmreihe ihren 50. Geburtstag feierte, fuhr er in die Studios der Nordisk Film und konnte sich dort viele Originalkulissen und Drehorte in der Stadt ansehen. Bei einer Tasse Kaffee in der Konditorei unterhalten wir uns darüber, warum die Serie in der DDR so beliebt wurde. Es hat sicherlich etwas damit zu tun, dass der kleine Mann gegen die großen Systeme, das Großkapital und deren Vertreter gekämpft hat.

Wir sind uns einig, dass Franz, der sieben Jahre alt ist, auch beim Interview und den Fotos dabei sein soll. Er geht zur Schule und antwortet auf meine Frage, was in Marzahn besser sein könnte, dass er sich mehr saubere und gut ausgestattete Spielplätze und mehr Angebote für Familien mit Kindern wünscht.

Patrick ist im selben Jahr geboren, in dem auch der damalige Bezirk Marzahn das Licht der Welt erblickte. »Das löst vielleicht für mich auch noch einmal eine besondere Verbindung aus«, überlegt er. Patrick konnte das Entstehen der berüchtigten Plattenbauten im Bezirk miterleben, die zum einen versuchten, das damalige Wohnraumproblem zu entschleunigen, zum anderen alte Dorfstrukturen und Verbindungen zwischen ihnen kappten. Außerdem erlebte er den wachsenden Bezirk zu DDR-Zeiten, den Leerstand in den Neunzigern und nun schon seit einigen Jahren den zunehmenden Zuzug und die damit einhergehende erneute Wohnungsknappheit und nicht mehr ausreichende Infrastruktur. Wenn er ehrlich ist, sagt er, freute er sich früher auch etwas über das schlechte Image von Marzahn, denn es hatte den Vorteil, dass sie nicht so frequentiert wurden: »Wichtig ist ja, dass wir Marzahner wissen, wie es hier wirklich ist. Auch habe ich mich immer über die Darstellung unserer Plattenbaugebiete köstlich amüsiert, denn sie sind deutlich grüner und nicht so hoch und eng bebaut wie andere Plattenbausiedlungen im Westteil der Stadt.« Außerdem mag Patrick die Art der Menschen im Bezirk: »Sie sind ehrlich, direkt, manchmal etwas schroff, aber mit dem Herz an der richtigen Stelle.«

Franz und Patrick teilen zudem das Interesse für Oldtimer und besuchen gerne Oldtimertreffen. Ein besonderes Event ist da immer das Ostfahrzeugtreffen in Finowfurt bei Eberswalde im April, erzählen mir die beiden.

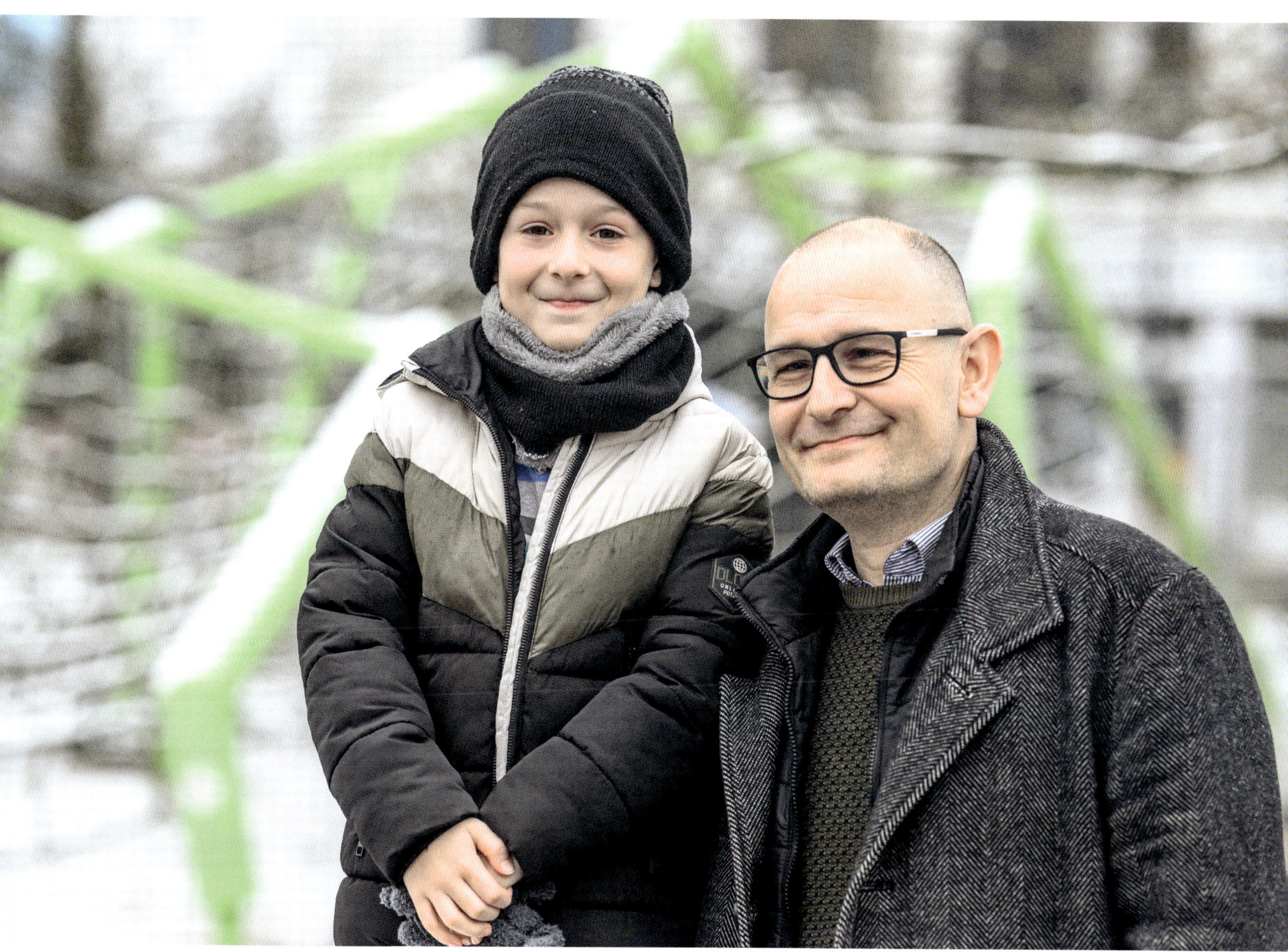

Franz und Patrick sind gerne draußen in Marzahn unterwegs.

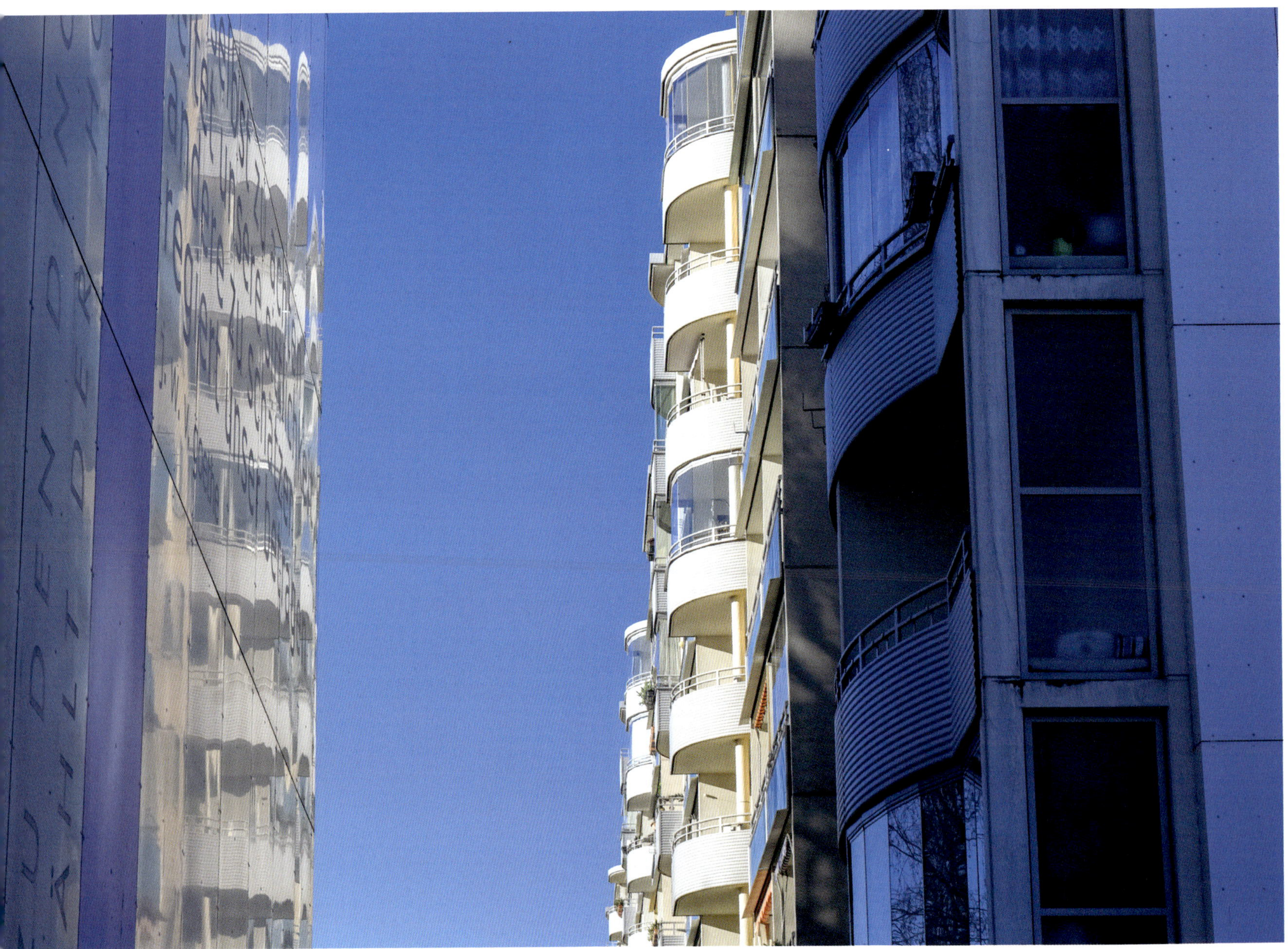

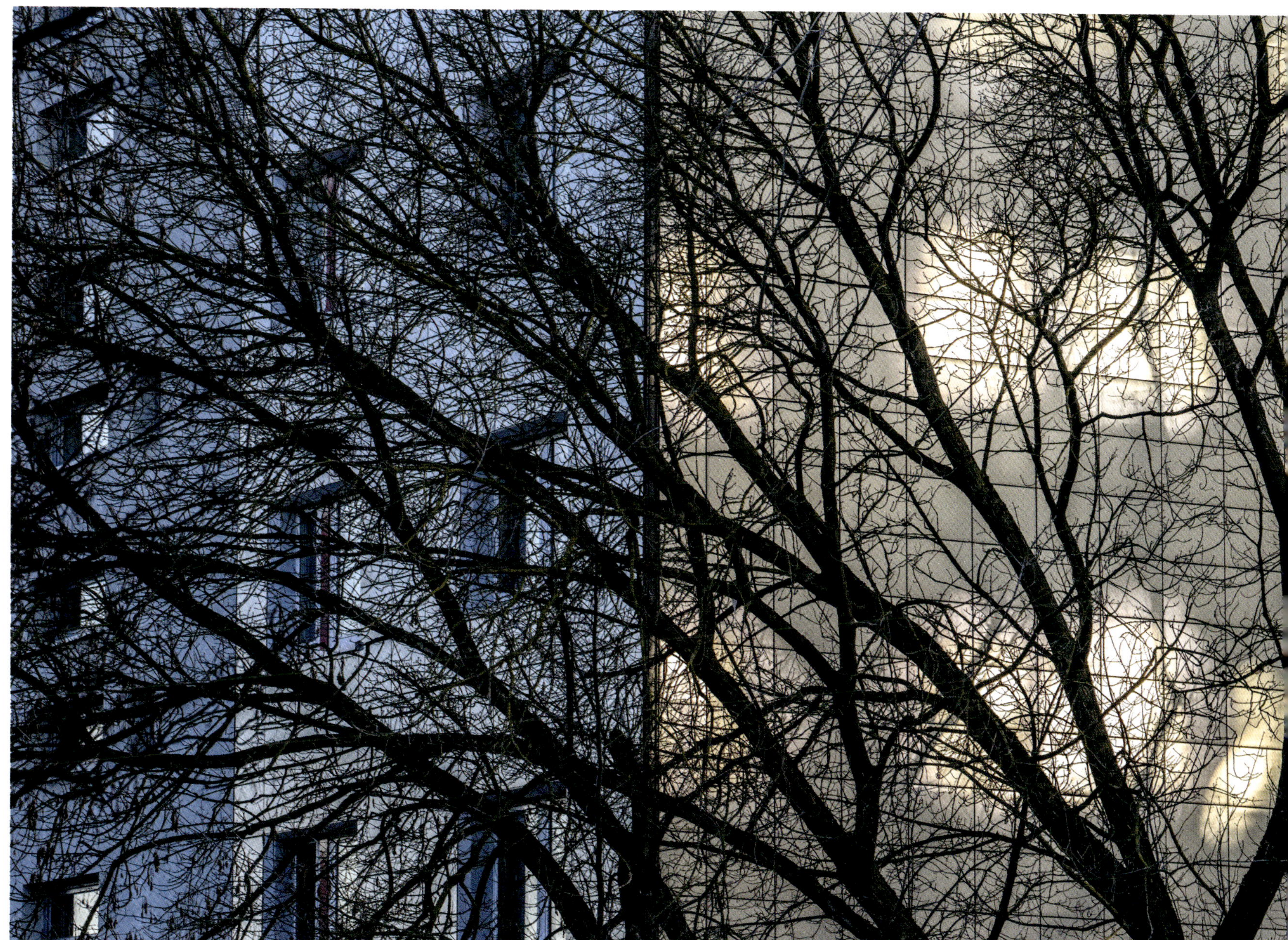

Kunstvolle Begegnungen

Karin und Hannelore

Auf dem Weg zu meinem Treffen mit Karin und Hannelore fällt mir das große Mosaik-Wandbild an der Marzahner Promenade auf. Inmitten der Plattenbauten sticht das bunte Kunstwerk des Künstlers Walter Womacka besonders hervor. Es trägt den Namen »Arbeit für das Glück des Menschen« und stellt auf abstrakte Weise den Menschen als Schöpfer des technischen Fortschritts dar. Seit seiner Fertigstellung kurz vor dem Mauerfall ist es ein fester Bestandteil der Promenade.

In dieser künstlerischen Umgebung treffe ich die beiden Rentnerinnen Karin und Hannelore, die sich in einer Aquarellmalgruppe selbst kreativ betätigen, die vom Stadtteilzentrum Marzahn-Mitte der Volkssolidarität Berlin veranstaltet wird. Das Stadtteilzentrum, das sich direkt gegenüber von dem Wand-Mosaik befindet, bietet einen Raum für Beratungs- und Beschäftigungsangebote sowie interkulturelle Arbeit, an dem sich Menschen aus allen Lebensbereichen begegnen können. So auch Hannelore und Karin, die sich hier einmal wöchentlich treffen, malen und sich austauschen. Stolz zeigen sie mir ihre Aquarellbilder und ich bin beeindruckt davon, wie sich die verschiedenen Farbtöne auf dem Bild zu kleinen Kunstwerken vermischen und dem Womacka fast die Schau stehlen.

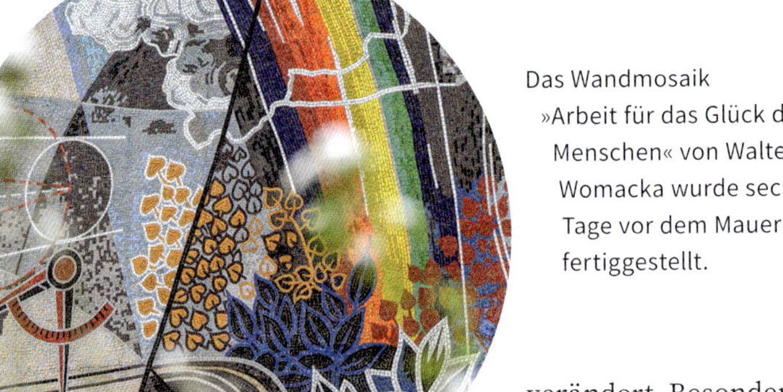

Das Wandmosaik »Arbeit für das Glück des Menschen« von Walter Womacka wurde sechs Tage vor dem Mauerfall fertiggestellt.

»Marzahn ist mein Ruhepol«, beantwortet Karin meine Frage, was Marzahn für sie bedeutet. Jedes Mal, wenn sie aus der Innenstadt kommt, ist sie froh, wieder hier zu sein. Dabei hat sich in den Jahrzehnten, seit sie in Marzahn lebt, einiges verändert. Besonders nach der Wende ist es voller geworden und der Bezirk wächst immer weiter. Viele Menschen aus der ehemaligen Sowjetunion und aus Vietnam sind hierhergekommen, auch wenn sie häufig lieber unter sich bleiben.

Hannelore stimmt Karin zu, Marzahn hat sich verändert – in vielen Bereichen zum Positiven: Die Plattenbauten wurden schön modernisiert und es ist immer eine Freude, zwischen den Hochhäusern in den vielen Grünanlagen spazieren zu gehen oder eins der vielen Kulturangebote wahrzunehmen. Was allerdings fehlt, da sind sich die beiden einig, sind mehr Bioläden und eine größere Auswahl an Restaurants.

Für Marzahns Zukunft wünschen sich Karin und Hannelore mehr friedliches Zusammenleben mit allen Nationalitäten und ohne Rechts- oder Linksradikale. Außerdem wird es Zeit, dass sich Marzahns schlechter Ruf verbessert, da der Bezirk so viel mehr zu bieten hat.

Marzahn ist für
Karin ihr Ruhepol.

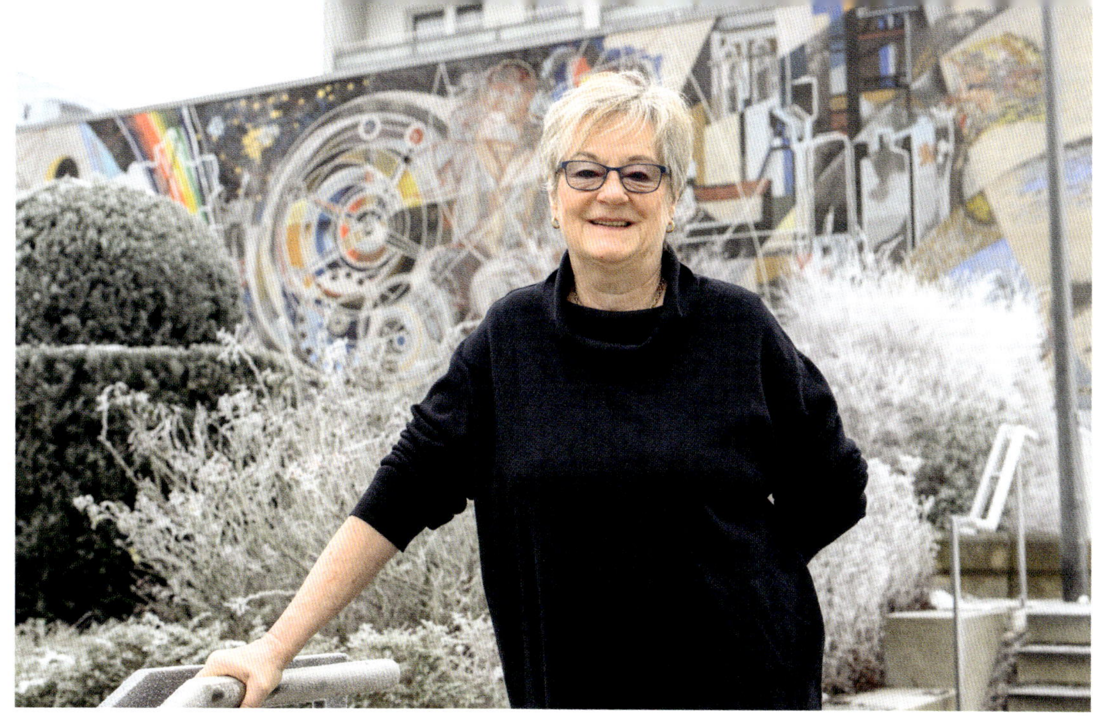

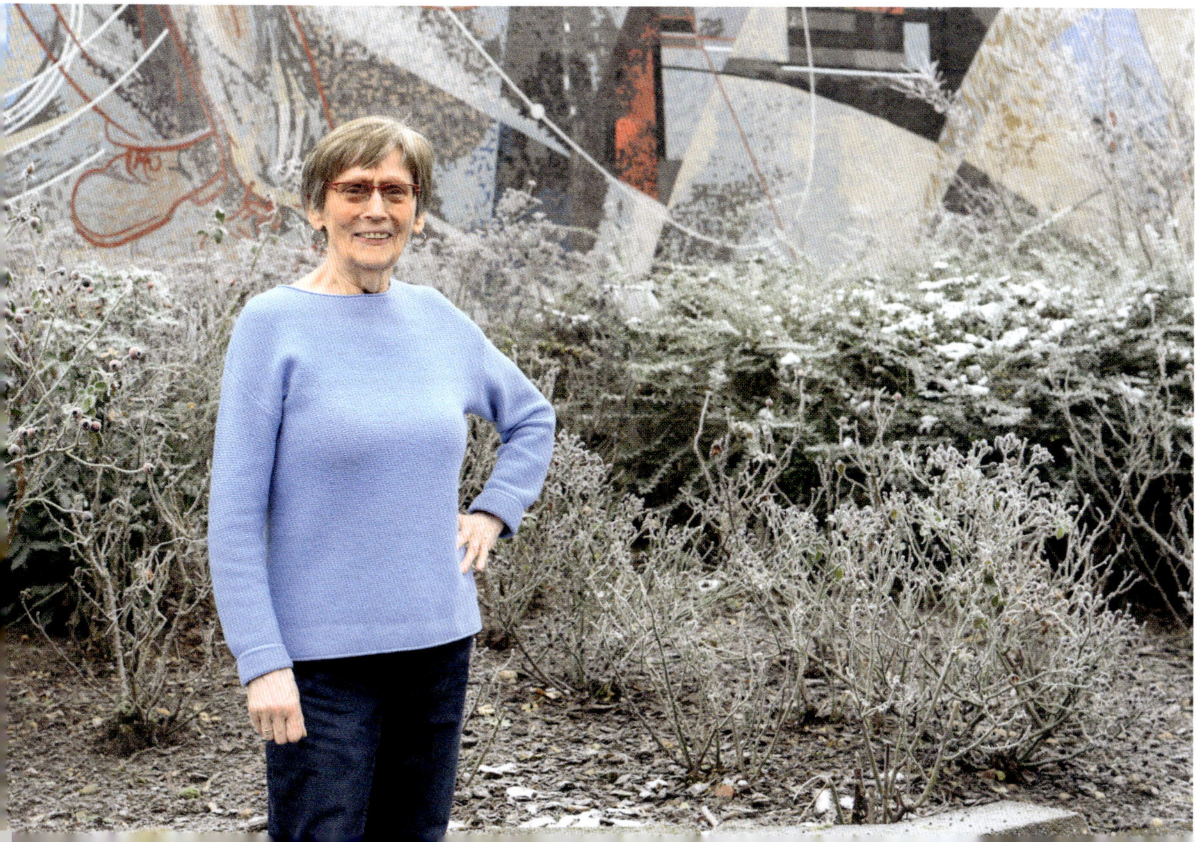

Hannelore nimmt
gerne an Marzahns
Kulturangeboten teil.

Eine noch zu seltene Realität

Uta

Uta möchte mir ihren besonderen Ort im Bezirk zeigen und mir von ihrem persönlichen Marzahn-Erlebnis erzählen. Wir treffen uns vor ihrem Haus und gehen zu einem Platz zwischen Paul-Schwenk-Straße und der Landsberger Allee mit Spielgeräten, Tischen und Bänken. Uta schwelgt in ihren Erinnerungen: »Was ich hier im Sommer erlebt habe, hat sich fast angefühlt wie ein Traum, dabei war es einfach eine noch zu seltene Realität. Eine Familie mit drei Kindern auf einem Fußballplatz. Der Vater spielt Fußball mit vielen Jungen unterschiedlichster Nationen. Sein eigener Sohn ist trotz schwerwiegender Hör- und Sprachbeeinträchtigung voller Freude mit dabei. Am Spielfeldrand steht seine Frau in einer eher traditionellen Kleidung mit einem locker fallenden Kopftuch. Sie kickt mit den zwei kleinen fußballbegeisterten Mädchen einen Ball hin und her. Am Ende spielen alle gemeinsam auf dem Feld und es ist pure Lebensfreude zu spüren.«

Während wir reden, lugt die Wintersonne hervor und ich kann mir gut vorstellen, wie schön es hier an einem warmen Sommertag sein kann.

Marzahn hat sich seit 1990 und in den letzten Jahren noch einmal stark verändert, findet Uta. Als Marzahn entstand, war es ein Privileg, dort eine Wohnung zu bekommen. Nach der Wiedervereinigung wollten viele Menschen hier wegziehen, sofern sie es sich finanziell leisten konnten, dadurch wurden viele der »Neubauten« vernachlässigt. In Marzahn konnte man noch verhältnismäßig günstig wohnen und somit änderte sich auch zunehmend die Zusammensetzung der Ortsansässigen. Jetzt kommen immer mehr neue und moderne Bauten dazu, welche zwar schön, aber für Familien oftmals nicht bezahlbar sind. Dazu kommen zu viele Autos und teilweise wenig Parkraum, zu wenig ärztliches Fachpersonal, Schulen, Kindergärten und Orte zur Begegnung. Aus diesem Mangel heraus entsteht immer mehr Feindseligkeit und Neid gegenüber neuen Bewohnern und insbesondere gegenüber Menschen aus anderen Kulturen oder sozial schwächeren Mitbürgern. »Dabei«, ist Uta der Meinung, »sollten Bewohner und Politik das Potenzial von Vielfalt mehr zu schätzen wissen und viel mehr fördern.«

Ihr Traum für die Zukunft von Marzahn ist, dass der Stadtbezirk die Vielfalt der hier lebenden Menschen zu schätzen und nutzen weiß. Sie fragt sich: »In den ›Gärten der Welt‹ bestaunen wir sie und präsentieren sie über die Grenzen hinaus. Warum nicht auch menschliche Vielfalt? Ich träume von einer Gemeinschaft, in der die Menschen unabhängig von ihren Unterschieden miteinander kommunizieren und sich dadurch gegenseitig bereichern.«

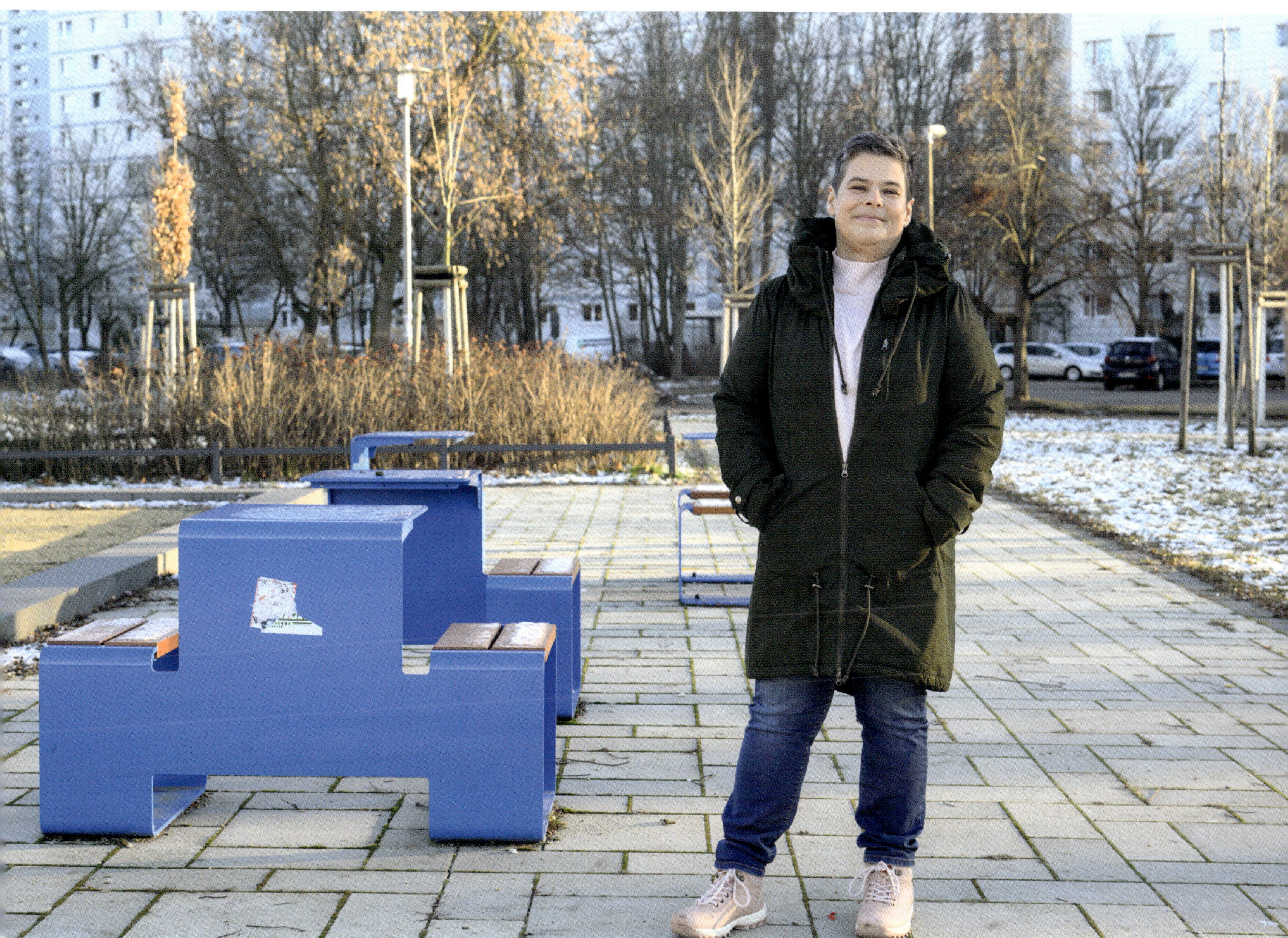

Uta träumt von einem stärkeren Miteinander in Marzahn.

Voneinander lernen

Kurt

Während ich die Marzahner Promenade entlanglaufe, sehe ich durch ein Fenster Kurt an einer kleinen Drehbank in der »machBar37« stehen und arbeiten. Mir ist schon in vielen Städten aufgefallen, wie nach und nach kleine Reparaturcafés entstanden sind. Ich finde die Idee super, denn es gibt keinen Grund, Dinge wegzuwerfen, wenn sie repariert und wiederverwendet werden können. Der Meinung ist auch Kurt, der gerade dabei ist, kleine runde Holzscheiben für Sparstrümpfe herzustellen. Die sollen auf dem diesjährigen Weihnachtsbasar verkauft werden. Ihm ist anzusehen, dass er handwerklich sehr begabt ist und ich überlege direkt, was ich mir von ihm reparieren lassen könnte.

Kurt ist ein 83-jähriger Rentner und ehemaliger Feinmechaniker. Er ist vielseitig begabt und versucht die Dinge des Lebens nach Möglichkeit selbst herzustellen – ob Geschenke für seine Freunde und Familie oder einfache Möbel für seine Wohnung. Einmal die Woche arbeitet er ehrenamtlich in der »machBar37«, wo er versucht, die Dinge, die ihm die Leute bringen, zu reparieren. Auf den Regalen warten ein Toaster und andere Dinge auf die Reparatur.

Die »machBar37« ist eine Selbsthilfewerkstatt, aber vor allem bietet sie einen Raum, an dem sich Menschen begegnen und austauschen können. Hier kann genäht, gemalt oder gebastelt werden und es geht gerade darum, Fähigkeiten weiterzugeben und voneinander zu lernen. Defekte Alltagsgegenstände oder kaputte Kleidungsstücke können hier kostenlos von den ehrenamtlich Teilnehmenden repariert und ausgebessert werden.

Über seine Arbeit erzählt Kurt: »Neben der Reparatur kaputter Dinge ist es auch eine gute Möglichkeit, neue Menschen kennenzulernen. Die Leute kommen mit Dingen, die erledigt werden müssen, und so kommt man schnell ins Gespräch. An diesem Wochenende werde ich beispielsweise einer Frau helfen, ihre Kommode zu reparieren.« Es ist offensichtlich, dass Kurt sich gerne nützlich macht und Freude daran hat, anderen zu helfen.

1995 ist Kurt aus Wedding im Nordwesten Berlins in eine größere Wohnung nach Marzahn gezogen und hat sich hier sehr schnell eingelebt. In Marzahn gefällt ihm vor allem das viele Grün der Parks, die gute Verkehrsanbindung und dass man fußläufig die meisten Geschäfte erreichen kann. Einen großen Traum für die Zukunft hat er mit seinen 83 Jahren nicht mehr, außer dass er einigermaßen gesund bleibt und noch möglichst lange Dinge selbst herstellen und reparieren kann.

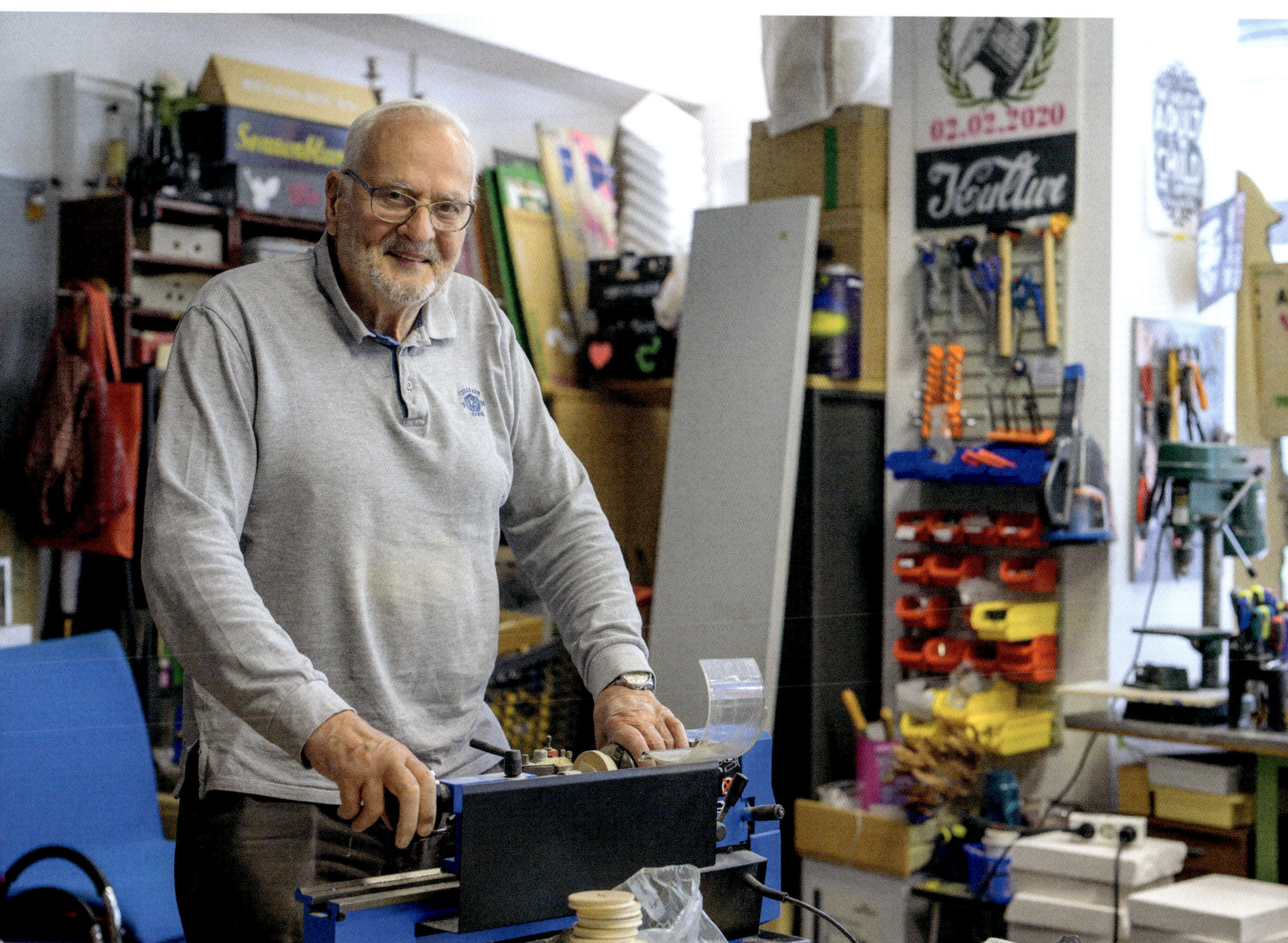

Kurt liebt es, Dinge selbst herzustellen.

Über den Wolken

Daniel

Daniel und ich treffen uns an einem verschneiten Januartag am Eingang der Seilbahn zum Kienberg. Dort oben gibt es den Wolkenhain, eine Aussichtsplattform, zu der man mit der Seilbahn fahren kann. Daniel hat sogar eine Jahreskarte. Leider sind das Restaurant und die Aussichtsplattform im Winter geschlossen, aber man hat trotzdem eine tolle Aussicht auf die Winterlandschaft der Stadt.

Vor dieser Kulisse erzählt mir Daniel, dass er als Journalist und wissenschaftlicher Mitarbeiter im Bundestag bei einem Linke-Abgeordneten arbeitet. Dort erlebt er, dass es schwieriger wird, den Menschen zu erklären, was in der Politik passiert. Das liegt seiner Meinung nach vor allem daran, dass rechte Parteien den Frust der Menschen mit Wut und Angst schüren. Dass in manchen Teilen in Marzahn 50 Prozent diese Parteien wählen, findet er erschreckend: »Vor allem, weil längst klar ist, dass diese Parteien nicht vor haben, sich um die konkreten Probleme der Menschen zu kümmern und meist das Gegenteil von dem im Wahlprogramm haben, was sie den Menschen versprechen.« Er lebt trotzdem gerne in Marzahn und hofft, dass wieder mehr Menschen ins Gespräch mit der Politik gehen, anstatt sich aufhetzen zu lassen.

Zuvor hat Daniel in Wedding und in Tempelhof-Schöneberg gewohnt, dort aber keinen bezahlbaren Wohnraum mehr gefunden. Nach anderthalb Jahren im Bezirk fühlt er sich immer noch wohl, aber so manche Gleichgültigkeit wie zugeparkte Straßenecken, durch die keine Feuerwehrfahrzeuge mehr kommen, und blockierte Fußwege nerven ihn.

Daniel hat viele Ideen, wie Marzahn schöner gestaltet werden könnte. Es gibt einiges an Gewerbeimmobilien, die leer stehen, und ganze Areale, die eher Spekulationsobjekt für Luxusneubau sind, als dass sie Lebensraum bieten. Die Stadt sollte diese Gebäude aufkaufen und zu Arztpraxen, Kultur- und Begegnungsstätten aus- bzw. umbauen. Der Bezirk sollte darauf achten, dass die Wohnungen bezahlbar bleiben und Indexmieten grundsätzlich verbieten. Tolle Hochhaus-Neubauten wie an der Märkischen Allee, der Mehrower Allee oder demnächst am S-Bahnhof Marzahn dürfen keine Luxusgegenden werden.

Marzahn ist der grünste Bezirk, den er in seiner Zeit in Berlin bislang kennenlernen durfte, erzählt mir Daniel. Raus nach Brandenburg oder mal eben ins Wuhletal – kein Problem! Und wenn die Zeit fehlt, geht es schnell in die »Gärten der Welt« und rauf den Wolkenhain. Berlin kann ganz schön anstrengend sein. Wenn das einem mal wieder auf den Kopf fällt, tut der Blick von oben einfach gut. Vom Wolkenhain, vom degewo-Skywalk oder von der Ahrensfelder Höhe einfach mal über allem zu stehen, lohnt sich immer!

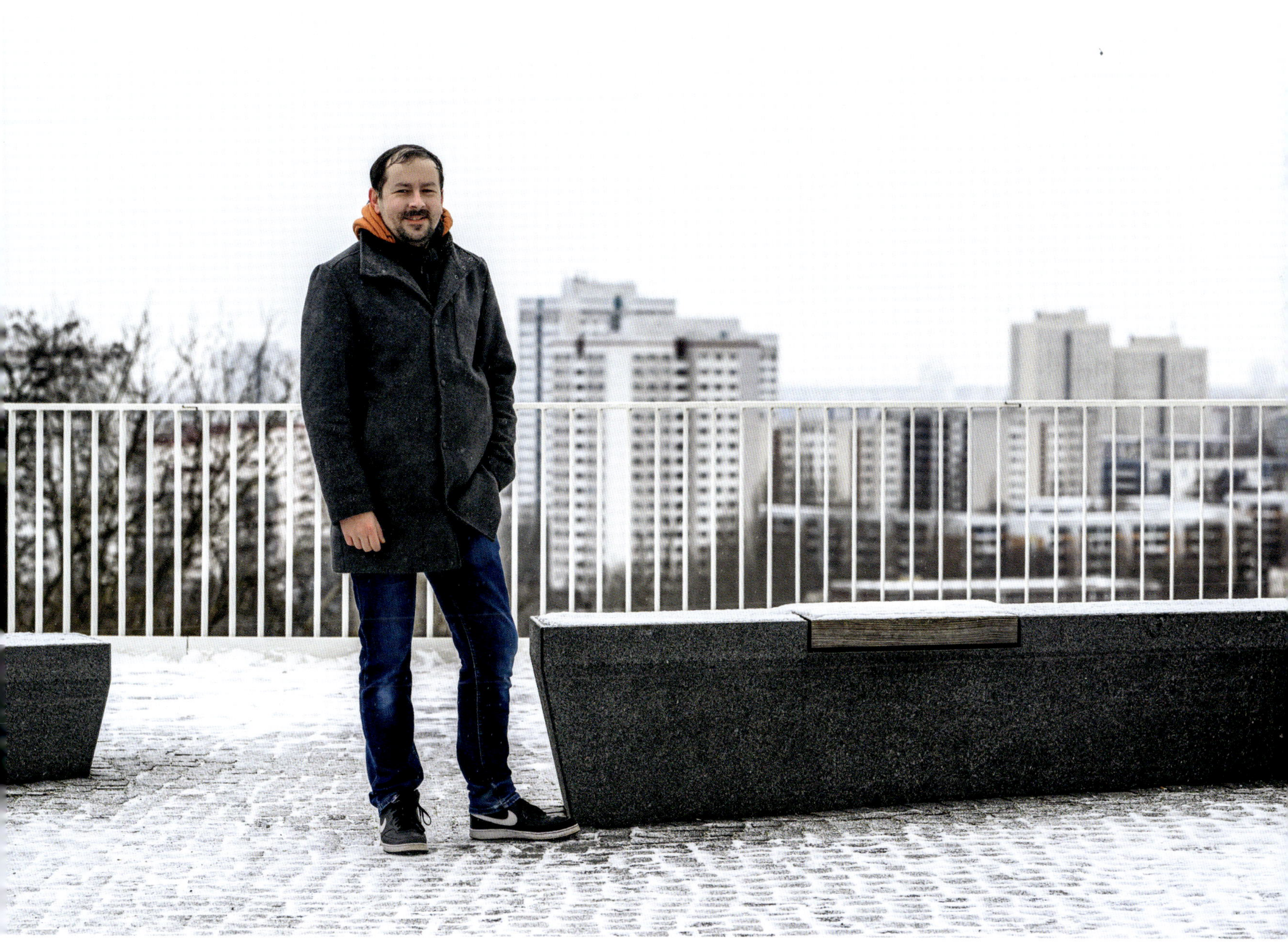

Daniel fährt häufig zum Wolkenhain, um dem Berliner Alltagsstress zu entkommen.

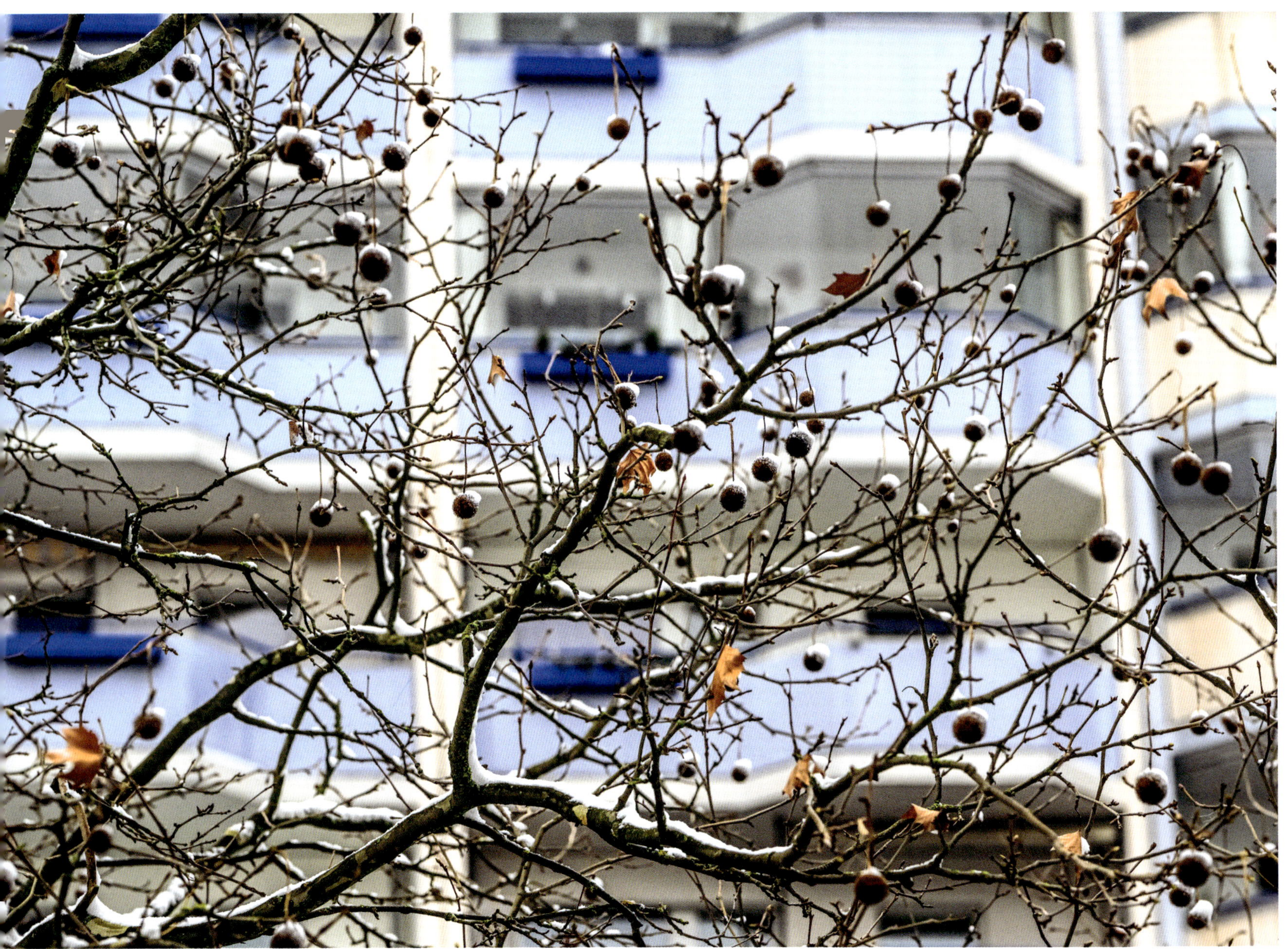

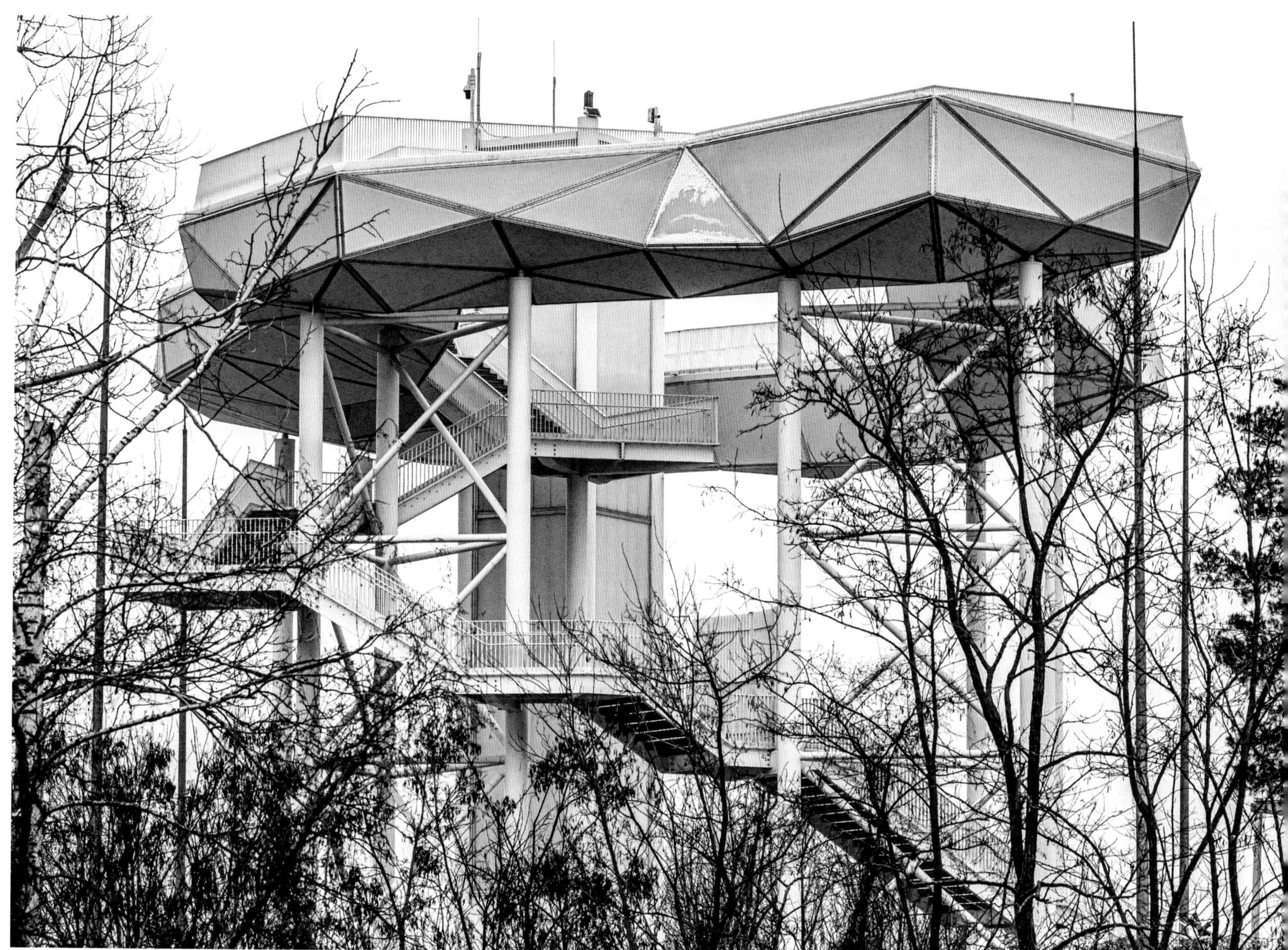

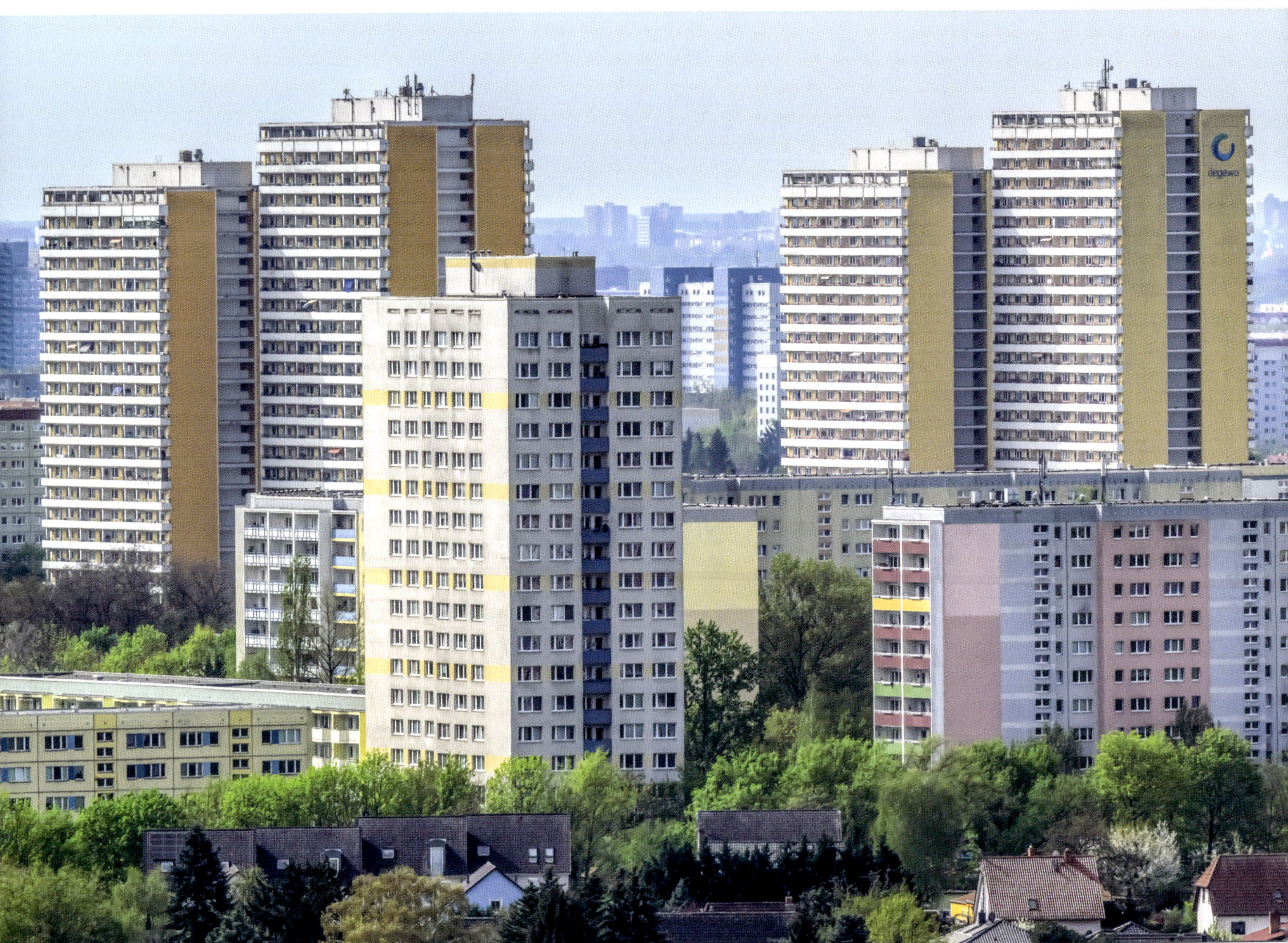
degewo

Der Autor

Asger Hunov arbeitet als Fotograf an der Fachhochschule Kopenhagen. Marzahn mit seinen Grünflächen, Plattenbauten und authentischen Bewohnern stellt für ihn einen besonderen Reiz abseits der üblichen Touristenströme dar.

Danksagung

Ich bedanke mich ganz herzlich bei allen Porträtierten für das Vertrauen und die tollen Gespräche. Besonderer Dank gilt Klaus Krüger, der mit seinem Wissen und Engagement die Inspiration für dieses Buch war, und Renate Zimmermann, die das Buchprojekt tatkräftig unterstützt hat.

Bildnachweis
S. 5: Svend Rossen
Alle übrigen Fotografien stammen von Asger Hunov.

Das Zitat von S. 8 stammt aus: Was heißt hier Gemini? In: (Keine) Platten Geschichten. Marzahn erzählt. Herausgegeben von Katrin Rohnstock, Rohnstock Biografien: Berlin 2004, S. 81. Abdruck mit freundlicher Genehmigung der Herausgeberin.

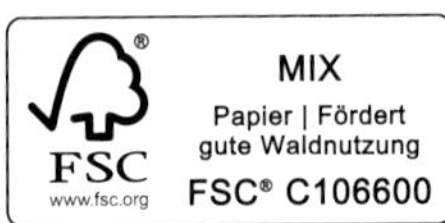

Bibliografische Information der Deutschen Nationalbibliothek
Die Deutsche Nationalbibliothek verzeichnet diese Publikation in der Deutschen Nationalbibliografie; detaillierte bibliografische Daten sind im Internet über http://dnb.d-nb.de abrufbar.

Asternplatz 3, 12203 Berlin
post@bebraverlag.de
Lektorat: Feline Achilles, Berlin
Umschlag: typegerecht berlin (Foto: Asger Hunov)
Satz: typegerecht berlin
Schriften: Source Sans und Serif
Druck und Bindung: DZS, Ljubljana
ISBN 978-3-8148-0306-7

www.bebraverlag.de